Über dieses Buch Worum es in diesem Buch geht – Frederik Hetmann sagt es in einem Satz: um »die schwierige, stürmische, traurige, schaurige und hoffnungsvolle Geschichte eines Menschen, der sich selbst und andere zu befreien versuchte – die Geschichte der Rosa L.«
Mit einer Briefmarke fing es an. Der öffentliche Streit um die Sondermarke des Jahres 1974 zum Gedenken an Rosa Luxemburg, der einer posthumen Hexenjagd der »roten Rosa« – einer Revolutionärin, einer deutschen Kommunistin! – gleichkam, irritierte und erschreckte einen jungen Schriftsteller durch seine neofaschistischen Anzeichen, und er beschloß, dem Leben dieser Frau nachzuspüren, das im Kampf um einen demokratischen Sozialismus mit dem gewaltsamen Tod durch Freikorps-Soldaten im Berliner Landwehrkanal endete. Das Leben einer Revolutionärin und Gegnerin des kapitalistischen Wirtschaftssystems gewiß, aber ebenso gewiß auch das Leben einer mutigen Kämpferin für Freiheit und Demokratie. Frederik Hetmann hat Dokumente, Briefe, Zeugnisse von Zeitgenossen, Fotos und alles, was bisher über Rosa Luxemburg, die er fast zärtlich Rosa L. nennt, geschrieben wurde, gesammelt und ausgewertet. Er ist zu den Orten gereist, in denen sie lebte – nach Warschau, Zürich, Paris, Brüssel, London und Berlin –, hat mit Leuten gesprochen, die sie gekannt haben und heute noch leben. Er hat das Leben und Handeln Rosa Luxemburgs aus den historischen und politischen Umwälzungen in Europa nach der Jahrhundertwende erklärt, die Richtungskämpfe und personellen Intrigen innerhalb der linken Bewegung verfolgt und Rosas leidenschaftliche Opposition gegen Kaiserreich und Militarismus. Historische Dokumente und erläuternde Einschübe über die Zusammenhänge zwischen Macht und Nationalismus des Kaiserreichs, den revolutionären Theorien in ganz Europa und den Lebensbedingungen von Arbeiterfamilien überall erleichtern den jugendlichen und den historisch nicht versierten erwachsenen Lesern das Verständnis für diese Biographie, die eine große Frau der Zeitgeschichte rehabilitiert, deren politisches Bekenntnis, »Freiheit ist vor allem die Freiheit der Andersdenkenden«, auch heute noch gilt.

Der Autor Frederik Hetmann (d. i. Hans Christian Kirsch) wurde 1934 in Breslau geboren und lebt heute in Nomborn bei Montabaur. Er veröffentlichte Romane, Kinder- und Jugendbücher, Sachbücher und die viel diskutierte Biographie ›Ich habe sieben Leben – Die Geschichte des Ernesto Guevara, genannt Che‹ (Deutscher Jugendbuchpreis). Außerdem erschienen im Fischer Taschenbuch Verlag: ›Rosa Luxemburg. Ein Leben für die Freiheit‹ (Bd. 3711), › . . . und küßte des Scharfrichters Tochter – Heinrich Heines erste Liebe‹ (Bd. 5012), ›Eine schwierige Tochter. Die Geschichte einer irischen Rebellin‹ (Bd. 7531), ›Irische Lieder und Balladen‹ (Bd. 2954). Er gab mehrere Märchen- und Erzählungsbände aus aller Welt heraus. U. a.: ›Traumgesicht und Zauberspur. Märchenforschung, Märchenkunde, Märchendiskussion.‹

Frederik Hetmann

Rosa L.

Die Geschichte der Rosa Luxemburg und ihrer Zeit

Mit dokumentarischen Fotos

Fischer Taschenbuch Verlag

56.–59. Tausend: Mai 1986

Ungekürzte Ausgabe
Veröffentlicht im Fischer Taschenbuch Verlag GmbH,
Frankfurt am Main, Januar 1979

Lizenzausgabe mit freundlicher Genehmigung des
Beltz Verlages, Weinheim

Umschlagentwurf: Jan Buchholz/Reni Hinsch
(Foto: Internationales Institut voor Sociale Geschiedenis, Amsterdam)
Druck und Bindung: Clausen & Bosse, Leck
Printed in Germany
1180-ISBN-3-596-22132-3

Inhalt

». . . eine Assoziation, worin die freie Entwicklung eines jeden die Bedingung für die freie Entfaltung aller ist.«

Karl Marx/Friedrich Engels,
Manifest der Kommunistischen Partei
Februar 1848

»Doppelt sag ich
es muß die Frau sich
doppelt revoltirn
nicht nur dagegen was
die Oberen sich
anmaassen auf die Untren
sondern auch
was an Herrschaft thätig ist
im sogenannten Schoosse
der Familie . . .«

Peter Weiss, Hölderlin

für Nor

Erfahrungen mit einer Briefmarke

Der Referent für Postwertzeichen im Bundespostministerium, Klaus Spreen, beschreibt auf Anfrage seine Tätigkeit wie folgt: »Ich sammle die bei mir eingehenden Anträge auf Ausgabe von Sonderpostwertzeichen während eines ganzen Jahres und nehme sie zum Jahresende in eine Aufstellung, die ich den Mitgliedern des Programmrates der Deutschen Bundespost zuleite. Nach dem inzwischen eingespielten Verfahren tritt der Programmrat im Januar eines Jahres zusammen und stellt das Sondermarken-Ausgabeprogramm für das folgende Jahr auf. Es wird bereits im Februar nach der Genehmigung durch den Herrn Bundesminister für das Post- und Fernmeldewesen veröffentlicht.
Im ersten Jahr des Wirkens des Programmbeirats gab es noch abweichende Termine: Die Sitzung des Programmbeirates hat erst am 3. Mai 1973 stattgefunden.
Der Herr Bundesminister für das Post- und Fernmeldewesen stimmte bereits am 7. Mai zu, so daß die Gesamtplanung doch schon in meiner Pressemitteilung vom Juni 1973 erscheinen konnte. Damit war die Öffentlichkeit mehr als ein halbes Jahr vor der Ausgabe informiert...«
In der erwähnten Pressemitteilung über die »Sonderpostwertzeichenplanung« für das Jahr 1974 findet sich unter Punkt 4 der Hinweis: »Sonderpostwertzeichenserie ›Bedeutende Frauen‹ zu Ehren der Politikerinnen Luise Peters, Gertrud Bäumler, Helene Lange und Rosa Luxemburg. Ausgabetag ist der 15. Januar 1974.«
Dies war die erste Nachricht darüber, daß eine Briefmarke mit dem Bild Rosa Luxemburg erscheinen würde, die in die breite Öffentlichkeit gelangte.
Über die weiteren Vorgänge bei der Entwicklung dieses Sonderpostwertzeichens macht Herr Klaus Spreen die nachstehenden Angaben: »Mit den erforderlichen Entwurfbeschaffungen befaßte sich der Kunstbeirat der Deutschen Bundespost in seiner 93. Sitzung am 11. März 1973. Die Entwürfe lagen ihm in seiner 94.

Sitzung am 10. August 1973 vor. Bereits im September 1973 stellte ich danach der Presse ein farbiges Druckblatt mit den Abbildungen der für die Ausführung bestimmten Entwürfe und der eingegangenen Konkurrenzentwürfe zur Verfügung. Es ist leider vergriffen...«

Schon nach den ersten kurzen Meldungen über eine geplante Sondermarke zum Gedenken Rosa Luxemburgs erhielten die Tageszeitungen in der Bundesrepublik ungewöhnlich viele, meist protestierende Leserbriefe.

Rheinische Post vom 19. Juni 1973, Alfred Leeser, Wegberg-Arsbeck, Philosophenweg 82:

»Wie zu lesen war, will die Deutsche Bundespost eine der bedeutenden deutschen Frauen auf einer Briefmarke verewigen. Ich hatte geglaubt, daß Frau Elly Heuss vielleicht gemeint wäre. Ich muß aber feststellen, daß Rosa Luxemburg diese Ehre zuteil werden soll. Erstens ist Rosa Luxemburg soviel ich weiß Polin, denn wenn sich mein Gedächtnis nicht täuscht, ist sie in Lemberg, Polen, geboren. Zweitens bestand ihre Größe darin, daß sie als Führerin des blutigen Spartakus-Aufstandes im Jahre 1919 in Berlin fungierte und zwar mit Herrn Liebknecht zusammen. Vielleicht haben Sie in Ihrem Archiv noch ein paar Ausgaben der ›Roten Fahne‹, in der Aufrufe Rosa Luxemburgs zu Mord und Brand veröffentlicht wurden. Dagegen ist Ulrike Meinhof geradezu ein harmloses Schäfchen ...«

Frankfurter Allgemeine Zeitung vom 8. September 1973, Dr. Ing. Horst Grefkes, Viersen, überschrieben »Wer war Rosa Luxemburg?«:

»...ferner sei erwähnt, daß Rosa Luxemburg auf die Nachricht von der russischen Revolution, die Zehntausende das Leben kostete, schrieb: ›Die herrlichen Dinge in Rußland wirken auf mich wie ein Lebenselexier.‹ Das ist gewiß nicht sensibel wie Aloys Lenz meint. Mit welcher Begründung bezeichnet er die Offiziere, die Rosa Luxemburg ermordeten, als reaktionär? Der Leiter des Militärressorts des Rates der Volksbeauftragten Gustav Noske befahl im Namen dieses Rates und damit im Namen Friedrich Eberts, den Spartakus-Aufstand niederzuschlagen. Ihm unterstand dazu auch die Reichswehr. Ich denke, daß Rosa Luxemburg ein zwiespältiger, jedoch vor Fanatismus blinder Mensch war, in dessen Wesen das Negative primär war, und daß die Widmung einer Sondermarke die selbstzerstörerische Verherrlichung einer kommunistischen Diktatur ist, die uns erspart blieb.«

Die Welt vom 27. 7. 1973, Dr. Gerhard Ahrens, Seminar für Sozialwissenschaften an der Universität Hamburg:

»... eines läßt sich ernsthaft nicht bestreiten, daß Rosa Luxemburg in der Tat zu den eindrucksvollsten Persönlichkeiten der neueren deutschen Geschichte zählt.«

Als Antwort darauf *die Welt* am 4. September 1973, Heinz-Joachim Schmidt, Kulmbach:

»Über die Auswirkungen ihrer (*Rosa Luxemburg*) und Liebknechts Hetzen, zum Beispiel die Ermordung des sozialdemokratischen Ministers Neuring in Dresden, die Ermordung des Oberstleutnants von Klüber in Halle, die Lynchung der Besatzung des Rathauses in Bottrop, redet heute genau so wenig jemand wie über die Versuche kommunistischer Kräfte in Westfalen, Bremen, Hamburg, Mitteldeutschland und Vogtland aus der Weimarer Republik einen Teil des bolschewistischen Rußlands zu machen ...«

Arno Zehring, Dipl. Kaufmann, 2362 Wahlstedt:

»... ich war Angehöriger des Freikorps ›Eiserne Division‹, dem übrigens auch Albert Leo Schlageter angehörte, der heute vergessen und verfemt, während der Ruhrbesetzung von der ›französischen Soldateska‹*, um mit den Worten von Herrn Dr. Ahrens zu sprechen, standrechtlich erschossen wurde. Unter dem Oberbefehl des sozialdemokratischen Reichswehrministers Gustav Noske erfüllten die Freikorps ihre vaterländische Pflicht, den Bolschewismus vom Reich fernzuhalten. Und es ist das geschichtliche Verdienst von Friedrich Ebert und Gustav Noske, die blutigen Aufstände des Spartakusbundes niedergeschlagen zu haben ...«

Oberhessische Zeitung, Herbst 1973:

»Unsere Regierung schämt sich nicht, ihr Wohlverhalten der Ostzone und der Sowjetunion gegenüber durch die Herausgabe

---

* rohes, zügelloses Kriegsvolk

einer Briefmarke mit dem Bildnis der Kommunistin Rosa Luxemburg zu bezeugen.«

Soldat im Volk/Kyfhäuser; Herbst 1973, redaktioneller Text:
»Wir erwarten eine Überprüfung und Aufhebung dieser letzten Entscheidung um unserer Frauen und um unseres Staates willen.«

Die Zeit vom 28. 12. 1973, Artikel »Das Bild einer Dame« von Helmut Hirsch:
»Unter denen, die das Gedenken an Rosa Luxemburg öffentlich gebilligt haben, sind jedoch auch zwei Vertreter der Opposition. Aloys Lenz, Studienrat für Deutsch und Gemeinschaftskunde an einem Gymnasium in Hanau und CDU-Kreistagsabgeordneter von Großkrotzenburg, bemängelt in einer reich dokumentierten Leserzuschrift in der FAZ die ›Fülle platter Verallgemeinerungen und primitiver Vorurteile‹ bei den Kritikern. Es lasse sich kein stärkerer Kontrast vorstellen als zwischen einem ›seelenlosen, unmenschlichen Apparatschik‹ und der ›intellektuellen, sensiblen Humanistin Rosa Luxemburg‹.
Ihm sekundierte Dr. Klaus Goebel, Vorsitzender der CDU Wuppertal. ›Rosa Luxemburg‹, schreibt Goebel in der Jüdischen Wochenzeitung, ›ist eine historische Figur. Und historischen Figuren, die wie sie um mehr Menschlichkeit gekämpft haben – man mag auch ihre politische Stellung nicht billigen –, wird häufig eine Erinnerung auf Briefmarken eingeräumt. Warum sollte man Rosa Luxemburg verwehren, was man in der Bundesrepublik Karl Marx und Friedrich Engels zugestanden hat‹?
Beide bekamen von Parteifreunden wenig Angenehmes zu hören. Ein CDU-Kreistagsabgeordneter, der bedauerte, ›daß die CSU leider nicht über die Mainlinie hinausgeht‹, beschwerte sich über ›das Bild der Dame, welche wir im nächsten Jahr von hinten belecken sollen‹.«

1.

Am 15. Januar 1974, genau fünfundfünfzig Jahre nach Rosas Ermordung, wird die umstrittene Sondermarke in einer Auflage von 30 Millionen Stück veröffentlicht. Sofort schwillt der Chor der Proteste und Beschwerden wieder an.

Aus einem der ca. zweihundert Protestbriefe an die Adresse des damaligen Bundespostministers Horst Ehmke:
»Es ist unserem hochverehrten Herrn Bundespräsidenten (*Gustav Heinemann*) nicht zuzumuten, mit einer derartigen Marke auf einen Brief geklebt zu werden.«
Das Bayerische Verwaltungsgericht in München prüft eine einstweilige Verfügung gegen die Briefmarke mit dem Bild der Rosa Luxemburg.
Ein bayerischer Bürger sieht in der Zumutung, seine Post mit dem Bild einer Kommunistin freizumachen, eine Ehrverletzung.
In einem anderen Beschwerdebrief an das Bundespostministerium heißt es:
»Jetzt kommen also die roten linksextremen Flintenweiber und Emigrantinnen auf deutsche Postwertzeichen!«
In Bonn verweist der CSU-Bundestagsabgeordnete Richard Stücklen darauf, daß Rosa einst die deutschen Gewerkschaftsführer und Sozialdemokraten als die infamsten Halunken bezeichnet habe, die nach dem deutschen Strafkodex eigentlich ins Zuchthaus gehörten. Der ehemalige Bundespostminister fügt hinzu:
»Übrigens: Die Kommunisten in Ostberlin haben am Sonntag einen Rosa-Luxemburg-Gedenkmarsch veranstaltet. Der Herausgeber der Rosa-Luxemburg-Gedenkmarke der Deutschen Bundespost marschiert im Geiste mit.«
Bundestagspräsidentin Annemarie Renger, der der Bundespostminister Ehmke den ersten Satz der neuen Markenserie überreicht, erklärt:
»Rosa Luxemburg gehört durch ihren leidenschaftlichen Einsatz gegen Krieg und Gewalt und für eine menschliche Gesellschaft zu den bedeutenden Frauen der Geschichte.«
Auf einer Pressekonferenz noch einmal zu ihrer Einstellung zu Rosa befragt, räumt Frau Renger jedoch abschwächend ein, sie sei nach einigem »Herumlesen« in den Schriften von Rosa Luxemburg, das sie bis zwei Uhr nachts wachgehalten habe, zu keinem abschließenden Urteil über das Gelesene gekommen. Sie könne nicht ausschließen, daß Rosa in Verfolgung ihrer politischen Absichten auch radikale Mittel, einschließlich Gewalt, befürwortet habe. In diesem Zusammenhang könne die Briefmarke aber

doch daran erinnern, daß Rosa Luxemburg durch rohe Gewalt geendet sei.
Ausruf einer Postkundin auf dem Dompostamt Passau:
»Die greisliche Kommunistin woll'n ma net!«
Eine Dame aus Passau:
»Haben die Behörden doch schon genug Sorgen, die Radikalen aus den Schulen herauszuhalten. Jetzt bekommt man Leute dieser Art per Briefmarke ins Haus geschickt. Da kann man nur sagen, es wird Zeit, daß eine andere Regierung kommt.«
Am 4. 2. 1974 befaßt sich das Fernsehmagazin *Panorama* mit der Diskussion um die Rosa-L.-Briefmarke.
Redakteur Aust fragt den Bundespostminister: »Wenn ihnen die rote Rosa am Postschalter angeboten wird, sehen viele Kunden rot. In der Sonderserie ›Bedeutende deutsche Frauen‹ rehabilitiert Postminister Horst Ehmke 55 Jahre nach ihrer Ermordung die Revolutionärin Rosa Luxemburg?«
Professor Horst Ehmke: »Ich würde vielleicht von Rosa Luxemburg sagen, sie war eine entschiedene Vertreterin der Freiheit und der Demokratie und auf der anderen Seite eine entschiedene Gegnerin der kapitalistischen Wirtschaftsordnung. Sie teilte die Meinung, die wir etwa 1968 in der Tschechoslowakei durch Dubcek vertreten gesehen haben oder die wir heute in Rußland von Solschenizyn vertreten sehen.«
In der gleichen Sendung kommt es zu einem Gespräch zwischen dem Redakteur und Iring Fetscher, Professor für Politische Wissenschaften in Frankfurt am Main.
Fetscher: »Die Leute wissen einfach gar nicht, was die Position Rosa Luxemburgs innerhalb der Arbeiterbewegung gewesen ist. Sie war eine revolutionäre Sozialistin. Sie war die Mitbegründerin der KPD, überhaupt kein Zweifel, aber sie war zugleich ein Anwalt eines demokratischen Sozialismus, der sicher nichts zu tun hat oder sicher nicht identisch ist mit dem der Sozialdemokratischen Partei heute, der auch nicht gleichgesetzt werden kann mit den heutigen sozialistischen Staaten des europäischen Ostens.«
Aust: »Man findet immer wieder die Folgerung: Heute Rosa Luxemburg, morgen Ulbricht, übermorgen vielleicht Ulrike Meinhof. Wie kommen die Leute auf so was?«

Fetscher: »Nun, mir scheint, daß die Leute Rosa Luxemburg mit Gewalt, mit dem Aufruf zu Gewalttätigkeit identifizieren. Merkwürdigerweise ist sie aber ein Opfer der Gewalt. Vielleicht sind sie sich dieser Tatsache gar nicht bewußt. Die Aggressivität, die sich gegen die Frau, gegen die Revolutionärin Rosa Luxemburg richtet, scheint mir zum Teil so etwas zu sein, was die Psychoanalytiker ›Projektion‹ nennen, d.h. ein unbewußtes schlechtes Gewissen gegenüber der Tat, die an Rosa Luxemburg verübt wurde, und an der ja zumindest die deutsche Regierung mitschuldig gewesen ist, und gegenüber einer Tat, die, wie man weiß, ja in keiner Weise hinreichend geahndet worden ist.«
Aus Protestbriefen an das Bundespostministerium:
»Da ich mich entschieden dagegen wehre, mit meinen Postgebühren die Propaganda für die von der Abgebildeten vertretenen sozialistisch-kommunistischen Ideen mitzufinanzieren, teile ich Ihnen mit, daß ich in Zukunft meine Post nicht mehr frankieren werde.«
»Das hat uns gerade noch gefehlt! Ich werde jede an mich gerichtete Post, die mit einer solchen Marke versehen ist, mit dem Vermerk ›Annahme verweigert‹ zurückgehen lassen.«
Es bleibt nicht bei solchen Drohungen.
Am 11. Februar 1974 lehnt die Wiesbadener Industrie- und Handelskammer es ab, einen Brief anzunehmen, den ein Geschäftsmann aus Ginsheim/Gustavsburg mit einer gültigen Rosa-Luxemburg-Marke frankiert hat.
Im Hessischen Landtag macht der Frankfurter SPD-Abgeordnete Gert Lütgert den Hessischen Wirtschaftsminister Heinz Herbert Karry, FDP, darauf aufmerksam, eine in den Zuständigkeitsbereich seines Ministeriums fallende Einrichtung habe »pflichtwidrig« die Annahme eines Briefes mit dem ausdrücklichen Hinweis verweigert, daß eine aufgeklebte gültige Briefmarke der Deutschen Bundespost ihr aus politischen Gründen nicht passe.
Eine Fotokopie des Umschlages, die Lütgert im Landtag verteilt, zeigt, daß die Marke auf dem fraglichen Brief dick eingekreist und mit dem Vermerk *Zurück* versehen worden ist.
Der *Schwarzwälder Bote* meldet am 8. März 1974 aus Kisslegg, Kreis Ravensburg:

»Mit einem verspäteten Fasnachtscherz hat ein Postbeamter einer Lokalzeitung übel mitgespielt. Gegenüber einer Journalistin hatte der Beamte erklärt, daß die in Oberschwaben unbeliebte Bundespostbriefmarke mit dem Konterfei der deutschen Kommunistin Rosa Luxemburg in Kisslegg großen Ärger ausgelöst habe. Zahlreiche Postkunden hätten diese Briefmarke zurückgegeben. Daraufhin – so der Beamte – habe man bei der Post in Kisslegg alle Rosa Luxemburg-Briefmarken verbrannt. Ein Bericht in der Lokalzeitung darüber erregte Aufsehen weit über Oberschwaben hinaus. Die Tübinger Oberpostdirektion teilte gestern mit, an der Geschichte sei nichts Wahres. Der Schalterbeamte in Kisslegg habe der Journalistin einen Bären aufbinden wollen und nicht mit der Veröffentlichung des Scherzes gerechnet.«

2.

Die Geschichte der Briefmarke zum Gedenken an Rosa Luxemburg – eine deutsche Farce. Probe aufs Exempel, wie dünn die Schicht demokratischen Bewußtseins in dieser Gesellschaft ist. Wieviel Wut, Haß, Unduldsamkeit, Lust auf Hexenjagd und Liquidierung, wieviel Vorurteile, wieviel Borniertheit, Unsicherheit politischen Urteilens, wieviel Furcht, sich zu einer sozialistischen Gesinnung zu bekennen, werden da aufgedeckt. Die Lichtblicke sind selten. Nur wenige gibt es, die aus der Reihe der Spießbürger tanzen und Achtung auch vor dem politischen Gegner zu erkennen geben, differenziertere Erklärungen versuchen, darauf dringen, man müsse Vernunft ins Spiel bringen.
Wie hat Rosa Luxemburg gesagt:

Es gibt nämlich zweierlei organische Wesen. Solche die Rückgrat haben und deshalb auch gehen, zuweilen sogar laufen. Es gibt auch andere, die keines haben und deshalb kriechen und kleben.

In mir, der ich nachlese, unterstreiche, notiere, staune, manchmal auch höhnisch auflache oder traurig den Kopf schüttle, kommen Fragen auf:
Wer war diese Frau, die heute noch so viele nur schmähen, verachten, hassen, nach fünfundfünfzig Jahren am liebsten gleich noch einmal totschlagen möchten?

Wer war Rosa Luxemburg?
Einer ihrer Lieblingssprüche lautete: »Man soll sein wie eine Kerze, die an beiden Enden brennt!«
Ich sage skeptisch: Wie jemand wirklich ist, das bekommt man doch nie raus. Eine Frau, überlege ich weiter, das macht alles noch schwieriger. Und es war ein anderes Jahrhundert. Obwohl: Meine Mutter erzählte von der Rede, die Rosa Luxemburg im November 1918 in Breslau nach ihrer Haftentlassung auf dem Domplatz gehalten hat. Das Urteil meiner Mutter, nach Jahrzehnten noch mit Erregung in der Stimme und abschätzig: »Dieses bolschewistische Flintenweib.« Vielleicht, daß bei jener Rede in Breslau ein Satz gefallen ist, ähnlich dem, der in der »Junius-Broschüre« steht, ein Satz, dem man nicht aus dem Weg gehen kann:

> Geschändet, entehrt, im Blute watend, von Schmutz triefend, so steht die bürgerliche Gesellschaft da, so ist sie.

Aber es gibt auch ganz andere Sätze:

> ... ich muß doch jemanden haben, der mir glaubt, daß ich nur aus Versehen im Strudel der Weltgeschichte herumkreisle, eigentlich aber zum Gänsehüten geboren bin.

3.

Dann hab ich zu graben begonnen, fasziniert von den so verschiedenartigen Bildern von einem Menschen, die sich über- und ineinanderblenden, angezogen von nur scheinbar weit auseinander Liegendem wie dem leidenschaftlichen Verlangen nach sozialer Gerechtigkeit, der Lust, eine Katze zu lieben, Pflanzen zu sammeln und Vögel zu beobachten.
Als Grabinschrift hat sich Rosa Luxemburg den Ruf der Kohlmeise gewünscht. »ZwiZwi.« Man braucht das gar nicht als Sentimentalität aufzufassen. Eher stelle ich mir vor, daß dies in den Bereich persönlichster Reaktionen auf das Wissen um die Entfremdung des Menschen gehört.
Ausgrabungen über meine Vorzeit. Ich bin 1934 geboren. Das kann man auch lesen: ein Jahr nach Hitler. Was wußte ich denn, ehe ich, aufmerksam geworden durch die Reaktion der Öffent-

lichkeit bei Erscheinen der Briefmarke, zu forschen begann, über den genauen Verlauf der Revolution 1918/19 in Deutschland? Was werden meine Tochter und mein Sohn davon wissen? Mir gefällt das Wort Gustav Heinemanns, daß Traditionen keineswegs ein Privileg konservativer Kräfte seien. »Sie gehören«, so hat er gesagt, »auch nicht in die alleinige Erbpacht von Reaktionären. Nichts kann uns heute verwehren, in der Geschichte unseres Volkes nach jenen Kräften zu spüren und ihnen Gerechtigkeit widerfahren zu lassen, die dafür gelebt und gekämpft haben, damit das deutsche Volk mündig und moralisch verantwortlich sein Leben und seine Ordnung gestalten kann.«
So bin ich es angegangen. Systematisch alles gelesen. Von ihr. Über sie. Zu den Orten gereist, an denen sie gelebt hat: Warschau, Zürich, Paris, Brüssel, London, Berlin. (Eine Bekannte, die mir aus der Volksrepublik Polen ein Bild von der Festung Wronke mitbringen wollte, wurde mit ihrem Mann als Spionin verhaftet, der Film mit den Fotos unbrauchbar gemacht.) Quer durch Europa. Wobei einem aufgeht, wie wahrhaft international diese Frau nicht nur gedacht, sondern auch gelebt hat. In Amsterdam die Originale ihrer Briefe an die Kautskys eingesehen. Sätze, die einen allein durch das Vibrieren der Worte schon betreffen, auch wenn man die genauen Zusammenhänge gar nicht kennt:

Meine Allerliebsten! Am Sonntag den 4. abends hat mich das Schicksal ereilt. Ich bin verhaftet worden. Ich hatte bereits meinen Paß zur Rückreise visiert und war auf dem Sprung zu fahren. Nun, es muß auch so gehen. Hoffentlich werdet Ihr Euch nicht all zu sehr die Sache zu Herzen nehmen. Es lebe die R...! mit allem, was sie bringt.

Und Theo* sagte in Zürich: »Du müßtest an ihr klar machen, was Emanzipation bedeutet. Sie war wirklich eine emanzipierte Frau, in einem viel umfassenderen Sinn, als wir diesen Begriff heute gemeinhin verstehen. Und gescheit und gebildet. Allein die Vielseitigkeit ihrer Interessen. Die Leute denken doch immer ... eine Sozialistin, die hat doch nur ihr Parteiprogramm im Kopf.«

---

* gemeint ist der Zürcher Buchhändler Theo Pinkus, der jahrzehntelang eine der wichtigsten (heute in eine Genossenschaft umgewandelte) Buchhandlungen für sozialistische Literatur betrieb und 1971 in Zürich die »Stiftung Studienbibliothek zur Geschichte der Arbeiterbewegung« ins Leben rief.

Und dann fing er an, mir zu erläutern, wie man ganz elementar, aber ohne zu verfälschen, Kindern die wirtschaftlichen Grundtatsachen der Gesellschaft beibringen könnte. Was hier nicht dazu gehört, aber nur scheinbar, denn Rosa Luxemburg hat Zeit ihres Lebens geglaubt, Menschen seien durch ihrer Vernunft einsichtige Argumente überzeugbar, und wenn ihr dieser Glaube abhanden gekommen sein sollte, so hat sie doch bis zum Schluß gemäß diesem Glauben zu leben und zu handeln versucht.
Alte Fotos betrachtet. Manches erraten aus dem Porträt dieses mageren, strengen kleinen Mädchens mit Augen, die dir ein Loch in die Stirn brennen können.
Nie mehr losgeworden: jenes allerletzte Bild – eine weibliche Leiche mit eingeschlagenem Schädel, die man am 31. Mai 1919 an einer Schleuse des Landwehrkanals fand.
Auch Leuten begegnet, die sie noch persönlich gekannt haben. Die Tochter von Julian Marchlewski, Zofia, eine Frau um die siebzig, lebt in einer Sozialwohnung in Warschau und fängt plötzlich an zu erzählen: wie sie als 16jährige in Berlin-Südende an Grippe erkrankte, wie ihr Vater Rosa Luxemburg bat, einen Arzt zu empfehlen, wie Hänschen Diefenbach kam, der auch Rosas Freund und Geliebter war (wobei solche Bezeichnungen für alle Menschen gelten, die Rosa sehr nahestanden), wie sich Zofia in den jungen Arzt verliebte und er ihr viel frische Luft verschrieb, worauf sie von ihren Eltern ein Hochrad gekauft bekam und per Rad mit Dr. Diefenbach Ausflüge unternahm.
Nicht, daß ich alles über Rosa Luxemburg wüßte. Manchmal war ich in sie verliebt. Manchmal war sie mir unerhört fremd. Andermal wieder war sie mir eine Gesprächspartnerin, die mir Brocken hinwarf, an denen ich eine Weile zu kauen hatte:

Die Menschen machen ihre Geschichte nicht aus freien Stücken, aber sie machen sie selbst.

Wenn ich kurz sagen sollte, worum es in diesem Buch geht, so würde ich antworten: die schwierige, stürmische, traurige, schaurige und hoffnungsvolle Geschichte eines Menschen, der sich selbst und andere zu befreien versuchte, die Geschichte der Rosa Luxemburg.

1875

1882

1888

1898/1900

1905

1906

1909

1913/14

Die Anfänge einer Revolutionärin

Geboren als jüngste von fünf Geschwistern am 5. März 1871 in dem kleinen Landstädtchen Zamość (Samosch oder Zamesch) in Russisch-Polen im Gouvernement Lublin. Ein Drittel der Bevölkerung sind Juden.

Rosas Vater, Elias Luxenburg (die Schreibweise des Namens ändert sich in der nächsten Generation), ist Holzhändler und besitzt ein Haus an dem von Arkaden umgebenden Marktplatz. Er ist in Deutschland zur Schule gegangen und unterhält Geschäftsbeziehungen dorthin. Umgangssprachen in der Familie sind Deutsch und Polnisch, nicht Jiddisch.

Auch die Mutter, eine geborene Löwenstein, eine Frau mit einem schönen, Ruhe und Entschlossenheit ausstrahlenden Gesicht, stammt aus einer jüdischen Familie. Einer ihrer Onkel war Rabbiner. Sie interessiert sich für die Literatur der deutschen Klassik, vor allem für Friedrich Schiller. In der Stadt lebt auch der bedeutende jiddische Schriftsteller Jizchak Leib Perez, mit dem die Familie befreundet ist.

Über die Vermögensverhältnisse der Familie gehen die Angaben auseinander. Einige nennen sie wohlhabend-bürgerlich. Es wird aber auch die Anekdote erzählt, daß Rosa einmal als Kind eine Öllampe mit dem einzigen Geldschein angezündet haben soll, der noch im Hause war. Julian Marchlewski, Rosas späterer Kampfgefährte, der ihre Eltern noch persönlich gekannt hat, berichtet, daß sie von Zeit zu Zeit sogar ihre Wäsche versetzen mußten. Wahrscheinlich war das Geschäft des Vaters, solange sie in Zamość lebten, großen konjunkturellen Schwankungen ausgesetzt.

Die Vorliebe der Eltern für Deutschland, seine Sprache und seine Kultur dürfte damit zusammengehangen haben, daß jüdische Gemeinden in Rußland sich bei Pogromen* hilfesuchend an den deutschen Kaiser zu wenden pflegten, der tatsächlich mehrmals zu

* Hetze. Ausschreitung gegen nationale, religiöse, rassische Gruppen.

Gunsten der Juden intervenierte und aus Rußland Vertriebene in seinem Land aufnahm.
Polen, so muß man sich ins Gedächtnis rufen, besteht zu dieser Zeit als selbständiger Staat nicht. Auf dem Wiener Kongreß 1815 haben die drei Siegermächte im Krieg gegen Napoleon das Land unter sich aufgeteilt: Die westlichen Provinzen sind an Preußen gefallen, der Südosten an Österreich, Zentralpolen, der Osten und Nordosten mit Litauen an Rußland.
Aber das polnische Unabhängigkeitsstreben ist nie ganz erlahmt. 1863 hat der bis dahin letzte vom Adel getragene Aufstand gegen die Russen stattgefunden. Der Zar hatte versucht, durch eine Agrarreform die einfachen Bauern gegen die Schlachta, die Landjunker, für sich einzunehmen. Das heißt aber nicht, daß die Abhängigkeit des Bauerntums von den Großgrundbesitzern völlig beseitigt wäre. In manchen Teilen des Landes leben die Bauern immer noch unter sklavenähnlichen Zuständen. Neue soziale Probleme kommen durch die zunehmende Industrialisierung hinzu.
Halten russische Verwaltungsbeamte die polnische Bevölkerung unter dem Daumen, so genießen die Juden nicht einmal jene geringen Bürgerrechte, die der zaristische Absolutismus der übrigen Bevölkerung zugesteht.
Und immer wieder dient die große Minderheit der Juden als Blitzableiter für die Unzufriedenheit, die Mißstimmung und das Aufbegehren bestimmter Bevölkerungsgruppen. Wenn ein Jude nicht wohlhabend ist und sich etwas gesellschaftlichen Spielraum erkaufen kann, ist er mehr als jeder andere Untertan des Zaren der Willkür und der Erpressung einer allmächtigen Bürokratie ausgeliefert.

1.

Als Rosa langsam zu Selbstbewußtsein erwacht und ihre Stellung in ihrer Umwelt einschätzt, wird ihr klar, daß es das Schicksal nicht übermäßig gut mit ihr gemeint hat.
Sie ist eine Jüdin und gehört damit in diesem Land zu den Parias*.

---

* übertragen: von der menschlichen Gesellschaft Ausgestoßener

Sie ist ein weibliches Wesen, wach, intelligent, aber nicht hübsch, von geradezu winziger Gestalt (daran wird sich Zeit ihres Lebens nichts ändern), mit einem unverhältnismäßig großen Kopf und einer Nase, mit der sie für eine Karikatur Modell stehen könnte. Sie hat ein Hüftleiden, das falsch behandelt worden ist und sie für immer hinken lassen wird.
Mit knapp drei Jahre ist Rosa mit der Familie aus Galizien nach Warschau gekommen. Der Vater verspricht sich von der Hauptstadt bessere Geschäfte. Auch sind die Schulverhältnisse in Warschau für die Kinder immer noch günstiger als anderswo in Russisch-Polen.
Das Hüftleiden, als Knochentuberkulose behandelt, führt dazu, daß Rosa als Fünfjährige ein ganzes Jahr im Bett verbringt. Bettruhe ist das einzige Heilmittel, zu dem die Ärzte bei dieser Krankheit damals raten konnten.
In dieser Zeit bringt sich Rosa selbständig Lesen und Schreiben bei. Etwas später entwickelt sich eine ungewöhnliche Beziehung zwischen dem wißbegierigen kleinen Mädchen und dem Hausknecht.

Dieser Antoni war nämlich ein Mensch von höheren Neigungen. Jeden Abend nach Thorschluß saß er im Hausflur auf seiner Schlafbank und buchstabierte laut im Zwielicht der Laterne die offiziellen »Polizeinachrichten«, daß es sich im ganzen Haus wie eine dumpfe Litanei anhörte. Und dabei leitete ihn nur das reine Interesse für Litteratur, denn er verstand kein Wort und liebte nur die Buchstaben an und für sich. Trotzdem war er nicht leicht zu befriedigen, und als ich ihn einmal auf seine Bitte um Lektüre Lubbocks »Anfänge der Civilisation« gab, die ich gerade als mein erstes ernstes Buch mit heißer Mühe durchgenommen hatte, da retournierte er es mir nach 2 Tagen mit der Erklärung, das Buch sei nichts werth. Ich meinerseits bin erst mehrere Jahre später dahintergekommen, wie recht Antoni hatte.

Ihr liebster Augenblick am Tag ist der ganz frühe Morgen. Dann schleicht sie leise – es ist streng verboten vor dem Vater aufzustehen – ans Fenster, schaut über die Dächer der Stadt hin und stellt sich vor, daß irgendwo in der Ferne hinter all den Dächern das Leben, das »richtige Leben« liegen müsse. Das will

sie entdecken. Als Neunjährige übersetzt sie deutsche Geschichte ins Polnische, schickt eigene Verse in russischer Sprache an eine Kinderzeitschrift.
Sie beginnt Novellen zu schreiben. Schiller haßt sie, weil die Mutter ständig von ihm schwärmt und ihn zitiert. Im übrigen aber färben die literarischen Interessen der Mutter auf sie ab.
1884, sie ist dreizehn, kommt der deutsche Kaiser Wilhelm I. zu einem Staatsbesuch nach Warschau. Aus diesem Anlaß schreibt Rosa ein Gedicht, das erhalten geblieben ist:

Endlich werden wir dich sehen,
Mächtiger des Westens.
Vielleicht werde sogar ich dich zu Gesicht bekommen,
wenn du durch den Sächsischen Garten spazierst.
Du mußt dir nicht einbilden, ich käme zu Hofe.
Es liegt mir nicht das Geringste
an Ehrenbezeugungen von Euresgleichen.
Andererseits wüßte ich doch zu gern,
was man so redet in Euren Kreisen.
Mit dem Zaren sollst du ja per du sein.
Was Politik angeht, bin ich zwar noch ein dummes Schaf,
also mach ich keine langen Worte,
doch vergiß eines nicht, mein lieber Wilhelm:
Sag diesem listigen Lumpen von Bismarck,
er soll die Friedenshosen nicht zuschanden wetzen.
Du tust es für Europa, Kaiser des Westens.

In eben diesem Jahr 1884 tritt Rosa in das Zweite Warschauer Frauengymnasium ein. Es ist die beste Schule, auf die ein Kind aus einer polnisch-jüdischen Familie überhaupt gelangen kann.
Am Ersten Frauengymnasium sind nur Kinder aus russischen Adelsfamilien zugelassen. Am Zweiten Gymnasium erhalten zunächst Kinder russischer Beamter und Schüler aus solchen polnischen Familien einen Platz, die als politisch im Sinne des Zarenregimes zuverlässig gelten. Erst wenn dann noch in einer Klasse ein Platz frei ist, können sich Kinder aus einer jüdischen Familie eine Chance ausrechnen. Daß überhaupt ein Mädchen aufs Gymnasium kommt, ist schon eher die Ausnahme denn die Regel, ein jüdisches Mädchen – das bedeutet: Die Ausnahme der Ausnahmen.

Die Unterrichtssprache ist Russisch, nicht Polnisch. Es ist den Schülern polnischer Herkunft ausdrücklich verboten, sich in ihrer Muttersprache miteinander zu unterhalten. Lehrer in gehobener Position sind Russen. Es besteht ein Spitzelsystem. Polnisch sprechende Schüler sollen dem Direktor gemeldet werden. Ihnen droht ein Tadel oder gar ein Verweis von der Schule.
Die Zustände an der Schule und die Unterdrückungspolitik des zaristischen Regimes in Russisch-Polen sind für eine scharf beobachtende, mit ausgeprägtem sozialem Gerechtigkeitssinn begabte Sechzehnjährige Anlaß genug, sich einem der geheimen Fortbildungszirkel anzuschließen, in denen gewissermaßen im Untergrund polnische Sprache und Kultur an die junge Generation vermittelt werden.
Hier diskutiert man auch die politischen Ereignisse, die sich in diesen Jahren auf der größeren Bühne des russischen Reiches abspielen.
1881 ist Zar Alexander II. von einem aus Polen stammenden Mitglied einer Terrororganisation ermordet worden.
Zwischen der damals noch tonangebenden revolutionären Partei Rußlands »Narodnaja Wolja« (Volkswille) und der oppositionellen polnischen Gruppe »Proletariat« bestehen Kontakte.
Über Studenten, die die geheimen Fortbildungszirkel leiten, lernt Rosa die Ziele dieser ersten, noch sehr kleinen proletarischen Partei in Polen kennen.
Während die russischen Volkstümler auf die Wirksamkeit ihrer Terroraktionen schwören und von einer nationalen Wiedergeburt und Überwindung der Zarenherrschaft durch ein erdverbundenes Bauerntum träumen, denken die Männer um den Polen Waryńsky, der 1881 aus Genf nach Warschau zurückgekommen ist, realistischer.
Hier werden zum erstenmal wirtschaftliche Gesichtspunkte bei der Ausarbeitung eines politischen Programms mit berücksichtigt. Insofern kann man das 1882 gegründete »Proletariat« als die erste marxistische Partei Polens bezeichnen.
Waryńsky und seine nicht sehr zahlreichen Anhänger argumentieren etwa so: Die Arbeiter in Polen seien von ihrer Interessenlage her die einzig wahrhaftig revolutionäre Gruppe. Die wohlhaben-

den Klassen in Polen dächten vor allem an Profit, darin seien sie sich mit den russischen Autokraten durchaus einig. Waryński betrachtet auch als erster in der revolutionären Bewegung den polnischen Nationalismus kritisch. Ziel für ihn und seine kleine Gruppe ist nicht ein unabhängiger polnischer Nationalstaat, sondern eine Veränderung der gesellschaftlichen Verhältnisse in ganz Rußland durch den gemeinsamen Kampf der Arbeiterschaft. Von daher leitet die Bewegung auch ihren Namen ab. Ihre Mitgliederschaft ist aber auf Intellektuelle in den Großstädten beschränkt.

Der neue russische Zar Alexander III. ist entschlossen, den Terror der Revolutionäre mit noch härterem Gegenterror zu brechen.

Einer der wenigen polnischen Revolutionäre, die die Jahre des harten Gegenterrors überleben, ist der 1860 in der Provinz Posen geborene Martin Kasprzak. In seiner zu Preußen gehörigen Heimat hat er sich der deutschen Sozialdemokratie angeschlossen und ist zweimal wegen sozialistischer Umsturztätigkeit angeklagt worden.

1887 wird er in Posen wiederum wegen dieses Delikts zu zwei Jahren Gefängnis verurteilt, kann aber nach zwei Monaten aus der Haft fliehen und taucht in Warschau unter. Hier gründet er im Dezember 1887 das Warschauer Arbeiterkomitee, aus dem sich allmählich das sogenannte »Zweite Proletariat« entwickelt.

Am 14. Juni 1887 erhält Rosa ihr Abschlußzeugnis vom Gymnasium ausgestellt. Obwohl sie in vierzehn Fächern die Note »ausgezeichnet« und in allen restlichen die Note »sehr gut« bekommt und ihr »ausgezeichnetes Betragen« bescheinigt wird, verweigert man ihr »wegen oppositioneller Haltung gegenüber der Autorität« die gewöhnlich bei einem so hervorragenden Zeugnis verliehene Goldmedaille.

Rosa wohnt nach dem Abitur bei ihren Eltern. Sie betreibt Agitation für die revolutionäre Bewegung. Noch ist sie unerfahren. Aber der Dachdecker Kasprzak ist begeistert von der kritischen Intensität und dem Engagement der jungen Genossin, die sich neben der praktischen politischen Arbeit auch ein fundiertes theoretisches Wissen aus den Schriften Karl Marx aneignet. Kasprzak ist ein Verschwörer alten Typs. Aber er begreift, daß die Zeiten sich ändern. Solch intelligente, theoretisch beschlagene Genossen wird die Bewegung brauchen. Schützend hält er seine Hand über das junge Mädchen. Im Herbst 1888 kommt die Polizei der Organisation auf die Spur. Im Oktober erfolgen die ersten Verhaftungen, im Dezember setzen Massenverhaftungen ein, die die Parteiarbeit lahmlegen. Rosa taucht in der Provinz unter. Sie übernachtet in zugigen Bauernhütten und holt sich eine Lungenentzündung. Kasprzak selbst sorgt dafür, daß sie über die Grenze kommt. Einem katholischen Priester in einem grenznahen Ort erzählt man eine rührselige Geschichte von einem jüdischen Mädchen, das zum Christentum übertreten möchte, dessen Angehörige aber strikt dagegen sind. Deshalb müsse sie ins Ausland. Unter einer Fuhre Stroh entkommt Rosa in die Freiheit.

2.

Sie geht nach Zürich, immatrikuliert sich an der einzigen Universität, an der damals Männer und Frauen gleichberechtigt studieren können.

Über die besondere Atmosphäre dieser Stadt zu dieser Zeit schreibt Paul Fröhlich:

»Zürich war der bedeutendste Sammelpunkt der polnischen und russischen Emigration; seine Universität – eine Hochschule für junge Revolutionäre. Das waren meist Menschen, die trotz ihrer Jugend schon ernste Lebenserfahrungen gesammelt, im Kerker gesessen, in der Verbannung gelitten hatten und herausgerissen waren aus ihren Familien und der gesellschaftlichen Sphäre, in die sie hineingeboren wurden. Sie lebten fern von der studierenden Bürgerjugend, deren Lebensziel das Amt, die Versorgung war. Diese jungen Emigranten arbeiteten ernst für ihr Fach, doch dachten sie weniger an das Brot der Zukunft als an die Zukunft der Menschheit. In ihrer Kolonie waren Mann und Frau gleich geachtet. Freie Anschauungen herrschten und zugleich eine streng asketische Moral. Es gab viel Not und eine selbstverständliche, unpathetische Solidarität. Diese Studenten schlugen nicht die Zeit tot in Kneipereien. Sie debattierten unermüdlich und ohne je zu

Ende zu kommen: über Philosophie, über Darwinismus*, über Frauenemanzipation, über Marx und Tolstoi, über das Schicksal der Obschtschina, dieses Restes des russischen Agrarkommunismus, über die Aussichten und die historische Bedeutung der kapitalistischen Entwicklung in Rußland, über die Ergebnisse des Terrors der Narodnaja Wolja, über Bakunin und Blanqui und die Methoden des revolutionären Kampfes, über die Demoralisierung der westlichen Bourgeoisie**, über Bismarcks Sturz und den siegreichen Kampf der deutschen Sozialdemokratie gegen das Ausnahmegesetz, über die Befreiung Polens ... über tausend Fragen und immer über das eine Thema: die Revolution. Wenig Brot und viel Tee, kalte Dachkammern mit dickem Zigarettenrauch, erhitzte Köpfe, große Gesten, Überschwang und Romantik...«

Rosa Luxemburg streift nur eben die Peripherie dieser Flüchtlingsbohème. Sie hat ein mokantes Lächeln für Debatten, die zu nichts führen. Heißhunger nach Arbeit erfüllt sie. Sie schlürft das alles in sich: die Universität, die Menschen, diese Stadt, die so viele kulturelle und geistige Anregungen bietet, verwundert, noch etwas betäubt, wenn sie an Polen denkt und die Nächte in den Bauernhäusern und unter der Strohfuhre. Sie ist unerhört genußfähig, dann wieder sehr ernsthaft, streng, wenn es darum geht, sich das wissenschaftliche Rüstzeug anzueignen, dessen es bedarf, um dem Fortschritt zum Sieg zu verhelfen und die Ungerechtigkeiten der herrschenden Gesellschaftsordnung zu überwinden. Sie ist sehr anfällig für Leid und Elend, aber Empörung, wie gefühlsintensiv sie sie zunächst auch erleben mag, ruft bei ihr zumeist gleich den Wunsch wach, zu denken, zu erkennen und gemäß dem Erkannten konsequent zu handeln.

Sie ist überzeugte Marxistin, was sie nicht davon abhält, die Marxsche Lehre kritisch zu betrachten. Es gibt nichts, demgegenüber Kritik nicht angebracht wäre. An der Universität belegt sie zunächst Mathematik und Philosophie. Später konzentriert sie ihre Studien auf Volkswirtschaft und Öffentliches Recht. In den

---

* Darwin; engl. Naturforscher

** (wohlhabender) Bürgerstand

ersten Semestern aber hört sie auch noch Astronomie, Botanik und Zoologie, nur weil es ihr eben Spaß macht. So sehr sie schon jetzt für »die Sache«, für den Kampf um die Durchsetzung einer sozialistischen Gesellschaftsordnung lebt, so entschieden besteht sie auch darauf, sich ein bißchen individuelles Glück herauszunehmen.

Sie ist ehrgeizig und voller Spottlust. Würdige Männer und Autoritäten haben es bei ihr nicht leicht. Sie kratzt gern am Lack, liebt es, unkonventionell zu denken, Fragen zu stellen, deren Antworten noch nicht im System vorgegeben sind.

Freilich ist es gerade diese Vorliebe für kritisches Denken, die so mancher, auch in dem freizügigen Klima Zürichs, als unpassend empfindet. Gut, soll man Frauen zum Studium zulassen, aber muß ausgerechnet diese Frau bei den Diskussionen im Seminar immer das letzte Wort haben wollen? Und was das schlimme ist, sie hat meist sogar recht!

Rosa verliebt sich in Zürich in einen schwierigen, nach außen spröd und verschlossen wirkenden, bei all seinen Fähigkeiten immer wieder von Selbstzweifeln geplagten Mann. Eine Art graue Eminenz unter den polnischen Sozialisten, der Drahtzieher im Hintergrund.

Jemand, der von sich sehr viel verlangt, aber von den anderen nicht weniger, dem es nicht darauf ankommt, unerhört autoritär zu sein, wenn er es für »die Sache« als richtig erachtet. Ein Mann, dessen Wahlspruch lautet: »Man muß arbeiten, das ist alles.«

Sie rüttelt an diesem Menschen, der Person gewordene Konspiration* zu sein scheint. Er ist ein schon manischer Geheimniskrämer, jemand, der seine Identität hinter nötigen und unnötigen Tarnnamen versteckt. Sie zwingt ihn, sich ihr zu öffnen, bestürmt ihn immer wieder, nicht nur ein Politik machender Genosse zu sein, sondern auch ein zu Liebe, Freude, zur persönlichen Hinwendung an einen anderen Menschen fähiges Individuum.

Unter einer für uns schon fast ungeheuer anmutenden Diskretion vollzieht sich zwischen diesem Mann – sein Name ist Leo Jogiches – und Rosa eine der großen Liebesgeschichten der sozialistischen

---

* Verschwörung

Bewegung. Für fünfzehn Jahre sind sie ein Paar. Aus Gründen der Staatsbürgerschaft und der Tarnung sind sie nicht in der Lage zu heiraten; doch besteht während dieser Zeitspanne zwischen ihnen eine enge, aber immer auch konfliktbeladene Bindung. Was Rosa Jogiches bedeutet haben mag, wird eigentlich erst in dem tragischen Nachspiel sichtbar. Er ist es, der für die Aufklärung des Mordes an Rosa sorgt und dafür mit seinem Leben bezahlt.

Leo Jogiches

Als Rosa ihm in der Schweiz begegnet, hat Leo oder Dziodziu*, wie Rosa ihn in den Briefen häufig anredet, schon eine ereignisreiche Jugend hinter sich.

Am 18. April 1867 in Wilna geboren und aus einer verhältnismäßig wohlhabenden jüdischen Familie stammend, besucht er zunächst in seiner Heimatstadt das Gymnasium. Er gehört schon Mitte der 80er Jahre zu einer Wilnaer Organisation junger Sozialisten, in der er innerhalb kurzer Zeit eine führende Stellung einnimmt.

Mit eben dieser Gruppe unterhält auch der später hingerichtete Bruder Lenins, Alexander Uljanow, von Petersburg aus Kontakte. Derselben Gruppe sind auch die Brüder Bronislaw und Josef Pilsudski** verbunden.

Der Wilnaer revolutionäre Kreis arbeitet in den Jahren 1885 und 1887 eng mit der Petersburger Organisation »Narodnaja Wolja« zusammen und ist somit an den Vorbereitungen für das Attentat auf den Zaren Alexander III. beteiligt. Seine Mitglieder helfen bei der Besorgung der Sprengstoffe (durch einen unbekannten Apothekergehilfen) und schicken auch Geld an die Organisation nach Petersburg. Ein Spitzel, der sich in die Reihe der Petersburger Gruppe eingeschlichen hat, vereitelt das für den 1. März 1887 (der Jahrestag des Mordes an Alexander II.) vorbereitete Attentat.

Viele Mitglieder der Organisation, unter ihnen auch Alexander Uljanow, bezahlen diesen Plan mit dem Leben. Im Mai desselben Jahres werden für die Teilnahme an den Vorbereitungen des Attentats auf den Zaren fünf Mitglieder hingerichtet. Bronislaw Pilsudski wird zu fünfzehn Jahren Zwangsarbeit und Josef zu fünf Jahren Verbannung nach Sibirien verurteilt.

Nachdem man in Wilna von den Petersburger Verhaftungen

---

* vermutlich ein Kosename aus der Kinderzeit

** Josef Pilsudski, geboren 1867 in Zulowo (Wilnagebiet), wurde nach seiner Verbannung in Ostsibirien 1892 Mitgründer und Führer der »Polnischen Sozialistischen Partei«. Im Laufe der Zeit ging er ins Lager der Rechten über und bekundete offen seine Abneigung gegen ein demokratisches Regierungssystem. 1914–16 kämpfte er mit seiner polnischen Legion auf österr. Seite gegen Rußland. 1918 bis 1922 war er poln. Staatschef und Oberbefehlshaber der poln. Armee. Am 5. 12. 1926 stürzte er die Regierung und übte seitdem als Kriegsminister (zeitweilig auch als Ministerpräsident) die tatsächliche Herrschaft aus. Er starb 1935 in Warschau.

gehört hat, beschließt man, die Mitglieder des Wilnaer Kreises schnellstens ins Ausland zu evakuieren. Mit der Organisation der Flucht wird wegen seiner hervorragenden konspirativen Fähigkeiten Jogiches betraut. Über diesen damals 20jährigen Revolutionär berichtet einer seiner Genossen:
»Leo Jogiches war einer der tatkräftigsten Revolutionäre in Wilna. Er war jedoch nicht beliebt wegen seines überspannt verschwörerischen Verhaltens und seiner dünkelhaften Haltung ... begabt mit starkem Willen, klug, aber eigensinnig, verbissen, widmete er sich mit aller Leidenschaft der revolutionären Aufgabe. Es war ein vortrefflicher Verschwörer und kannte vorzüglich alle geheimen Schmuggelpfade über die Grenze. In sich verschlossen, obwohl er in Wirklichkeit gar nicht so schwierig und unzugänglich war, wie es scheinen mochte, konnte er auch sehr witzig sein, wenn er nur wollte. Wahrhaftig, sein Witz war stets sarkastisch und beißend.«
So emigriert 1887 die Mehrzahl der gefährdeten Mitglieder der Wilnaer Gruppe ins Ausland. Jogiches hingegen bleibt vorerst noch in Wilna, wo er die Fäden der verschiedenen sozialistischen Kreise und Gruppen in der Hand hält. Er hat auch Verbindung zu der Warschauer Gruppe des »Zweiten Proletariats«, der Rosa angehört hat. Wegen seiner revolutionären Tätigkeit wird Jogiches 1888 festgenommen. Es gelingt jedoch der zaristischen Polizei nicht, genügend Beweismaterial gegen ihn zu beschaffen. Im Mai 1889 wird er nach einem halben Jahr hinter Gittern auf dem Verwaltungsweg zu vier Monaten Gefängnis verurteilt und für ein weiteres Jahr unter Polizeiaufsicht gestellt.
Einige Monate später erhält er seine Einberufung zur zaristischen Armee. In diesen Junitagen des Jahres 1890 flieht Jogiches direkt vom Sammelplatz, von dem der Abtransport nach Turkestan vor sich gehen soll. Er kommt unter einer Fuhre Lehm über die Grenze und gelangt in die Schweiz. Nachdem er sich unter dem Namen Grosovki zunächst in Genf niedergelassen hat, nimmt er Kontakt mit der von Georgi Plechanow gegründeten sozialdemokratischen Emigrantenorganisation »Befreiung der Arbeiter« auf. Plechanow ist damals die große Autorität unter den in der Schweiz lebenden Sozialisten. 1856 als Sohn eines adligen Grundbesitzers

in Zentralrußland geboren, hat er zunächst die Militärschule und dann die Bergakademie besucht und sich 1876 unter dem Eindruck der Lehren der Narodniki (Volkstümler) dazu entschlossen, Berufsrevolutionär zu werden. Bald ist er der führende Propagandist des extremen Flügels der Narodniki, Narodnaja Wolja, trennt sich aber 1879 wieder von der Gruppe, weil er den beabsichtigten terroristischen Kurs nicht mitmachen will. 1880 geht er ins Ausland und wird dort bald zum Marxisten und zum scharfen Kritiker der ganzen Richtung der Narodniki. Im Unterschied zu ihnen erwartet er nicht mehr das Heil vom russischen Bauern und seinem Gemeindeland, sondern von der Industrialisierung und vom Proletariat. Mit seinen Schriften »Sozialismus und politischer Kampf« und »Unsere Differenzen« führt Plechanow das revolutionär-marxistische Denken in Rußland ein.
Zu diesem Mann im Exil kommt der junge Konspirateur. Leo Jogiches verfügt über erhebliche Geldmittel von seiner Familie her. Er ist bereit, sie in den Dienst »der Sache« zu stellen. Er schlägt die Gründung einer Zeitschrift vor, und Plechanow nimmt zunächst mit Freuden an. Einmal, verspricht er sich, könnte ein solches Blatt dazu führen, daß sich in Rußland auf breiter Basis eine sozialdemokratische Bewegung bildet. Zum anderen hofft er, als Redakteur dieser Zeitschrift endlich einmal keine finanziellen Sorgen mehr zu haben. Er verdient zu dieser Zeit seinen Lebensunterhalt mit Adressenschreiben. Als der Vertrag aufgesetzt werden soll, geraten die beiden miteinander in Streit. Jogiches verlangt, zumindest gleichbereichtigt an der Leitung der Zeitschrift beteiligt zu werden. Plechanow, ganz Autorität und Hauptperson findet das von dem jungen Mann eine unerhörte Anmaßung. Außerdem ist Jogiches Jude, und Plechanow kann Juden nicht ausstehen. Er wirft Jogiches hinaus. Der gründet daraufhin ein eigenes kleines Verlagsunternehmen, die »Sozialdemokratische Bibliothek«, mit dem Ziel, die klassischen Schriften des Marxismus in russischer Übersetzung herauszubringen und nach Rußland einzuschmuggeln. Damit bricht er nun abermals in eine Domäne von Plechanow ein. Wütend beschreibt der den jungen Mann in einem Brief an Friedrich Engels als eine »Miniaturausgabe Netschajews«, der ein hochstaplerischer und

wild-rücksichtsloser Jünger des Anarchistenführers Bakunin war. Zunächst versucht Rosa bei der Auseinandersetzung mäßigend auf Jogiches einzuwirken. Aber Jogiches ist nicht der Mann, der bei einem solchen Streit auf das hören würde, was eine junge Genossin sagt, die er schätzt, die sich aber ihre Sporen noch verdienen muß. 1894 findet dann Rosa den großen Plechanow auch ein bißchen lächerlich und versichert in einem Brief an Jogiches, sie sei jederzeit gern bereit »dem Alten eine Nase zu drehen«.

Plechanow versucht Jogiches durch systematische Anschuldigungen und Verleumdungen von der aktiven Mitarbeit in der russischen sozialistischen Bewegung in der Emigration auszusperren.

Andererseits hat Jogiches das bessere Verteilernetz für nach Wilna zu schmuggelnde Broschüren und Schriften. 1892 gelingt es ihm, rascher als Plechanow an die Texte der Reden zu kommen, die auf den 1.-Mai-Feiern in Wilna und Warschau gehalten worden sind. Rosa übersetzt sie ins Polnische, und Leo versieht sie mit einer Einleitung. Plechanow empfindet das als die Höhe der Unverschämtheit. Von Genf aus verhängt er eine Art Bannfluch über das Paar. Jogiches muß seinen Verlag schließen, obwohl er über die nötigen Geldmittel verfügt. Plechanows Prestige ist so groß, daß Jogiches niemand mehr findet, der für ihn bereit wäre, Texte ins Russische zu übersetzen.

Da Jogiches so die Betätigung in der russischen Bewegung versperrt ist, beschließt er, zusammen mit Rosa die polnische Bewegung unter seine Kontrolle zu bringen.

Über die politische Situation in Polen und die Aktivitäten der verschiedenen im Untergrund arbeitenden Gruppen werden die beiden durch einen noch jungen kampferprobten, vor allem aber als Organisator erfolgreichen Sozialisten unterrichtet, der eben um diese Zeit aus Warschau in die Schweiz geflüchtet ist, um dort Volkswirtschaft zu studieren: Julian Marchlewski. In Rosas Zimmer in der Universitätsstraße 77 in Zürich gibt der Flüchtling das, was unter Emigranten am meisten gefragt ist: einen Situationsbericht aus der Heimat aus erster Hand.

3.

Julian Marchlewski wird am 17. Mai 1866 in dem Städtchen Wlodclawek in der fruchtbaren Weichselniederung geboren. Der Vater ist Getreidehändler, die Mutter eine aus Deutschland zugewanderte Lehrerin, die aus einer westfälischen Offiziersfamilie stammt.

Mit der Eröffnung der Eisenbahnlinie Warschau–Bromberg kommt der Getreidehandel auf dem Wasserweg zum Erliegen. Julians Vater verarmt. Ab dem achten Lebensjahr besucht der Junge die Schule in Thorn, das schon im preußischen Annexionsgebiet liegt. Es scheint ihm schwergefallen zu sein, sich ohne die Eltern in der fremden Stadt einzugewöhnen, aber er lernt wenigstens fließend Deutsch zu sprechen, was ihm später von großem Nutzen sein wird. Die nächste Station auf Julians Bildungsweg ist das vierklassige Progymnasium in Wlodclawek. Seine Eltern sind auf den nicht sehr glücklichen Einfall gekommen, ihr Haus an der Weichsel zu verkaufen und das Hotel »Zu den Drei Kronen« auf dem Marktplatz des Landstädtchens zu pachten. Dort werden die Bälle der Gutbesitzer abgehalten. Den Offizieren der russischen Garnison dient ein Hinterzimmer als Kasino. Die Eltern sind von der Arbeit im Hotel völlig in Anspruch genommen und finden wenig Zeit, sich um ihre Kinder zu kümmern.

Über das Progymnasium berichtet Julian selbst:

»Es war das private Institut eines gewissen Herrn Kornacki, aber, wenn ich nicht irre, war der Priester Gudart der eigentliche kapitalistische Unternehmer. Sowohl der Herr Direktor als auch der Priester Gudart sparten, wo es nur irgend ging, so daß das Lehrpersonal schlecht entlohnt wurde und nicht gerade erstklassig war... Die Spezialität dieser Lehranstalt war körperliche Züchtigung. Das wurde so gehandhabt, daß während der Woche die verschiedenen Vergehen der Schüler aufgeschrieben wurden und dann an bestimmten Tagen die summarische Exekution stattfand: Der Schuldige mußte die Hosen herunterlassen, der Schulportier hielt ihn auf einem Hocker fest und der Priester erteilte die Prügel.«

Als Julian 1878 nach eineinhalbjährigem Aufenthalt an der Anstalt des Herrn Kornacki ins staatliche Realgymnasium von Wlodclawek überwechselte, kam er geradezu vom Regen in die Traufe:
»Die Prügelstrafe wurde dort nicht angewandt, aber das war wohl auch das einzige Zeichen eines pädagogischen Fortschritts, denn in jeder anderen Hinsicht herrschten dort abscheuliche Verhältnisse. Es konnte auch nicht anders sein in einer Schule, deren Hauptaufgabe in der Russifizierung der Jugend lag.
Wie überall im Weichselland – wie die zaristischen Behörden die okkupierten polnischen Gebiete nannten, um auch den Namen Polen für immer auszulöschen – rekrutierte sich die Obrigkeit der Schule aus dem Auswurf der russischen Gesellschaft. Wem es nicht gelang, in Rußland Karriere zu machen, der begab sich ins Königreich Polen, um einen Staatsposten zu ergattern, zu dem für Polen, selbst für die begabtesten, der Zutritt erschwert oder gänzlich verschlossen war. Der Direktor des Gymnasiums – ein ehemaliger Feldscher – verdankte seinen Posten der Heirat mit einer Mätresse des Gouverneurs. Die Funktion des Inspektors fiel einem Individuum zu, das sich wie ein Polizeispitzel benahm und von den Jungen Mamaj genannt wurde. Seine Hauptbeschäftigung bestand darin, die Schüler verbotener Taten zu überführen. Dabei zählte der Gebrauch der polnischen Sprache als schwerstes Verbrechen. Dafür wanderten die Jungen in den Karzer oder wurden sogar der Schule verwiesen. Aber auch wegen eines offenen Knopfes an der Schuluniform und anderer Vergehen wurden die Schüler bestraft. Der Russischlehrer zeichnete sich durch Trunksucht, Grobheit und Käuflichkeit aus. Der Unterricht war schlecht. Meistens bekam man Hausaufgaben aus dem Unterrichtsbuch von hier bis da auf. Die Unterrichtsstunde aber wurde dazu benutzt, die Schüler abzuhören. Jedoch am lähmendsten wirkte die Russifizierung sich aus. Die Kinder, die die russische Sprache nicht beherrschten, waren gezwungen, alles in dieser Sprache zu lernen. Zur völligen Karikatur wurde der Unterricht, wenn man die polnischen Kinder die deutsche oder die französische Sprache mit Hilfe von Übersetzungen aus dem Russischen lehrte.«

1882 muß der Vater von Julian auch die Pächterstelle auf dem »Hotel zu den Drei Kronen« aufgeben. Als Büroangestellter kommt er in der Getreidehandlung seines Schwagers Oskar Rückerfeldt in Czerniewice, unweit von Wlodclawek unter. Frau und Kinder schickt er nach Warschau. Dort tritt Julian in die vierte Klasse des Realgymnasiums ein. Das Schulgeld muß er sich durch Nachhilfeunterricht für jüngere Schüler selbst verdienen. Ganz ähnlich wie Rosa, der er wahrscheinlich damals zum ersten Mal begegnet, wird er in den folgenden Jahren Mitglied eines illegalen Selbstbildungszirkels. Der Kreis, dem er beitritt, ist von dem ehemaligen Gymnasiasten N. N. Archangelski gegründet worden, der nun an der Warschauer Universität Medizin studiert.
Archangelski, ein in Warschau geborener Russe, hat sich 1884 der Partei des »Ersten Proletariats« angeschlossen.
Die Verbindung zur Partei hat wahrscheinlich eine gewisse Maria Bohuszewicz hergestellt. Nachdem die Kerngruppe der Organisation um Ludwik Waryński von der zaristischen Polizei schon verhaftet worden ist, führt eine zweiundzwanzigjährige Frau die Partei. Aber im September 1885 werden auch Archangelski und sie gefaßt. Maria Bohuszewicz stirbt auf dem Marsch in die Verbannung. Archangelski hält man zwei Jahre in den Kerkern der Warschauer Zitadelle fest und schickt ihn dann vier Jahre nach Ostsibirien.
Dies gibt eine Vorstellung, was damals Jugendliche und Studenten riskieren, wenn sie sich politisch betätigen. Andererseits spüren sie selbst in der Schule oder an der Universität täglich die Auswirkungen der Unterdrückung.
Womit beschäftigen sich die Selbstbildungszirkel der Schüler in diesen Jahren? Systematisch werden beispielsweise die Werke des englischen Evolutionisten Herbert Spencer durchgenommen, dann Schriften von Vertretern der materialistischen Philosophie wie Ludwig Büchner und Jakob Moleschott. Solche Bücher gelten als wissenschaftliche Werke und die Zensur erhebt kein Einspruch gegen ihr Erscheinen. Schwieriger ist es, an die Pamphlete der revolutionären russischen Demokraten heranzukommen, und ein wirklich großes Risiko geht ein, wer sich die »Narodnaja Wolja« beschafft. Auf ihrem Besitz steht die Todesstrafe.

Ganz allgemein kann man sagen, daß das Bewußtsein solcher Schülergruppen polnisch-nationalistisch, von der Philosophie her materialistisch, von den Anfängen der Sozialwissenschaften her utopisch-sozialistisch eingefärbt gewesen ist. Im Vordergrund stand immer die Aneignung eines polnischen Geschichts- und Kulturbewußtseins. In den Diskussionen haben praktische Überlegungen über die Möglichkeiten des Widerstandes gegen das verhaßte Zarensystem eine große Rolle gespielt. Eindeutig marxistisch war das Denken dieser jungen Leute zunächst fast nirgends. Das ändert sich in den nächsten Jahren. Die ersten Schriften von Karl Marx gelangen 1887/88 nach Warschau. Allerdings handelt es sich dabei zunächst nur um Auszüge, vielleicht sogar nur um Berichte über seine Thesen. Sofort setzt unter polnischen Politikern und Kulturkritikern eine heftige Diskussion über Marx ein. Und die Jugend der Selbstbildungszirkel, hellwach für neue Ideen und geistige Munition zu ihrem Kampf gegen die Unterdrückung, verfolgt diese Diskussion mit lebhafter Anteilnahme.

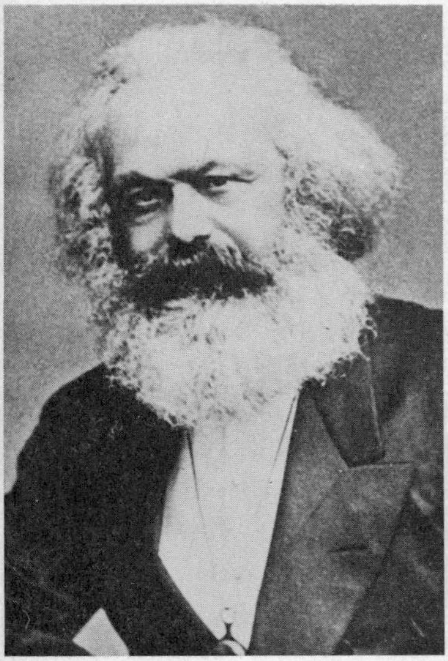

Karl Marx

Friedrich Engels

Adolf Warski, der demselben Zirkel wie Julian Marchlewski angehört, berichtet darüber:
»Man las viel, zu viel, möchte ich fast sagen und vor allem las man viel zu chaotisch, ohne System, so daß man nicht alles zu verdauen imstande war. Am meisten interessierte man sich für den Kampf, der in den Jahren 1887/88 zwischen dem legalen Marxismus, den Ludwik Krzywicki vertrat und einer im Entstehen begriffenen polnischen volkstümlerischen Richtung entbrannt war. Die volkstümlerische Richtung wurde durch den späteren Mitbegründer und Führer der wichtigsten Partei der polnischen herrschenden Klassen, Narodowa Demokracja (Nationaldemokraten, 1893 aus der 1887 gegründeten Liga Polska hervorgegangen) vertreten. Damals waren diese Kräfte, die sich um die Wochenzeitschrift ›Glos‹ (Stimme) gesammelt hatten, noch ziemlich weit von ihrem später offen reaktionären und antisozialistischen Kurs entfernt. Diese volkstümlerische Richtung strebte ein soziales System an, das auf dem Kleinbesitz basieren und dessen Hauptstütze nicht das Industrieproletariat, sondern das Bauerntum sein sollte...«
Der Gymnasiast Julian Marchlewski sagt eines Tages zu seinem Zirkelkollegen Warski: »In einem halben Jahr bin ich mit dem Gymnasium fertig, aber ich gehe nicht zur Universität. Ich gehe in eine Fabrik!«
Warski stutzt. Ein verrückter Einfall. Als er den Freund fragt, wie er denn auf diese Idee gekommen sei, erklärt ihm Julian, seiner Meinung nach könne eine Veränderung nur mit Hilfe der Arbeiter erreicht werden. Also sei es doch konsequent, zunächst einmal die Lebensbedingungen der Arbeiterschaft genau kennenzulernen und unter ihnen politische Gruppen zu bilden. Im Frühjahr 1887 tritt der kräftige junge Bursche als Färber in der kleinen Textilfabrik T. Fischer & Co. am Stadtrand von Warschau an. Er berichtet: »Man war gezwungen, 12 Stunden am Tag unter furchtbarsten Bedingungen zu arbeiten, da die Fabrikanten keinen Gedanken daran verschwendeten, die Werkstätten einigermaßen menschenwürdig einzurichten. Man stand in der Nässe, denn der Fußboden war schlecht und die Luft war voller Dampf, da keine Ventilation vorhanden war.«
Als Arbeiter hält Julian Kontakt zu dem Zirkel am Gymnasium,

spricht aber auch auf illegalen Arbeiterversammlungen »über die Notwendigkeit, Solidarität unter den Arbeitern zu üben, um erfolgreich gegen Fabrikanten und Kapitalisten kämpfen zu können«.

Kurz darauf stellt Julian einen Kontakt zwischen dem aus Genf zurückgekommenen ehemaligen Leiter des Selbstbildungszirkels an der Handelsschule Kronenberg, Ludwik Kuldczycky und Adam Dambrowski her. Aus dieser Bekanntschaft erwächst eine der Zellen des »Zweiten Proletariats«. Die andere Stammgruppe ist die des aus Posen stammenden Dachdeckers Kasprzak.

Die Polizei erfährt von der Existenz des »Zweiten Proletariats«. Von den sechsundvierzig Mitgliedern der Partei in Warschau hat man einundvierzig verhaften können. Die Urteile sind hart. In den meisten Fällen lauten sie auf fünf Jahre Gefängnis oder fünf Jahre Verbannung. Marchlewski ist entkommen. Im September 1889 hängen auf allen zaristischen Gendarmerieposten Steckbriefe, die dazu auffordern, einen gewissen »Julian Marchlewski, Wuchs unter Mittelgröße, 23 Jahre alt, Augen hellblau, Nase gerade, Gesicht oval, Teint rein, Haare dunkelblond, Stimme stark und tief, Körperbau untersetzt, festzuhalten und als Arrestanten nach Warschau in den X. Pavillon der Zitadelle zur Disposition des Vorstehers der Gendarmerieverwaltung zu überführen.«

Julian hat kurz seinen Vater auf dem Land in der Nähe von Wlodclawek besucht. Von dort ist es nicht schwer, über die Grenze nach Preußen zu wechseln. In Deutschland durchwandert der junge Färber Preußen und Sachsen und nimmt Arbeit in verschiedenen Textilfabriken an, um sein Fachwissen zu vervollkommnen. In Deutschland lernt Marchlewski die (trotz noch geltendem Sozialistengesetz) wirkungsvolle und auf einer Massenbasis gegründete Organisation der deutschen Sozialdemokraten kennen. 1889 kehrt er illegal nach Polen zurück. Mit den Erfahrungen aus dem Deutschen Reich geht er an die Analyse der Niederlage des »Zweiten Proletariats«.

1888 hat die Partei Terroranschläge auf den zaristischen Erziehungsminister Delianow und den Generalgouverneur von Warschau, Hurko, in Verbindung mit Emigranten der »Narodnaja Wolja« selbst gegen den russischen Zaren und den deutschen

Kaiser geplant. Julian und Kasprzak sind gegen diese Pläne gewesen. Andere Mitglieder haben sie befürwortet. Bei den Vorbereitungen im Mai 1889 sind zwei Mitglieder der Partei beim Hantieren mit Sprengstoff in der Schweiz in der Nähe von Zürich schwer verletzt worden. Sie haben dort versucht, die nötigen Bomben zu basteln.

Jetzt argumentiert Julian: Die Anwendung von individuellem Terror werde den Zarismus nie stürzen oder zu Konzessionen zwingen. Man müsse weg vom Terrorismus und fort von einer Partei eines kleinen Häufchens von Intellektuellen, das die Polizei mit einem Schlag ausheben könne. Nach dem Vorbild der deutschen Sozialdemokraten fordert Marchlewski eine Massenorganisation der Arbeiterklasse, die zunächst wirtschaftliche Forderung stellt. Solche Forderungen, meint er, seien besser geeignet, sofort breite Schichten der Arbeiter zu mobilisieren. Selbst politisch wenig Interessierte könnten so für die Bewegung gewonnen werden.

1889/90 setzt Marchlewski dieses Konzept in die Tat um. Zusammen mit dem Meistergehilfen in der Färberei von Emil Geber in Grochow, einer Vorstadt von Warschau, gründet er illegal neben dem »Zweiten Proletariat«, das ohnehin fast völlig zerschlagen ist, den Verband Polnischer Arbeiter. Das erste, was man in Angriff nimmt, ist die Einrichtung einer sogenannten »Widerstandskasse« mit Rücklagen, aus denen bei Streiks Unterstützungsgelder gezahlt werden können.

In Versammlungen in Arbeiterwohnungen oder außerhalb der Stadt, auf freiem Feld, wirbt Julian für die neue Organisation. Im Frühjahr 1890 kommen ihm Gendarme auf die Spur. Wieder muß er ins Ausland fliehen. Diesmal geht er in die Schweiz und arbeitet dort in verschiedenen Textilfabriken und Färbereien.

Im Herbst 1890 wieder nach Warschau zurückgekehrt, nimmt Julian im Auftrag seines Verbandes Kontakt mit den Mitgliedern des »Zweiten Proletariats« auf.

Die Umstände dieses Treffens sind bezeichnend für die Bedingungen, unter denen damals die Mitglieder illegaler Organisationen leben und arbeiten mußten. Marchlewski: »Ich trete ein – in der Wohnung ist es stockdunkel. Aus der Dunkelheit ertönt eine

Stimme, die mich begrüßt. Es wird mir erklärt, daß kein Licht gemacht werde, weil ›ich Ihre Physiognomie nicht zu sehen brauche und Sie nicht die meinige‹. Das ärgert mich, aber da die Angelegenheit wichtig ist, erkläre ich mich mit einer solchen Konspiration einverstanden. Wir erledigen unsere Angelegenheit, worauf mein Gesprächspartner erklärt: ›Weiß der Teufel, warum Sie nicht zur Partei kommen. Ihr habt ganz gute Leute, zum Beispiel diesen kleinen Blonden!‹ Ich dachte mir gleich, daß er Janek Leder meint. ›Den könnten wir gut gebrauchen. Ihr lockt uns nur die Leute von der Arbeit fort. So ein Blödsinn!‹ Ich versuche mit ihm zu diskutieren, aber er unterbricht mich und versichert noch einmal, daß er uns diesen kleinen Blonden schon noch einmal fortschnappen werde.

Erst später erfuhr ich, daß Teofil mein Gesprächspartner war, jener Meister der Konspiration, von dem man Wunder erzählte und der dadurch bekannt war, daß er die Spitzel an der Nase herumführte und sie gelegentlich tüchtig übers Ohr haute.«

Teofil ist der Deckname von Martin Kasprzak. Jan Leder, der »kleine Jan«, ist ein alter Freund Julians aus den Tagen am Realgymnasium in Wlodclawek, Sohn des Kochs des in dieser Stadt residierenden Bischofs. Mit ihm ist Julian auf die Realschule gegangen. Jetzt, im »Verband der Polnischen Arbeiter« sind sie wieder beisammen. Zu Beginn des Jahres 1891 werden Julian und Jan Leder vom Verband nach Lodz geschickt, dem damals größten Industriezentrum in Russisch-Polen.

1860 hat die Stadt noch 30000 Einwohner gehabt, 1897 werden es 315000 sein. Ungefähr 70000 davon sind Textilarbeiter. Es gibt viele Deutsche in der Stadt. In den kleineren Betrieben sind hauptsächlich polnische Juden beschäftigt. Die Arbeitsbedingungen sind skandalös. Der Arbeitstag hat dreizehn Stunden, die Löhne sind völlig unzureichend. Einen Teil der Lohnsumme kassieren die Fabrikbesitzer in Form von Strafgeldern für Vergehen wieder ein.

Als Julian und Jan nach Lodz kommen, besteht dort schon ein Arbeiterzirkel in der Kesselfabrik Stephanus. Von ihm ausgehend bauen die beiden Agitatoren rasch eine weitverzweigte Organisation auf. Wie in Warschau wird eine zentrale Streikkasse

eingerichtet. In jeder Fabrik gibt es einen Obmann, der die Beiträge einsammelt und sie an die Zentrale abführt.
Illegales Agitationsmaterial wird kistenweise vom Deutschen Reich her in die Stadt geschickt. Jetzt kommt es Julian zugute, daß er Deutsch spricht und die deutschen Arbeiter in ihrer Muttersprache anreden kann.
Nach wenigen Monaten ist es soweit. Julian und Jan wären in der Lage, große Massen der Arbeiterschaft bei Aktionen zu mobilisieren. Das in polnischer und deutscher Sprache gedruckte Statut der Widerstandskasse ist in unzähligen Exemplaren verbreitet. Immer häufiger kommt es zu Arbeitermeetings außerhalb der Stadt. Daß die Behörden zunächst nichts merken, ist wohl damit zu erklären, daß die Organisation sich in der Phase des Aufbaus strikt darauf beschränkt, Gelder zu sammeln, die Arbeiter aufzuklären und ihnen ein kulturelles und politisches Bewußtsein zu geben.
Im Herbst 1891 bekommt die Gendarmerie einen Wink. Ein Arbeiter, dem man das Statut der Widerstandskasse in die Hand gedrückt hat, um ihn anzuwerben, findet die Schrift illegal. Er fürchtet Schwierigkeiten und übergibt es der Polizei. Beim Verhör nennt er die Namen von zwei Kollegen, bei denen er ebenfalls das Schriftstück gesehen hat. Von diesen Männern führt die Spur zu Jan Leder. Er wird als erster verhaftet. Kurz darauf gibt ein Arbeiter Julians Namen preis. Im November 1891 zieht Julian Marchlewski in das berüchtigte Untersuchungsgefängnis für politische Gefangene, den Pavillon X der Warschauer Zitadelle ein. Bei seiner Verhaftung trägt er einen Band Gedichte, Marx' »Kapital« und eine eigene Schrift zu Marx' Werttheorie bei sich. Zu dem Manuskript sagt er aus, er habe es geschrieben, um die wissenschaftliche Arbeit für den ungeübten Leser verständlich zu machen. Mehr bekommt die Polizei nicht aus ihm heraus.
Die Verhaftungswelle in Lodz greift auch auf Warschau über. Dutzende von Leuten, darunter leitende Mitglieder des Verbandes polnischer Arbeiter werden hinter Gitter gebracht. Trotzdem erscheinen zum 1. Mai 1892 an den Häuserwänden und Mauern der Arbeiterviertel von Lodz Maiaufrufe des Verbandes, und gleichlautende Flugblätter werden verteilt. Trotz starkem Polizeiaufgebot ruht die Arbeit in vielen Betrieben, und es finden

Kundgebungen statt. Dann setzt eine Streikbewegung ein, die sich bis zum 5. Mai fast zu einem Generalstreik steigert. Zehntausende von Arbeitern treten in den Ausstand. Die Fabrikbesitzer wenden sich an die Behörden. Zaristische Beamte organisieren mit angeheuerten Kriminellen ein Pogrom gegen die jüdische Bevölkerungsgruppe der Stadt. Unter der Parole, Ruhe und Ordnung müßten wieder hergestellt werden, kommt nun auch Militär zum Einsatz. In Straßenkämpfen, die sich bis zum 10. Mai hinziehen und in denen sich die Arbeiter mit Ziegeln und Pflastersteinen gegen die Lederpeitschen der Kosaken und die Gewehrkugeln verteidigen, werden zweihundertsiebzehn Personen getötet oder verwundet. Zweiundachtzig Streikende stellt man vor Gericht.
Der Streik ist blutig niedergeschlagen, aber das Aufsehen dieser Ereignisse führt dazu, daß es nun auf einer klaren und auf Absprachen beruhenden Zusammenarbeit zwischen dem Rest der Partei des »Zweiten Proletariats« und dem »Verband polnischer Arbeiter« kommt. Die Partei ist inzwischen vom Terror abgerückt, andererseits ist die Agitationsarbeit des Verbandes zunehmend politisch geworden. Ja, man hat sogar in einem Aufruf den unmittelbaren Kampf gegen das zaristische System gefordert. Die taktischen Vorstellungen in den beiden Gruppen haben sich also bis auf einen minimalen Unterschied einander angeglichen.
Im November 1892 wird Marchlewski gegen eine Kaution von vierhundert Rubel auf freien Fuß gesetzt. Als sich abzeichnet, wie das gegen ihn noch laufende Ermittlungsverfahren enden wird, geht er Anfang Mai 1893 über die Grenze, um sich einer längeren Kerkerhaft oder Verbannung nach Sibirien zu entziehen. Am 28. Mai 1893 immatrikuliert er sich an der Fakultät für Staats- und Rechtswissenschaften in Zürich.
Im Herbst 1893 geht eine gewisse Bronislawa Gutman, ebenfalls um sich der Verhaftung durch die zaristische Polizei zu entziehen, nach Zürich und nimmt dort ihr Studium als Biochemikerin auf. Sie ist eine Mitschülerin Rosas vom II. Warschauer Gymnasium. Mit Rosa hat sie jenem »Kaffeekränzchen« angehört, mit dem die Gymnasiasten der letzten Klasse ihre politischen Zusammenkünfte zu tarnen pflegten. 1889 hat sie einen »Kreis für Arbeiterbildung« im »Verband polnischer Arbeiter« geleitet. Jetzt, in

Zürich, spannt sie Rosa sofort dafür ein, Agitation unter emigrierten Polen, die in der Schweiz als Arbeiter tätig sind, zu treiben. Einige Jahre später wird Bronislawa Gutman Julian Marchlewskis Frau.

4.

In Rosas Zimmer in Zürich trifft also ein Kreis befreundeter junger Leute zusammen, die in der Vergangenheit ähnliche politische Erfahrungen gemacht haben.
Sie sind alle bereit, ihr Leben bedingungslos in den Dienst dessen zu stellen, was sie, um keine Pathetik aufkommen zu lassen, »die Sache« nennen.
Rosa ist zweifellos der Kopf dieses Kreises, was Theorieverständnis und literarisch-journalistische Fähigkeiten angeht. Wichtig ist ihre enge emotionale und geistige Bindung an Leo Jogiches, dem Mann, der gern aus dem Hintergrund die Fäden zieht und der wohl begreift, daß er in diesem Mädchen jemanden gefunden hat, der bereit ist (jedenfalls jetzt noch), sich ihm unterzuordnen und ihm dort zu helfen, wo er sich schwer tut: beim Formulieren und Schreiben. Jogiches wie Marchlewski verfügen über langjährige konspirative Erfahrungen. Hinzu kommt noch Adolf Warszawski oder Warski, ein Jude, Zirkelgenosse von Marchlewski, Mitglied des Verbandes polnischer Arbeiter. Nicht so brillant wie Rosa oder Julian, sondern der Typ des Revolutionärs, der sich sein Leben lang der komplizierten und undankbaren Routine der Einzelwerbung von anderen Menschen widmet. »Ein grauer Mann, ohne große Ausstrahlung, aber hart arbeitend und völlig von seiner Sache eingenommen und ausgefüllt«, so urteilt Peter Nettl über ihn. Seit Ende 1892 lebt Warski mit seiner Frau Jadwiga in der Emigration in Paris.
Die jungen Männer und Frauen des Zürcher Kreises analysieren die Situation: Alle sind sie in den letzten Jahren durch ihre Lektüre aber auch durch den Vergleich von Theorie und praktischer Erfahrung Marxisten geworden. Von daher betrachten sie die polnische Frage in einem größeren Zusammenhang als viele ihrer Landsleute, denen es vor allem um die nationale Selbständigkeit Polens geht.

Schon in den Reihen des »Zweiten Proletariat« war die Vorstellung aufgetaucht, eine Veränderung der gesellschaftlichen Zustände müsse von der Arbeiterschaft in ganz Rußland ausgehen. Schon dort war erklärt worden, Arbeiter im polnischen Teil und in Zentralrußland hätten die gleichen Interessen, während sich auch russische und polnische Fabrikbesitzer über ihre Klasseninteressen immer verständigen würden.
Eine solche Betrachtungsweise der gesellschaftlichen und politischen Probleme Polens unter dem Aspekt der Klasseninteressen schien unpopulär, weil sie gegen den leidenschaftlichen Nationalismus weiter Kreise der polnischen Bevölkerung verstieß.
Genau an diesem kritischen Punkt setzt der Zürcher Freundeskreis um Rosa und Leo jetzt an. Man könnte sagen, daß sich mit ihnen innerhalb der revolutionären Bewegung der Emigration so etwas wie eine Juso-Gruppe entwickelt.
In dem politischen Programm, das der Kreis ausarbeitet, werden die wirtschaftlichen Zusammenhänge zwischen der Industrie in Rußland und in Polen betont, über die Rosa später auch ihre Doktorarbeit schreiben wird.
Im Sinn der marxistischen Lehre behaupten die jungen Leute, es gehe um eine Revolution in ganz Rußland und darüber hinaus in allen kapitalistischen Ländern. Die polnische Unabhängigkeit, eine Art heilige Kuh für alle antizaristischen Gruppen, wird in ihrem Programm nicht einmal erwähnt.
Was tut man, um auf ein so kühnes Programm aufmerksam zu machen? Man gründet eine Zeitung und versucht über sie auf jene propagandistisch einzuwirken, bei denen man durch die noch bestehenden persönlichen Verbindungen am ehesten auf Verständnis hoffen kann: bei der Arbeiterschaft in Polen.
Das Geld für die Zeitung, die den Namen »Sprawa Robotnicza« (Sache der Arbeiter) erhält, kommt von Jogiches, der auf diesem Weg durch die Hintertür seinen Einfluß auf die Entwicklung des Sozialismus geltend zu machen versucht, nachdem ihm, nach dem Streit mit Plechanow, die Vordertür versperrt ist.
Drucken muß man, wegen der in der Schweiz geltenden Vorschriften, in Paris, wo Freund Warski als Kontaktmann zu dem Drucker Reiff tätig werden konnte.

Das ganze Unternehmen drängt insofern, als sich im November 1892 alle übrigen in der Emigration bestehenden sozialistischen Gruppen unter Führung einiger Mitglieder des »Proletariat« und des Radikaldemokraten Boleslaw Limanowski zur »Vereinigten Polnischen Sozialistischen Partei« (Polska Partia Socjalistyczna), abgekürzt PPS, zusammengeschlossen haben.
Die PPS kritisiert die Partei des »Zweiten Proletariats« wegen ihrer Ablehnung aller nationalistischen Bestrebungen und sieht darin einen Hauptgrund für den geringen Widerhall dieser Organisation bei der polnischen Bevölkerung. Die PPS fordert weitgehende Unabhängigkeit von der russischen Bewegung.
Emissäre* der PPS sind nach Polen entsandt worden und haben versucht, die eben sich bildende gemeinsame Organisation der Partei des »Zweiten Proletariats« und des »Verbandes Polnischer Arbeiter« unter ihren Einfluß zu bringen.
Im Juli 1893 erscheint in Paris die erste Nummer der von Rosa, Jogiches, Marchlewski und Warski herausgegebenen Zeitschrift. Auf einer Konferenz, die am 30. Juli 1893 in Warschau stattfindet, weist die Landesorganisation die taktische Linie der PPS zurück und bekennt sich zu den internationalen Grundsätzen und zu dem Programm der Züricher Gruppe, wie es in der Zeitschrift »Sprawa Robotnicza« umrissen worden ist.
Man muß sich vorstellen, was das bedeutet: eine kleine Gruppe von Studenten und jungen Theoretikern bringt es fertig, ihre Ansichten im Untergrund gegenüber der großen, endlich zustandegekommenen Sammelbewegung, der alle verdienten Veteranen und Autoritäten angehören, Geltung zu verschaffen.
Das ruft in Kreisen der PPS beträchtliche Wut und Zähneknirschen hervor. Was bilden sich diese Grünschnäbel in Zürich und Paris ein! Nur gut, daß sie glauben, es wagen zu können, kein Wort über die Unabhängigkeit Polens verlieren zu müssen. Daraus wird man ihnen leicht ein Strick drehen. Das muß sie zudem bei jedem guten polnischen Patrioten verhaßt machen. Damit scheint ihr Schicksal besiegelt. Eine Möglichkeit, mit den jungen Internationalisten aus Zürich und Paris öffentlich abzurechnen, ist auch

* Abgesandter mit geheimem Auftrag

schon in Sicht. Vom 6. bis 12. August 1893 findet in Zürich der III. Internationale Sozialistenkongreß statt.
Zu einem solchen Kongreß entsenden alle sozialistischen Parteien der Welt ihre Delegierten. Es werden Rechenschaftsberichte über die politische Situation in den einzelnen Ländern verlesen und die im internationalen Bereich aktuellen Probleme des Sozialismus erörtert. Die Kongresse bieten für junge Politiker in der sozialistischen Bewegung zudem die Möglichkeit, sich über die Landesgrenzen hinaus zu profilieren, Freundschaften zu schließen, Verbündete zu suchen und Einfluß auf die Gesamtentwicklung des Sozialismus zu gewinnen.
Ein Mandat für eine der nach Ländern geordneten Delegationen zu erhalten, ist nicht besonders schwierig.
Die Mehrzahl der Mandate vergibt die nationale Partei. Da aber in den verschiedenen Parteizeitungen häufig von der offiziellen Parteilinie abweichende Ansichten vertreten werden, ist es üblich geworden, auch jeder Redaktion ein Mandat zuzugestehen.
Von dieser Möglichkeit will die Zürcher Gruppe Gebrauch machen. Sie hat konkurrierend zu der PPS einen eigenen Bericht über die politische Lage in Polen verfaßt, in dem es heißt:
»Die ökonomisch-soziale Geschichte der drei Teile des ehemaligen Königsreichs Polen hat sie den drei großen Annexionsstaaten (Österreich, Rußland, Deutsches Reich) organisch einverleibt und in jedem besondere Bestrebungen und politische Interessen geschaffen.«
Aus dem Satz läßt sich herauslesen, daß nach Meinung der Gruppe das Streben nach einem unabhängigen Polen anachronistisch* sei.
Unter dem Pseudonym »Kruszynska« beansprucht Rosa ein Mandat in der polnischen Delegation.
Gleich zu Beginn des Kongresses wird Rosas Mandat angefochten. Der belgische Sozialistenführer Vandervelde, Präsident des Kongresses, versucht zu vermitteln. Man ist solche Streitigkeiten unter Emigrantenorganisationen gewöhnt. Aber solches Gezänk sollte nicht an die Öffentlichkeit getragen werden. Man empfiehlt

* nicht zeitgemäß

den Polen, die junge Frau doch als Delegierte zuzulassen. Aber Daszynski, Führer der polnischen Sozialisten in Galizien, ist von den PPS-Mitgliedern angewiesen worden, hart zu bleiben. Außerdem kann er sich der Unterstützung durch die Sozialisten Österreichs unter dem angesehenen Victor Adler* sicher sein. Daszynski besteht darauf, daß die Frage des Mandats der Rosa Luxemburg vor dem Plenum** geklärt wird. Was sich als ein schwerer taktischer Fehler erweist, denn wer hat schon ahnen können, daß dort die junge Frau die Ansichten der Gruppe »Sprawa Robotnicza« so eindrucksvoll und überzeugend vertreten würde.

Rosa spricht natürlich auch nicht nur zur Mandatsfrage, sondern erläutert die Meinungsverschiedenheiten, die sich dahinter verbergen. Da kann Daszynski zehnmal behaupten, diese junge Frau sei völlig bedeutungslos. Rosa hämmert den Zuhörern ein, daß es hier um eine politische Streitfrage geht, die auch außerhalb Polens wichtig werden kann.

Genossen! Es ist das erste Mal, daß die polnischen Sozialdemokraten aus dem Rußland unterworfenen Teilen Polens an Eurem Kongreß teilnehmen.

Aus dem finsteren Reiche des politischen Despotismus und der starren Reaktion senden die Arbeiter von Warschau und Lódz ihren Delegierten, der zumal der unsrige ist, teilzunehmen an dem Arbeiterparlament zweier Welten. Wir senden Euch unseren Brudergruß und die frohe Botschaft, daß auch bei uns die sozialdemokratischen Prinzipien Wurzeln gefaßt haben und trotz der Verfolgung der mit einer rohen Polizeimacht verbündeten Bourgeoisie das rote Banner der Sozialdemokratie für die polnischen Arbeitermassen zum Leitstern ihres Emanzipationskampfes geworden ist...

Halb belustigt, halb bewundernd, daß sich jemand so zu ereifern vermag, nehmen die Delegierten nicht nur den Kernpunkt des

---

* Victor Adler, geboren 1852 in Prag, stammte aus großbürgerlich-jüdischer Familie. Lernte als Armenarzt die sozialen Verhältnisse der Arbeiterschaft kennen. Sein Lebenswerk war der Aufbau der österreichischen Sozialdemokratie zur politischen Massenpartei. Er gründete 1889 die »Arbeiterzeitung«, das offizielle Parteiorgan der österr. Sozialdemokratie. Nach dem Zusammenbruch der Habsburgermonarchie war er Mitglied der österr. Nationalversammlung. Er starb 1918 in Wien.

** Vollversammlung

ganzen Streits zur Kenntnis, sondern spüren auch: mit dieser jungen Frau wird man in Zukunft rechnen müssen, das ist eine Persönlichkeit.
Emile Vandervelde hat über diesen Auftritt Rosas einen Bericht hinterlassen. Er erzählt:
»Rosa, damals dreiundzwanzig Jahre alt, war mit Ausnahme einiger sozialistischer Kreise Deutschlands und Polens vollkommen unbekannt. ... ihre Gegner hatten gegen sie einen schweren Stand. Ich sehe sie noch, wie sie aus der Menge der Delegierten aufsprang und sich auf einen Stuhl schwang, um besser verstanden zu werden. Klein, schmächtig, zierlich in ihrem Sommerkleid, das geschickt ihren körperlichen Fehler verbarg, verfocht sie ihre Sache mit einem solchen Magnetismus im Blick und mit so flammenden Worten, daß die Masse des Kongresses erobert und bezaubert die Hand für ihre Zulassung erhob.«
Es muß einer jener Auftritte gewesen sein, die Victor Adler später das böse Witzwort eingaben: Rosa – das sei der hysterische Materialismus.
Übrigens täuscht sich Vandervelde. Nach einer heftigen Debatte, in der unter anderem Plechanow die Gelegenheit nutzt, Jogiches und seiner Freundin durch Unterstützung der PPS eines auszuwischen, verwirft der Kongreß die Gültigkeit des Mandats. Die erste Abstimmung ist offenbar im Eifer des Gefechts nicht korrekt verlaufen. Beim zweiten Mal stimmen sieben Delegationen für Rosa, neun dagegen und drei enthalten sich der Stimme. Zornig und schimpfend verläßt Rosa den Saal. Aber Julian Marchlewski bleibt. Sein Mandat hat niemand angefochten.
Da nun die Meinungsverschiedenheiten zwischen der PPS und der Züricher Gruppe allgemein bekannt geworden sind, hat es keinen Zweck, innerhalb der bestehenden Partei weiter zu operieren. Im März 1894 gründen Rosa, Jogiches, Marchlewski, Warski und einige andere Freunde die »Sozialdemokratie des Königreiches Polen«, abgekürzt SDKP. Die neue Partei bezeichnet die Unabhängigkeit Polens als eine utopische Fata Morgana, eine Irreführung der Arbeiter, die sie vom Klassenkampf ablenken soll. Das Programm schlägt vor, daß die polnischen Sozialisten in den sozialistischen Parteien des Deutschen Reiches, Österreichs und

Lenin (Wladimir Iljitsch Uljanow) *Leo Trotzki*

Rußlands tätig werden sollen. Was Rußland angeht, so kann das nur Zukunftsmusik sein. Eine einheitliche sozialistische Partei besteht in Rußland noch nicht.
Genaugenommen ist die neue Partei die erste marxistische Partei Osteuropas.
Mit der Parteigründung hat Rosa endgültig den Schritt zur Berufsrevolutionärin vollzogen. Und mit verblüffender Konsequenz verfolgt die junge Frau in den nächsten Jahren diesen Weg. Die Parole heißt von nun an: Bekannt werden und Einfluß gewinnen, theoretische und praktische Kenntnisse für den richtigen Kurs des Sozialismus sammeln, Machtpositionen besetzen, von denen man für seine Ansichten werben, sie in die Praxis umsetzen kann... Mehr als einmal wird Rosa daran erinnert werden, daß dies für eine Frau – auch unter sozialistischen Genossen und Genossinnen – kein selbstverständlicher Weg ist.
Auch wird es Augenblicke geben, in denen sie vor sich selbst gegen diese Aufgabe rebellieren, sie als zu schwer ansehen und sich bürgerliches Glück wünschen wird.
Nie wird Rosa bereit sein, sich mit der Rolle einer Sachverständi-

gen für Frauenfragen innerhalb der sozialistischen Bewegung abfinden zu lassen. Nach ihrem Verständnis kann es nie allein um die Emanzipation der Frau gehen, sondern diese ist für sie ein sich mitergebender Aspekt einer umfassenden Emanzipation aller Menschen, die mit der Überwindung der Klassengegensätze herbeigeführt werden muß.

Vorerst aber gilt es, mit den tausend Schwierigkeiten fertig zu werden, die sich für eine Splitterpartei im Exil und vor allem aus der Drucklegung des Parteiorgans in Paris ergeben.

In den Jahren zwischen 1893 und 1896 pendelt Rosa ständig zwischen Zürich und Paris hin und her. Hier hört sie Vorlesungen, dort macht sie die jeweils nächste Nummer der »Sprawa Robotnicza« druckfertig und sammelt in Bibliotheken und Archiven Unterlagen zu ihrer Dissertation zum Thema »Die industrielle Entwicklung Polens«.

Aus dieser Zeit sind alle Briefe an Leo Jogiches erhalten. In ihnen begegnen wir einer besessen arbeitenden jungen Frau, die den Drucker Reiff antreibt und mit ihm feilscht, mehr oder minder geduldig sich die Klagen der in Paris lebenden polnischen Emigranten über ihre Existenznöte anhört, Spitzeln und neugierigen Hausmeisterinnen Haken schlägt, sich über Julian Marchlewskis manchmal etwas wolkigen Stil ereifert, die aber vor allem in einen schwierigen Mann verliebt ist.

Es empört sie, wenn Leo in seinen Antwortbriefen sich kühl und verschlossen gibt, nur »zur Sache« schreibt.:

Paris Sonntag 3 1/2 Uhr 25. III. 1894

Mein Lieber! Ich war schon sehr böse auf Dich, ich habe Dir ein paar häßliche Dinge vorzuwerfen. Das hat mich so wehmütig gestimmt, daß ich die Absicht hatte, Dir bis kurz vor der Abfahrt nichts mehr zu schreiben. Aber das Gefühl behielt die Oberhand. Hier das, was ich Dir vorzuwerfen habe.

Deine Briefe enthalten nichts, aber auch gar nichts außer »Sprawa Robotnicza«, Kritik darüber, was ich gemacht habe und Anweisungen, was ich zu tun habe. Wenn Du mit Empörung sagen wirst, daß Du mir doch in jedem Brief soviel liebe Worte geschickt hast, antworte ich Dir, daß mich zärtliche W o r t e nicht befriedigen, und ich würde sie Dir eher schenken, um dafür irgendwas aus Deinem persönlichen Leben zu erfahren. Kein Wörtchen! Uns verbindet nur die Sache und die Tradition vergangener Gefühle. Das ist sehr schmerzhaft. Besonders klar stand mir das hier vor Augen. Wenn ich, von der Sache müde bis zum Umfallen, mich für eine Weile niederließ, um auszuruhen, ließ ich die Gedanken schweifen und fühlte, daß ich nirgendwo meine persönliche Ecke habe, daß ich nirgendwo als ich selbst existiere und lebe. In Zürich – die gleiche Redaktionsarbeit, vielleicht noch lästiger. Ich fühle, daß ich ebensowenig Lust habe, hier zu bleiben als nach Zürich zurückzukehren. Sag nicht, daß ich die dauernde Arbeit nicht ertrage, daß ich der Ruhe pflegen will, O nein, ich kann noch zweimal so viel ertragen, es quält und langweilt mich nur, überall, wie ich mich auch wende, nur das eine zu haben – die »Sache«. Warum sollten noch andere mir damit den Kopf verdrehen, wenn ich selbst schon hinreichend an die »Sache« denke und mich mit ihr beschäftige. Das macht mich ungeduldig, jedweder Brief von anderen oder von Dir, wenn ich ihn zur Hand nehme – überall dasselbe – da eine Nummer, da eine Broschüre, dieser Artikel und jener. Das wäre alles gut, wenn wenigstens daneben, trotz allem ein wenig der M e n s c h, die Seele, das Individuum, zu erkennen wäre. Aber bei Dir – nichts, außer diesem. Hast du während dieser Zeit keine Eindrücke gesammelt, hattest Du keine Gedanken, hast Du nichts gelesen, hast Du nichts wahrgenommen, was Du mit mir teilen könntest? Vielleicht willst Du mir dieselben Fragen stellen? Oh, im Gegenteil, ich habe auf Schritt und Tritt, trotz »der Sache« eine Menge Eindrücke und Gedanken – nur habe ich n i e m a n d e n, mit dem ich sie teilen kann!

Manchmal hat Rosa etwas von einer Wildgewordenen, die auf den sich bis zur Unkenntlichkeit konspirativ tarnenden geliebten Mann mit Worten einhämmert, um wieder einen spontan reagierenden Menschen aus ihm zu machen.
Andere Briefe spiegeln einfach eine verliebte junge Frau, die sich ganz überschwenglich ihrem Gefühl und ihrer Ungeduld ausliefern kann:

Paris, Donnerstag abends, 5. IV. 1894
Da sitze ich zu Hause, d.h. im Hotel vor dem Tisch und versuche, mich an die Proklamation zu machen. Mein Dziodziu. Ich habe so keine Lust! Der Kopf schmerzt mich und ist schwer, auf der Straße der Lärm und ein schreckliches Getöse, im Zimmer ist es scheußlich ... Ich möchte zu Dir, ich kann nicht weiter! Denke Dir, mindestens

noch 2 Wochen, denn kommenden Sonntag kann ich mich wegen der Proklamation nicht auf den Vortrag vorbereiten... Dziodziu, wann ist endlich Schluß damit – ich beginne die Geduld zu verlieren, nicht um die Arbeit geht es mir, nur um Dich! Warum bist Du nicht zu mir hergekommen! Damit ich Dich hier bei mir habe – dann würde mir gar keine Arbeit Sorgen machen. Heute bei den Adolfs habe ich mitten in den Besprechungen und Vorbereitungen für die Proklamation plötzlich so eine Müdigkeit in mir gespürt und solche Sehnsucht nach Dir, daß ich fast aufgeschrien hätte. Ich habe Angst, daß mich mit einem Male der alte Teufel packt (der von damals in Genf und in Bern) und mich plötzlich – zur Gare de l'Est führt...
Um mich zu trösten, stelle ich mir vor, wie die Lokomotive pfeift ... und ... ich zu Dir fahre. Ach Gott, mir scheint, daß mich von diesem Augenblick mehr als die ganze Gebirgskette der Alpen trennt, Dziodziu, und wie ich in Zürich einfahren werde und wie Du auf mich warten wirst und wie ich schon aus dem Waggon herauskrieche und zum Bahnhofseingang laufe und Du wirst im Gedränge stehen und Du wirst mir nicht entgegenlaufen dürfen, sondern ich werde zu Dir gelaufen kommen!
Aber wir werden uns nicht gleich küssen, nein, nichts, das verdirbt es nur, das sagt ganz und gar nichts. Wir werden nur schnell nach Hause gehen und uns ansehen und uns anlächeln und zu Hause – da setzen wir uns auf das Sofa und umarmen uns und ich werde in Tränen ausbrechen – so wie jetzt Dziodziu, ich will nicht, ich will schon früher! Mein Gold, ich kann nicht mehr. Zum Unglück, weil ich eine Durchsuchung befürchtete, habe ich auf jeden Fall Deine Briefe verbrannt, und im Moment habe ich nichts, was mich trösten könnte. Wenn Du wüßtest, was Du für ein Polnisch schreibst! Dafür kriegst Du es von Deiner Frau – Du wirst schon sehen...

Die Arbeit für die junge Partei, die Herausgabe und der Versand der »Sprawa Robotnicza« bleiben trotz allem Engagement der Kerngruppe schwierig. Bei Verhaftungswellen in Polen reißt der Kontakt ins Land hinein ab und muß dann erst wieder mühsam, teilweise auch gegen die Intrigen der PPS, aufgebaut werden.
Die PPS tut alles, um Rosa und Jogiches zu isolieren und zu diskreditieren. Marchlewski erhält beispielsweise einen Brief von seinen Eltern in Polen, in dem er aufgefordert wird, sich von jenen zweifelhaften Subjekten zu trennen, in deren Gesellschaft er wohl unbedacht geraten sei.

Der Kreis derer, die sich in Polen zu der Partei der jungen Leute in Zürich bekennen, bleibt klein. Um so erstaunlicher ist das Selbstbewußtsein, mit dem Rosa und Jogiches den einmal eingeschlagenen Kurs durchhalten. Zwar wird die Zeitung 1896 schließlich eingestellt, weil offenbar der Aufwand in keinem Verhältnis mehr zu der Wirkung steht. In der Diskussion um die Nationalismusfrage aber verteidigt Rosa unbeirrt ihren Standpunkt.

Karl Kautsky

Sie hat ihre Ansichten in Artikeln der »Critica Sociale«, der führenden theoretischen Zeitschrift Italiens und in der »Neuen Zeit« im Deutschen Reich darstellen können. Die »Neue Zeit« wird von Karl Kautsky redigiert. Er, der 1881 noch Marx in London besucht hat, gilt in diesen Jahren nach dem Tod von Marx und Engels als der Papst des deutschen, ja, des europäischen Marxismus. 1891 hat er den theoretischen Teil des Erfurter Parteiprogramms der SPD verfaßt, des ersten nach der Aufhebung der Sozialistengesetze. Sein Kommentar zu dem neuen

Programm spielt in der Folgezeit die Rolle eines politischen Katechismus.
Kautsky hat Rosas Artikel wegen seines klaren, logischen Aufbaus gefallen, wenn er auch in entscheidenden Punkten anderer Meinung ist als sie.
Sofort aber setzen wütende Abwehrreaktionen ein, die von der PPS inspiriert sind. Plechanow antwortet offiziell für die PPS. Der österreichische Sozialistenführer Adler schreibt an Kautsky:
»Eben lese ich die höchst unzeitgemäßen Betrachtungen der Genossin Luxemburg, die sich unseren Kopf zerbricht... bitte ich Dich dringend, etwaige Einsendungen in der Sache vor Drucklegung mir – nicht etwa zur Begutachtung – aber darum vorzulegen, daß ich eventuell Anfügungen, Beschwichtigungen dazu setze und rette, was die doktrinäre Gans verdorben hat. Alle diese Emigranten soll der Teufel holen.«
Auch Wilhelm Liebknecht, einer der großen alten Männer in der SPD, rügt Kautsky wegen der Veröffentlichung und schreibt im »Vorwärts« eine polemische Entgegnung.
In dem Parteiorgan »Arbeitersache« der Sozialdemokratie Galiziens erscheint ein Artikel Daszynskis: »Fräulein Rosa Luxemburg, ein hysterisches und zänkisches Frauenzimmer, hat in der ›Neuen Zeit‹ einen Artikel veröffentlicht, in dem es die polnischen Sozialisten eines schrecklichen Verbrechens anschuldigen will, sie will nämlich beweisen, daß wir glühende Patrioten sind, und zwar nicht im Sinne der privaten Vaterlandsliebe (wie das in Westeuropa sein soll), sondern daß wir den Ehrgeiz haben, Polen wiederherzustellen. Dem Fräulein Rosa Luxemburg, das von allen Leuten in Polen, die Herz und Kopf auf dem rechten Fleck haben, verlassen wurde, gefällt offenbar unser Patriotismus nicht.«
Vom 27. Juli bis 1. August 1896 findet in London wieder ein Sozialistenkongreß statt.
Diesmal braucht Rosa nicht darum zu fürchten, daß ihr Mandat angefochten werden könnte. Auch kann es keine Diskussion mehr darüber geben, ob die SDKP dort vertreten sein wird oder nicht. Die junge Partei stellt eine ganze Delegation, zu der außer Rosa Luxemburg, Marchlewski, Warski und das Londoner Mitglied, Stanislaw Wojewski, gehören. Um ganz sicher zu gehen, hat Rosa

sich noch zwei Mandate der oberschlesischen SPD besorgt. Dort befürchtet man verständlicherweise, bei einem Machtzuwachs der nationalistischen PPS Ärger zu bekommen.
Auf dem Weg nach London macht Rosa noch in Paris Station. Sie redigiert dort die beiden letzten Nummern der »Sprawa Robotnicza«. Sie wirbt aber auch unter französischen Genossen für die Vorstellungen ihrer Partei.
Der Londoner Kongreß muß zwischen den unterschiedlichen Auffassungen in der Nationalismusfrage Recht sprechen, so unangenehm vielen Delegierten dieses Problem und die von Rosa begonnene Diskussion darüber auch sein mag.
Grundsätzlich gilt für die Sozialisten dieser Jahre zwar das Prinzip des Internationalismus. In der politischen Alltagspraxis aber müssen die sozialistischen Parteiführer bei ihren Entscheidungen immer häufiger Rücksichten auf nationale Belange nehmen. Und dann: Rosa Luxemburgs Gegner können sich auf Marx selbst berufen, der für ein selbständiges demokratisches Polen eingetreten ist. Allerdings liegen diese Äußerungen dreißig Jahre zurück und gingen von einer ganz anderen politischen Konstellation in Europa aus.
Inzwischen aber haben sich die Urteile des Altmeisters in den Köpfen gewisser Anhänger so festgesetzt, daß sie wie Naturgesetze hingenommen und überhaupt nicht mehr in Frage gestellt und überprüft werden.
Hier stehen sich also auch zwei Haltungen, sich der Marxschen Lehre zu bedienen, gegenüber.
Die eine übernimmt fertige Ergebnisse der Denkart des Meisters gläubig als starre Formeln und verteidigt sie stur auch bei veränderten Verhältnissen, weil das für die eigene Machtposition opportun* ist.
Rosa Luxemburg hingegen versucht, einen freien, kritischen Blick zu behalten. Nichts kann für ewig festgeschrieben sein. Sie bedient sich der Marxschen Lehre dem Sinn und der Methode, aber nicht allein den Buchstaben nach, und versucht damit, sie lebendig zu erhalten und weiter zu entwickeln. So ist sie beispielsweise auch in

---

* passend, nützlich

der Nationalismusfrage nicht für alle Mal festgelegt. Was für Polen gilt, muß für die Türkei nicht gelten. Eine Meinung kann revidiert werden, wenn sich das aus der Analyse der veränderten Verhältnisse ergibt.

Diese Offenheit und kritische Beweglichkeit ist freilich unbequem. Sie scheucht auf, setzt etwas in Bewegung.

Die Formel, die schließlich in London als verbindlicher Standpunkt des Kongresses zur Streitfrage der Polen verkündet wird, lautet:

»Der Kongreß erklärt, daß er für volles Selbstbestimmungsrecht aller Nationen eintritt und mit den Arbeitern jeden Landes sympathisiert, das gegenwärtig unter dem Joche des militärischen, nationalen oder anderen Despotismus leidet, er fordert die Arbeiter aller dieser Länder auf, in die Reihen der klassenbewußten Arbeiter der ganzen Welt zu treten, um mit ihnen gemeinsam für die Überwindung des internationalen Kapitalismus und die Durchsetzung der Ziele der internationalen Sozialdemokratie zu kämpfen.«

Der Text ist eindeutig ein Kompromiß mit Beschwichtigungen gegenüber beiden Lagern. Die Erwähnung der Unabhängigkeit Polens ist bewußt vermieden worden.

Rosa weiß nicht recht, ob sie über diesen Ausgang frohlocken oder wüten soll. In einem spitzfindigen Kommentar versucht sie, aus dem Text einen Sieg ihrer Ansichten herauszuinterpretieren. Aber man merkt, daß sie ihrer Auslegung selbst nicht so ganz glaubt.

Wenn man weiß, welche Mittel die PPS auch in London wieder gegen die SDKP eingesetzt hat, begreift man, warum es ihr so wichtig erscheint, unbeirrt Selbstbewußtsein zu zeigen: Die PPS hat Warskis Mandat mit der Begründung angefochten, er sei ein Spion der zaristischen Geheimpolizei. Über diese Verleumdung muß erst ein Untersuchungsausschuß, der als Ehrengericht fungiert, langwierig beraten.

Erst recht aufgeregt hat Rosa sich über den »Fall Kasprzak«. Der Mitbegründer des »Zweiten Proletariats« und ihr politischer Mentor aus den Jahren in Warschau hat nach seiner Verhaftung in Polen, um dem Gefängnis oder der Verbannung nach Sibirien zu

entgehen, Wahnsinn simuliert. Er ist in eine Irrenanstalt eingeliefert worden. Von dort ist ihm die Flucht über die Grenze ins Deutsche Reich geglückt. Die deutschen Behörden sind mit den Russen in Verhandlungen über seine Auslieferung eingetreten. Die PPS hat der SPD nahegelegt, sich nicht für Kasprzak einzusetzen. Begründung: Auch er sei ein Spitzel. Offenbar ist das die Rache dafür, daß der alte Fuchs es abgelehnt hat, sich von Polen aus auf die Seite der PPS zu schlagen. Schon in London kämpft Rosa gegen die Verleumdung Kasprzaks an. In die Schweiz zurückgekehrt, bittet sie den seit den Sozialistengesetzen in Zürich im Exil lebenden Deutschen Robert Seidel, bei seinen Parteifreunden für Kasprzak zu intervenieren – offenbar mit Erfolg, denn bis zum Februar 1904 hält sich Kasprzak dann in den preußischen Provinzen Oberschlesien und Posen auf.
Die Studentin Rosa Luxemburg hat inzwischen ihre Dissertation abgeschlossen. Sie versucht darin, mit wirtschaftlichen Daten den Standpunkt der SDKP in der polnischen Frage zu untermauern. Sie führt den Nachweis, daß die Wirtschaft Russisch-Polens mit der des übrigen Rußlands eng verwachsen ist. Ohne den großen russischen Markt sei der Aufschwung der polnischen Wirtschaft, vor allem aber der Industrie, gegen Ende des 19. Jahrhunderts undenkbar.
Am 1. Mai 1897 promoviert Rosa mit magna cum laude zum Doktor des öffentlichen Rechts. Kurz darauf fährt sie mit Leo Jogiches in die Pension »Zur Tanne« nach Weggis auf Urlaub.
Dort wird zwischen den beiden Rosas Entschluß diskutiert, die Schweiz zu verlassen und nach Deutschland zu gehen. Vom politischen Standpunkt rät Leo ihr zu.
Sie hat in einigen Zeitschriften der deutschen Sozialisten Artikel veröffentlichen können. Kautsky bietet ihr an, weiter für die »Neue Zeit« zu schreiben, wenn es nicht gerade ein Aufsatz ist, mit dem der Nationalismusstreit wieder aufflammt.
Die SPD ist in diesen Jahren die mächstigste und bestorganisierte unter den sozialistischen Parteien Europas. Leo rechnet sich aus, daß er über Rosa eventuell in der SPD Einfluß gewinnen oder jedenfalls von ihr über die Vorgänge in der Partei unterrichtet werden wird.

Zu einem etwas anderen Urteil kommt Leo, wenn er an ihre persönlichen Beziehungen denkt. Er muß in Zürich bleiben und versuchen, dort sein Studium abzuschließen. Mit der räumlichen Entfernung wird vielleicht sein Einfluß auf sie abnehmen. Sie wird nicht mehr, wie bisher, sich willig von ihm lenken lassen. Bei ihren analytischen und polemischen Fähigkeiten ist ihr zuzutrauen, daß sie in der SPD Karriere macht, ihn an Prestige überflügelt – alles Entwicklungen, die er nur schwer ertragen würde.
Aber letztlich entscheidet, was für »die Sache« richtig ist. Unter diesem Gesichtspunkt sind sie sich beide einig, daß Rosa nach Deutschland, nach Berlin gehen muß.
Die Schwierigkeit ist nur ihr Ausländerstatus. Als Ausländerin darf sie im kaiserlichen Deutschland nicht öffentlich auftreten. Sie dürfte nicht einmal Briefe – welcher Art immer – empfangen, der Bezug bestimmter Zeitungen kann ihr untersagt werden. Auch nach Aufhebung des Sozialistengesetzes steht sie als Sozialistin nicht viel besser da als ein Verbrecher.
Wie sind diese Einschränkungen zu umgehen? Rosa bespricht sich mit Robert Seidel, der Erfahrungen mit solchen Problemen hat. Seidel erklärt ihr: Es gibt nur eines. Sie muß versuchen, die deutsche, noch besser die preußische Staatsbürgerschaft zu erhalten. Praktisch ist das nur durch Heirat mit einem Deutschen möglich. Seidel weiß auch Rat, wie ein Mann für eine Scheinehe zu beschaffen ist.
In Zürich lebt eine ältere Polin, Olympia Lada, die mit einem nicht sehr erfolgreichen deutschen Sozialisten und Schriftsteller, Karl Wilhelm Lübeck, verheiratet ist. Lübeck, ein alter Mann, halb gelähmt, ist darauf angewiesen, durch Seidels Vermittlung ab und zu einen Artikel bei sozialistischen Blättern loszuwerden. Eine Hand wäscht die andere. Lübeck wird angewiesen, auf seinen 24jährigen Sohn Gustav Lübeck, einen als Taglöhner beschäftigten Schreinermaschinisten, sanften Druck auszuüben. Zwar ist Gustav im Zürcher Stadtteil Fluntern geboren, aber als Sohn eines aus Berlin stammenden Vaters besitzt er die preußische Staatsangehörigkeit.
Gustav sträubt sich zunächst gegen die Scheinehe. Aber seine Mutter Olympia macht ihm klar, er könne es sich zur Ehre

anrechnen, wenn ein Fräulein Doktor ihn zum Ehemann nehme. Am 19. April 1898 wird Rosa auf dem Zivilstandesamt von Basel Stadt vor dem Gesetz Frau Lübeck. Nach der Ausstellung der Ehepapiere trennt sich das Paar wieder. Fünf Jahre später muß Gustav Lübeck auch noch die Schuld für die Zerrüttung der Ehe auf sich nehmen, denn nachdem Rosa die so wichtige Staatsbürgerschaft erhalten hat, denkt sie nicht daran, die Bindung länger bestehen zu lassen. Seidel muß ihr dabei helfen, die Scheidung abzuwickeln. Vom Partner dieser Scheinehe scheint sie keine allzu günstige Meinung gehabt zu haben. Der Ausdruck »echt Lübeck« in ihrer Privatsprache steht für Gleichgültigkeit und Unzuverlässigkeit.

Nun ist der Weg nach Deutschland frei.

Der Zürcher Freundeskreis löst sich auf. Auch Julian Marchlewski hat inzwischen promoviert und ist mit seiner jungen Frau, die im Herbst 1896 ihr Diplom als Bakteriologin erhalten hat, ins Deutsche Reich übergesiedelt. Seine Tätigkeit als Journalist bei der »Sächsischen Arbeiterzeitung« ist allerdings nur von kurzer Dauer und findet schon im September 1898 ein jähes Ende. Zwei Tage nach der Geburt seiner Tochter Zofia teilt das Ministerium des Inneren Dr. Julian Marchlewski mit, daß er binnen achtundvierzig Stunden das Königreich Sachsen zu verlassen habe. Die Bedingungen, unter denen er schließlich von den bayerischen Behörden eine Aufenthaltserlaubnis für München erhält, sind sehr einengend. Er verpflichtet sich, sich jeglicher politischer Tätigkeit zu enthalten. Als Journalist darf er nur für die legale polnische Presse schreiben.

Mitte Mai 1898 ist Rosa in Berlin angekommen und hat ein Zimmer in der Cuxhavener Straße 2 bezogen. Ihr Ziel sieht sie klar umrissen:

Daß ich noch meine Epauletten in der deutschen Bewegung erst holen muß, weiß ich, ich will es aber auf dem linken Flügel tun, wo man mit dem Feinde kämpfen, und nicht auf dem rechten, wo man mit dem Feinde kompromisseln will.

In Deutschland

Keine Revolution hat je die Hoffnung derer, die sie gemacht haben, vollkommen erfüllt; leiten Sie aus dieser Tatsache ab, daß die große Hoffnung lächerlich ist, daß Revolution sich erübrigt, daß nur der Hoffnungslose sich Enttäuschungen erspart usw., und was erhoffen Sie sich von solcher Ersparnis?

Max Frisch

Wie das Deutsche Reich aussah, in das Rosa reiste

»Deutschland wird zwischen 1871 und 1900 zu einer kapitalistischen Macht ersten Ranges. Insbesondere die Schwerindustrie, der Maschinenbau, die chemische und die Elektroindustrie entwickeln sich sprunghaft und ziehen eine gewaltige Menge Lohnarbeiter an sich. Der Schwerpunkt der Produktion verlagert sich schrittweise aus Klein- und Mittelbetrieben in den Großbetrieb, was neben einer Konzentration der Produktion auch die Zusammenballung großer Arbeitermassen bedeutet ... zahlenmäßig starke Gruppen des Proletariats sind nach wie vor extensiver Ausbeutung unter besonders degradierenden* und repressiven** Bedingungen unterworfen, was vor allem aus dem nur zögernden Einsatz moderner Maschinen in der Landwirtschaft zu erklären ist ... auch Kinderarbeit blüht, trotz des gesetzlichen Verbots, z. B. in Preußen im Jahre 1878 nach wie vor in verhüllter oder unverhüllter Form ... der monströse Zustand des Deutschen Reiches hat Marx 1875 dazu veranlaßt, es als einen Staat zu bezeichnen, ›der nichts anderes ist, als ein mit parlamentarischen Formen verbräm-

---

* erniedrigend
** hemmend, unterdrückend

Berlin, Brandenburger Tor 1913

ter, mit feudalem Besitz vermischter und zugleich schon von der Bourgeoisie beeinflußter, bürokratisch gezimmerter, polizeilich gehüteter Militärdespotismus.‹ Engels spricht 1887 vom Deutschen Reich treffend als von einem ›Konsortium von Agrariern, Börsenleuten und Großindustriellen ... zur Ausbeutung des Volkes‹.«

Ankunft

Am 12. Mai 1898 trifft Rosa in Berlin ein. Unterwegs hat der Zug in der Nacht gegen 12 Uhr einen Menschen überfahren.

Wir standen deshalb seit einer Viertelstunde und aus dem Schlaf geweckt hörte ich auf einmal menschliches Stöhnen. Es war ein Bauer, der mit den Ochsen in der Dunkelheit über den Bahndamm gegangen war. Auf meine Frage, ob er lebt, wurde mir geantwortet, er lebt noch ein bissele. Das ist ein unangenehmes Omen.

Die ersten Tage sind mit Wohnungssuche ausgefüllt. Auch gibt es Schwierigkeiten bei der Ausstellung des Heimatscheins, ohne den ein öffentliches Auftreten bei politischen Versammlungen nicht möglich ist.
An die Seidel in Zürich schreibt Rosa:

Berlin macht auf mich im allgemeinen den widrigsten Eindruck: kalt, geschmacklos, massiv – die richtige Kaserne, und die lieben Preußen mit ihrer Arroganz, als hätte jeder von ihnen den Stock verschluckt, mit dem man ihn einst geprügelt.

Und an Leo:

Faktisch sind die Offiziere der vorherrschende Stand hier; sie wohnen gleichfalls in möblierten Zimmern und überall treffe ich auf ein ehemaliges Offiziers-Zimmer oder auf Offiziers-Nachbarschaft. Hinsichtlich der Gefahr, daß Dir Deine Frau mit einem Offizier durchbrennt, meide ich solche Nachbarschaften natürlich wie die Pest.

Wohnungen

»Wer die Wohnhäuser, wie sie jetzt in den großen Städten gebaut werden, etwas genauer betrachtet, der kann aus diesen stummen, steinernen Massen die ganze heutige Gesellschaftsorganisation, die auf der systematischen Ausbeutung Vieler durch Wenige oder gar durch Einzelne beruht, herauslesen. Erste Etage: Bewohnt der Hausbesitzer und Bourgeois höchstselbst mit Familie. Ist hübsch geräumig, von allen Etagen die gesündeste und die bequemste.
Zweite Etage: Kommt der ersten so ziemlich gleich. Hier wohnt eine ›Herrschaft‹, ›die es machen kann‹ und welcher der Herr Bourgeois und Hausbesitzer deshalb ungeheuere Bücklinge macht, denn der ›Herrschaft‹, die Geld genug hat, ist es gleichgültig, ob sie alljährlich mit 50 Talern übersetzt wird oder nicht. Mietpreis 500–600 Taler.
Dritte Etage: Wenn keine Herrschaft sich findet, wird die dritte Etage an verschiedene Familien verteilt. Der Hausbesitzer ist hier noch höflich, aber vergibt sich dadurch nichts von seiner Bourgeois-Würde. Ist sein Rücken von der zweiten Etage noch etwas krumm, so wird er in der dritten augenblicklich bolzgerade und steif. Mietpreis für eine Familie 300–400 Taler.
Vierte Etage: Der Herr Hausbesitzer hat nicht Zeit, sich mit all den Leuten abzugeben, die hier wohnen; er sieht sie nur bei seiner ›Arbeit‹, beim Einstreichen des Mietzinses, und vergißt deshalb, da er sie nicht kennt, zuweilen in der vierten Etage ihren Gruß zu erwidern; Rücken korporalmäßig steif. Mietpreis 150–200 Taler.
Unter der Erde: Habenichts, Arbeiter, die eigentlich gar keine Wohnung brauchten, wenn die Herren Hausbesitzer nicht wieder so ›human‹ wären und ihnen ihre stinkenden, feuchten dumpfen Kellerlöcher überließen. Bei der gerinsten ›Störung der Hausordnung‹ werden sie mit der bekannten Humanität auf die Straße geworfen. Mietpreis 40–50 Taler.
...Eine der schönsten Tugenden der Hausbesitzer ist das Steigern der Mietpreise, in Leipzig ›Übersetzen‹ genannt. Gewöhnlich zu Neujahr kommt der Hausherr, gratuliert, wenn er nicht so hochmütig ist, jammert über die teuren, stets steigenden Preise aller Lebensbedürfnisse, die durch die Streiks und die bösen

Berlin, Mietskasernen in der Elsässer Straße

Sozialdemokraten in die Höhe getrieben worden seien und schlägt ›in Gottes Namen‹ so ein vierzig oder fünfzig Tälerchen auf den Mietzins drauf.«

Blaue Flecken an der Seele

Über das Verhältnis zu Leo in der letzten Zeit vor Rosas Übersiedlung nach Berlin, heißt es in einem ihrer Briefe:

Wir lebten doch weder zu zweit, noch hatten wir aneinander Freude, es war kein Glück (das alles sage ich lediglich über unsere persönlichen Beziehungen, abgesehen von Verdrießlichkeiten in der Sache, denn diese dürfen doch nicht verhindern, glücklich miteinander zu leben.) Im Gegenteil, nachdem ich ein Auge hinter mich geworfen habe, auf das letzte halbe Jahr oder sogar noch weiter zurück, empfand ich dabei einen irgendwie verworrenen Eindruck von Disharmonie, von etwas für mich Unverständlichem, Quälendem, Dunklem, stach mir in den Schläfen, und dann hatte ich eben diesen fast physischen Eindruck von blauen Flecken an der Seele, so daß ich mich weder auf die rechte noch auf die linke Seite legen konnte.

Was hat sie denn eigentlich vor?

Es stimmt, ich habe verfluchte Lust, glücklich zu sein, und bin bereit, Tag für Tag um mein Portiönchen Glück mit dumpfem Eigensinn zu feilschen.
Ich beginne eben zu begreifen, daß das Leben einen packen und nicht mehr loslassen kann, und daß es nichts dawider gibt. Ich beginne eben, mich an den Gedanken zu gewöhnen, daß es für mich nur eine Aufgabe gibt – inzwischen an die Wahlen zu denken und dann daran, was den Wahlen folgt.

Gemeint sind die Reichstagswahlen. Also eine politische Karriere. Das bedarf einer näheren Bestimmung, denn sie will nicht Macht um der Macht willen. Die Karriere in der Partei ist, so schreibt Nettl, »ein Mittel, die Ideen zu verbreiten, die sie für wichtig hält«. Sie selbst sagt dazu: »...dabei habe ich gar nicht die Absicht, mich auf Kritik zu beschränken. Im Gegenteil, ich habe Absicht und Lust positiv zu schieben«, ein Ausdruck von Leo, der bedeutet, hinter den Kulissen zu manövrieren, »nicht Personen, sondern Bewegungen als Ganzes ... neue Wege zu weisen (wenn sie sich, was ich nicht bezweifle, finden), den Schlendrian zu bekämpfen etc., mit einem Wort, ein ständiger Ansporn für die Bewegung zu sein.«
Ein ehrgeiziges Programm für einen Menschen, der eine Menge Handikaps mitbringt (sie ist eine Frau, sie gilt als Ausländerin, sie

ist Jüdin, sie ist klein, sie hinkt) und sonst nicht mehr besitzt als einen scharfen Verstand, ein leidenschaftliches Temperament und einen überscharfen Sinn für soziale Gerechtigkeit.

Privates

Sie hat auch an Leo geschrieben:

Hast Du eine Ahnung, wie ich Dich liebe?

Was Arbeiter essen

Zitat aus »Das Kapital« von Karl Marx: »Die Ware, die ich dir verkauft habe, unterscheidet sich von dem anderen Warenpöbel dadurch, daß ihr Gebrauch Wert schafft und größeren Wert, als sie selbst kostet. Dies war der Grund, warum du sie kauftest. Was auf deiner Seite als Verwertung von Kapital erscheint, ist auf meiner Seite überschüssige Verausgabung von Arbeitskraft.«

Im folgenden ist die Rede von einer 5köpfigen Familie. Beide Elternteile arbeiten und zwar in einer Düngemittelfabrik in der Nähe von Leipzig. Die Frau sortiert Tierknochen, der Mann steht in der Knochenstampfe. Von den drei Kindern tragen das 11jährige Mädchen und der 8jährige Junge durch Gelegenheitsarbeiten zum Unterhalt der Familie bei:

»Die Frau erhebt sich um 4 oder 1/45 ... mit ihr stehen zugleich die beiden größeren Kinder auf. Sie macht zunächst Feuer an, um das erste Frühstück zu bereiten und kleidet sich an. Später weckt sie den kleinsten Jungen auf, um ihn zu waschen, zu kämmen und anzuziehen. Der Mann steht eine halbe Stunde später auf als die Frau. Zu den wichtigsten Morgenbeschäftigungen der Frau gehört es, für das Leben auf der Fabrik den Tag über den gemahlenen Kaffee, etwas Wurst und das nötige Brot einzupacken, das Hauptnahrungsmittel neben den Kartoffeln. Sie muß auch den Kindern das für den Tag bedurfte Brot abschneiden. Auf das Schwarzbrot, welches also nicht etwa dem Kaffeebrötchen der Reichen entspricht, sondern die Tagesnahrung außer Kartoffeln darstellt, gibt es Butter, bei den Kindern weiter nichts als Butter. Die Familie braucht wöchentlich 4 Brote zu je 8 Pfund im Preise von 88 Pfennig, das heißt das Doppelte, wie begüterte Familien von gleicher Kopfzahl verzehren. Semmel oder Weißbrot wird wochentags nicht zum ersten Frühstück genossen, sondern Schwarzbrot, niemals gibt es zum Kaffee Zucker oder Milch. Vor dem Gange nach der Fabrik wird der Kaffee eingenommen. Der Kaffeegenuß kehrt täglich noch 3mal wieder. Das ist derjenige Genuß, welchen der wäßrige Aufguß von wöchentlich 1/4 Pfund Kaffee zu 30 Pf. und 1 Liter Gerste zu 20 Pf. gewähren kann.

Der Mann verzehrt statt des Kaffees eine Mehlsuppe mit etwas Butter und einer Kleinigkeit Zucker.

Zum Mittagessen haben Mann und Frau eine Stunde freie Zeit. Dasselbe besteht aus Brot und Butter und der anderen Hälfte der für die 10 Pf. erhaltenen Mengen Käse oder Wurst. Dazu spendet der erwähnte Kessel wieder Wasser zu einem Topf Kaffee. Da der Ausdruck ›10 Pf. Wurst‹ zu unbestimmt ist, um dem Mann in der

Studierstube eine bestimmte Vorstellung von der Tagesration des Mannes in der Knochenstampfe zu geben, habe ich dieselbe durch gewissenhafte Durchschnittsermittlung gewogen und gemessen ... in populärem Maße ausgedrückt: das täglich vom Mann verzehrte Stück Wurst ist noch nicht so groß wie drei Viertel von einer Jönköpings-Streichholzschachtel (1,9 × 3,8 × 6 = 43 Kubikzentimeter). Davon macht er zwei Mahlzeiten...
Das Abendessen im Haus ist bei den Leuten die warme Hauptmahlzeit, sie soll das Mittagbrot ersetzen, Sie besteht in der Hauptsache aus mit der Schale gekochten Kartoffeln; sie glauben, daß sie die Woche ›drei Metzen gut‹ davon gebrauchen. In den letzten drei Wochen haben sie 1 Zentner aufgegessen, also wöchentlich dem Gewicht nach ungefähr so viel als Brot. Als Zuspeise dazu genießen sie zweimal in der Woche je einen Hering zu 10 Pf; einmal kaufen sie für 10 Pf. Quark, der von ihnen auf $^{1}/_{3}$ Pfund geschätzt wird. Gewöhnlich einmal in der Woche essen sie zu diesen Kartoffeln ›geröstet Salz‹, welches in folgender Weise bereitet wird: man nimmt eine Handvoll Salz, etwas Talg und Mehl und läßt es durch Braten in der Pfanne braun werden. Einmal in der Woche (außer sonntags) ißt die Familie statt der Kartoffeln Graupen und Reis. Sie verbraucht zu einer Mahlzeit 1 Pfund, dazu $^{1}/_{2}$ Pfund Rindfleisch zu 30 Pf. und für einige Pfennige Zwiebeln. Sonnabend abends wird gar nicht gekocht; die Leute essen Wurst und Brot und trinken zwei, wohl auch drei Glas Lagerbier dazu, zu 13 Pf. das Glas...«

Debut

Sobald sie eine Wohnung gefunden hat, stellt sich Rosa bei der Geschäftsstelle des SPD-Parteivorstandes vor. Es empfängt sie der Parteisekretär Ignaz Auer, »ein großer Blonder, etwa vierzig, gut aussehend, genau der Typ des höheren russischen Beamten oder Großgrundbesitzers«. Die Reichstagswahlen stehen vor der Tür. Rosa erwähnt, daß in den polnischen Gebieten des Reiches die Parteiarbeit fast völlig zum Erliegen gekommen sei. Auer widerspricht. Das sei falsch. Rosa beharrt auf ihrer Ansicht,

Rosa Luxemburg redet (Sozialistenkongreß 1907)

erklärt, sie habe bessere Informationen. Das beeindruckt Auer. Er ist auch erstaunt, daß sie die deutsche Staatsbürgerschaft besitzt. Er beginnt, offener mit ihr zu reden. Sie kann der Partei in den Ostgebieten nützlich sein. Die Polnische Sozialdemokratie (PPS) ist der deutschen SPD ein Dorn im Auge. Von einem unabhängigen Polen hält Auer nichts. Er ist der Meinung, man könne den polnischen Arbeitern keinen größeren Gefallen tun, als sie zu germanisieren, aber das dürfte man den Burschen nicht sagen. Rosa macht eine scharfe Bemerkung. Er nimmt das mit dem Germanisieren wieder zurück.

Ober- und Niederschlesien gelten damals als die finstersten Winkel Deutschlands, als Sibirien des Deutschen Reiches. Die Löhne der Fabrikarbeiter und Bergleute sind dort niedriger als anderswo. Die Bergleute sind meist Polen. Agitatoren der PPS haben keine Schwierigkeiten mit der Sprache, aber natürlich arbeiten sie für ihre eigenen Ziele. Die deutsche Parteiprominenz

denkt nicht daran, Fronarbeit in der Barbarei zu tun. Aber eine junge Genossin, die noch dazu polnisch kann, könnte sich da ihre Sporen verdienen. Mit einer Empfehlung des Parteivorstandes wird Rosa nach Oberschlesien geschickt. Auf der Eisenbahnfahrt lernt sie Bruno Schoenlank, den Chefredakteur der sozialdemokratischen »Leipziger Volkszeitung« kennen, der sich in sie verliebt. Sie hält ihn auf Distanz. Auch Herr Bruhns, Parteisekretär für Schlesien, den sie in Breslau aufsucht, erwartet von ihr vor allem verständnisvolle Anteilnahme. Er erklärt, er ersticke im grauen Einerlei von Frau und Familie, von der Partei sei man hier abgeschrieben, seine Talente lägen brach. Daß jetzt eine Frau zur Wahlagitation erscheint, erstaunt Herrn Bruhns. Einmal mehr muß Rosa in Schlesien klarmachen, daß sie nicht daran denkt, sich auf das angeblich naturgegebene Wirkungsfeld für eine Frau in der Partei, nämlich die Frauenbewegung, abdrängen zu lassen.
In Oberschlesien sind öffentliche Versammlungen der SPD nicht möglich. Gastwirte, die Räume an Sozialdemokraten vermieten, verlieren ihre Konzession. Rosa muß sich damit begnügen, in der Wohnung des Parteisektretärs für Oberschlesien, August Winter, Wahlhelfer zu schulen und von ihr ins Polnische übersetzte Flugblätter an sie zu verteilen. In Goldberg und Liegnitz in Niederschlesien kann sie öffentliche Versammlungen abhalten und hat als Rednerin auf Anhieb erstaunlichen Erfolg.

Gestern in G. war es ausgezeichnet. Es drängten sich so viele Leute herein, daß neben dem Saal am Fenster mehr als im Saal selbst waren, sie standen einer auf dem anderen hinter den Fenstern. Die Genossen sagen, daß sie noch keine so zahlreich besuchte Versammlung hatten. Ich erhielt natürlich ein dreifaches Hoch, nach dem Hoch auf die Sozialdemokratie und heute morgen vor der Abfahrt einen entzückenden Strauß Rosen und Reseden.

In Schlesien hat sich das politische Klima seit Aufhebung der Sozialistengesetze praktisch kaum geändert.

Bei den Wahlen selbst war der Druck der Zentrumsleute und der Polizei so groß, daß bei den einzelnen Arbeitern wirklich Mut dazu gehörte, einen sozialdemokratischen Stimmzettel abzugeben oder während der Wahl für uns zu wirken. Zahlreiche Kündigungen der

Arbeit, einige Fälle von Verhaftungen unserer Flugblattverbreiter, vor allem aber die noch ganz patriarchalischen Mittel der Polizei und der Zentrumsleute in den Wahllokalen, wo sie vielfach unsere Genossen mit Zetteln einfach wegjagten, einigen Wählern den Zettel aus der Hand rissen und öffneten – all dies sollte die Arbeiter von der Stimmabgabe für den sozialdemokratischen Kandidaten abschrecken.

Die Wahlarbeit erweist sich körperlich als sehr anstrengend. Die Verkehrsverbindungen sind schlecht. Die Unterbringungsmöglichkeiten primitiv. Am 17. Juni fährt Rosa nach Berlin zurück. Sie ist erschöpft, am Ende ihrer Kräfte. An Leo schreibt sie: »Ich sehe aus wie der Tod und krieche kaum.«
Nach der Wahl stellt sich heraus, daß der Einsatz nicht umsonst gewesen ist. Im Wahlkreis des Regierungsbezirks Oppeln stiegen die für die Sozialdemokraten abgegebenen Stimmen von 10728 im Jahre 1893 auf 25626 im Jahre 1898. Was aber noch wichtiger ist: durch ihre Agitationsreise hat sich Rosa die Parteifunktionäre verpflichtet.

Wie lebte denn ein Landarbeiter damals?

Max Hoelz, Sohn eines Landarbeiters und einer Tagelöhnerin berichtet über seine Kindheit, die in die Zeit zwischen 1889 und 1905 fällt:
»Da weder der Vater noch die Mutter uns Kinder (wir waren unterdessen vier geworden) tagsüber beaufsichtigen konnten, wurden wir oft ganze Tage lang in die Stube geschlossen, damit wir draußen keine Dummheiten anstellten. Machten wir aber im Haus Streiche, so gab es ganz besonders schmerzhafte Hiebe. Für das geringste Vergehen oder Versehen gab es vom Vater und auch von der Mutter empfindliche Strafen: mit einem starken Ledergurt eine ziemlich derbe Wucht auf den entblößten Hintern – und dann auch noch hungrig zu Bett –, oder wir wurden stundenlang, den halben oder den ganzen Tag, an einen Stuhl gefesselt, und zwar so fest, daß ein Loskommen unmöglich war.
Ich hatte weder als Kind, noch habe ich heute das Empfinden, daß

meine Eltern diese gewiß harten Strafen aus besonderer Grausamkeit oder Lieblosigkeit anwendeten. Die damaligen Erziehungsmethoden, noch dazu auf dem Lande, waren eben nicht anders. Vater und Mutter, beide von einer geradezu seltenen Gewissenhaftigkeit und Ordnungsliebe, mußten darauf achten, daß unsere Streiche und unsere Ausgelassenheit weder den Nachbarn noch dem Gutsherren Schaden zufügten...

Ich habe während der acht Schuljahre nur wenige Male meine Schularbeiten machen können; wir Kinder mußten die Schule meistens schwänzen, um durch Arbeit bei den Bauern für unsere Familie verdienen zu helfen. Wenn wir schon einmal die Schule besuchen durften, mußten wir gleich nach Schulschluß mit den Büchern aufs Feld, um bis in den späten Abend hinein bei der Arbeit zu helfen. Wenn wir dann gemeinsam mit den Eltern heimkehrten, waren wir todmüde, daß an Schularbeiten gar nicht zu denken war. Gern folgten wir der Weisung: Marsch ins Bett!

Obwohl meine Eltern fleißig arbeiteten und sehr sparsam lebten – mein Vater ist nie arbeitslos gewesen – und obwohl auch wir Kinder mitverdienen mußten, langte es dennoch manchmal nicht zum Nötigsten. Oft fehlte sogar das trockene Brot im Hause. Wir, die wir die Erde düngten, pflügten, säten und dann die Früchte für den Arbeitgeber ernteten, hatten nicht das Allernotwendigste zum Leben.

Es kam oft vor, daß meine Mutter, um uns nicht tagelang hungern zu lassen, auf folgenden Ausweg verfiel: Mit zwei Pfennig mußte ich zu dem einzigen Dorfbäcker gehen und ihm vorschwindeln, ein Bettler schicke mich, ich solle ihm für diesen Zweier hartgewordenes Brot holen. Wir schämten uns, zu sagen, daß wir das Brot für uns selbst haben wollten. Von diesem fast knochenharten Brot, für das der Bäcker sonst keinen Käufer fand, gab es für einen Zweier etwa 1–2 Pfund, während sonst das Pfund Brot ungefähr 14 bis 15 Pfennig kostete. Davon kochte uns die Mutter dann eine einfache Suppe.

Als Kind kam mir das Widersinnige eines solchen Zustandes natürlich nicht zu Bewußtsein. Auch waren die Eltern selbst viel zu wenig klassenbewußt, um die Ursachen dieses Vegetierens richtig zu erkennen und dagegen aufzubegehren. Trotzdem war mein Vater kein Stiefellecker; sobald irgendein Krautjunker oder Lakai oder Gutsinspektor ihm ungerechtfertigte Vorwürfe machte, warf er ihm resolut den ganzen Krempel vor die Füße, ging seiner Wege und suchte anderswo Arbeit, die er auch immer ohne Schwierigkeiten fand, da er als gewissenhafter und fleißiger Arbeiter bekannt war. Die streng religiöse Anschauung meiner Eltern gestattete ihnen ja nicht, gegen den Stachel zu löken: die göttliche Ordnung war für sie nun einmal so, daß es Herren und Knechte gibt, und daß der Knecht Knecht bleiben und Zeit seines Lebens in Armut und Sorge dahinleben muß, ihm aber dafür nach dem Tod ein besseres Jenseits winkt...«

Parteitag '98

Der Parteitag der SPD, der zwischen dem 3. und 8. Oktober 1898 in Stuttgart stattfindet, sieht unter den zweihundertfünfzehn Delegierten auch Rosa. Überraschend wohl auch für sie selbst. Sie hat ihr Mandat über August Winter aus dem Reichstagswahlkreis Neustadt und Beuthen-Tarnowitz erhalten. Gewissermaßen als Dank für geleistete Schützenhilfe im Wahlkampf.

Auf der Tagesordnung des Parteitages stehen: Das Koalitionsrecht, Bergarbeiterschutz, Maifeier 1899, die Beteiligung an den preußischen Landtagswahlen, die deutsche Zoll- und Handelspolitik. Unterdrückt aber schwelt ein Konflikt um eine wichtige Grundsatzfrage. Eduard Bernstein hat in einer Artikelserie, die in der »Neuen Zeit« erschienen ist, der Sozialdemokratie den Rat gegeben, sich von dem, wie er findet, überholten marxistischen Klassenkampf- und Revolutionsvokabular zu trennen und sich zu dem zu bekennen, was sie in Wirklichkeit sei: eine demokratisch-sozialistische Reformpartei. Bernsteins Kernsatz in der Januar-Nummer der »Neuen Zeit«: »Ich gestehe es offen, ich habe für das, was man gemeinhin unter ›Endziel des Sozialismus‹ versteht, außerordentlich wenig Sinn und Interesse. Dieses Ziel, was immer es sei, ist mir nichts, die Bewegung alles.«

Bernstein ist in der Partei eine angesehene Persönlichkeit. Von den Sozialistengesetzen aus Deutschland vertrieben, hat er in

Zürich und London die Zeitschrift »Sozialdemokrat« herausgegeben. Eine Zeitlang ist er Engels Sekretär gewesen. Er lebt in London. Unter der alten Garde der Sozialdemokratie hat er viele Freunde, unter anderem sind seine Vorstellungen zunächst auch Kautsky durchaus sympathisch gewesen, schließlich hat er sie ja auch in seiner Zeitschrift abgedruckt. Bestimmt entspricht das, was Bernstein theoretisch ausformt, der Stimmung eines gar nicht so kleinen Teils der Parteimitglieder, vor allem aber der sich langsam bildenden Gruppe der Berufsfunktionäre.
Auf dem Parteitag versucht vor allem Parvus, der Chefredakteur der »Sächsischen Arbeiterzeitung«, eine Attacke gegen Bernstein zu reiten. Er, der selbst kein Mandat hat, läßt über Freunde aus dem 6. Wahlkreis in Dresden eine Resolution einbringen, die Bernstein und seine Ansichten verurteilt.
Der Parteivorstand will keinen Ärger. Bernstein ist ein Mann mit Verdiensten. Er hat den praktischen Teil des letzten Parteiprogramms mitbearbeitet. Er mag vielleicht in Einzelheiten in seinem Artikel zu weit gegangen sein, aber das scheint dem Parteivorstand kein Grund, so schweres Geschütz aufzufahren. Viele Männer in der Führungsspitze der SPD sind sich selbst noch unsicher, was sie von den Thesen Bernsteins halten sollen.
August Bebel, einer der beiden Parteivorsitzenden, findet Parvus' Verhalten taktlos und meint, der Mann sei von fressendem Ehrgeiz getrieben. Der Vorstand verweigert also der von Parvus inspirierten Resolution die Zustimmung. Bebel ist entschieden gegen eine Taktikdebatte zum gegenwärtigen Zeitpunkt. Kurzum, das Establishment der Partei ist sich einig, das kitzlige Thema durch Vertagung erst einmal unter den Teppich zu kehren. Vielleicht, daß es sich bis zum nächsten Parteitag von selbst erledigt.
Rosa gehört zu den wenigen wachen Parteimitgliedern, die nicht bereit sind, bei diesem Harmonisierungsmanöver mitzuspielen. Sie ist theoretisch versiert genug, um sofort zu erkennen, daß Bernsteins Sätze die Wurzel des Sozialismus berühren. Meinungsverschiedenheiten offen auszutragen, selbst wenn sich die bürgerliche Presse darüber mokiert, ist eine der Traditionen der SPD, die sie großartig findet.

In einem Artikel in der »Leipziger Volkszeitung« nimmt sie polemisch gegen Bernstein Stellung. Auf dem Parteitag selbst ergreift sie das Wort, als Wolfgang Heine, ein Anhänger Bernsteins, die Ansicht vertritt, die Partei müsse ihre Politik vor allem danach ausrichten, bei Wahlen so viel Stimmen wie möglich zu bekommen.
Rosa kontert: Bei Wahlen dürfe der revolutionäre Aspekt des Parteiprogramms nicht in den Hintergrund treten. Er müsse vielmehr stets deutlich hervorgehoben werden.
Damit hat sie mutig und eindeutig klar gemacht, wo sie in der Partei steht und wogegen sie kämpfen wird: gegen Erstarrung und Klüngelei, gegen Anpassung und Frageverbot.

Wie sieht die Partei aus, in der Rosa kämpft?

Entstanden ist sie 1875 auf einem Kongreß in Gotha durch den Zusammenschluß zweier Gruppen der deutschen Arbeiterbewegung. Die eine Gruppe, die Anhänger Lasalles, wollten von vornherein politischen Einfluß innerhalb der bürgerlichen Gesellschaft gewinnen. Sie wollten unter Umständen in der Regierung, auf jeden Fall aber in den Parlamenten vertreten sein. Die andere Gruppe, die Eisenacher, waren radikaler und marxistisch orientiert, also davon überzeugt, daß die bürgerlich-kapitalistische Gesellschaftsordnung revolutionär überwunden werden müsse.
Bei der Vereinigung beider Gruppen hatte die Partei ungefähr fünfundzwanzigtausend Mitglieder. Die Zahl wächst bis zum Jahre 1878 auf vierzigtausend an. In eben diesem Jahr besitzt die Partei unterdessen zweiundvierzig eigene Zeitungen mit zusammen einhunderttausend Abonnenten. Zur gleichen Zeit gewinnt auch die freie Gewerkschaftsbewegung zunehmend an Stärke. 1877 existieren bereits dreißig Einzelverbände mit circa fünfzigtausend Mitgliedern.
1878 nimmt der Reichstag nach langen Debatten »Das Gesetz gegen die gemeingefährlichen Bestrebungen der Sozialdemokratie« an.
Anlaß oder Vorwand zu diesem Gesetz ist das Attentat eines

gewissen K. Nobiling in Berlin, bei dem der deutsche Kaiser verwundet wird. Es wird behauptet, Nobiling habe gestanden, sich mit „sozialistischen Ideen“ beschäftigt und sozialdemokratische Versammlungen besucht zu haben. Überprüfen lassen sich diese Behauptungen nicht, da der Attentäter nach den Verhören Selbstmord begangen hat.

Im Jahr zuvor, als zwei Paragraphen des Strafgesetzes verschärft werden sollen, um gegen die Sozialdemokratie vorgehen zu können, hat Bismarck in einer Rede im Reichstag ausgerufen: »...die sozialistisch-demokratischen Umtriebe haben wesentlich mit dazu beigetragen, den geschäftlichen Druck, unter dem wir uns befinden zu schaffen; sie haben ganz gewiß die deutsche Arbeit verteuert und vermindert, und ihr Produkt ist, daß der deutsche Arbeitstag nicht mehr das leistet, was der französische und der englische Arbeitstag leistet; der französische Arbeiter arbeitet an einem Tag mehr als der deutsche und geschickter; wir sind zurückgekommen in der Arbeit und dadurch haben wir aufgehört, konkurrenzfähig zu sein. Daß wir zurückgekommen sind, schieben wir wesentlich den sozialistischen Umtrieben zu, die die Leute auf unbestimmte, unrealisierbare Hoffnungen künftigen Glückes verweisen und sie dadurch von dem, was in dieser Welt allein sie erhält und trägt und ihnen möglichst viele Genußmittel verschaffen kann, von regelmäßiger, fleißiger Arbeit, die früher bei den Deutschen sprichwörtlich und eigentümlich war, abziehen, und deshalb klage ich die Führer der Sozialisten an, daß sie an der Not, in der sich der Arbeiterstand heutzutage befindet, wesentlich mitschuldig sind...« (lebhafte Zustimmung).

Nach dem neuen Gesetz können die Landespolizeibehörden sozialistische Vereine und Verbindungen jeder Art, insbesondere genossenschaftliche Kassen, sowie Druckschriften, Versammlungen und Sammlungen verbieten. Berufsmäßige Agitatoren können aus bestimmten Gebieten ausgewiesen werden. Gastwirten, Buchdruckern und Buchhändlern kann die Gewerbeerlaubnis entzogen werden. Bismarcks Versuch, den Sozialdemokraten auch noch das aktive und passive Wahlrecht zu nehmen, scheitert am Widerstand des Reichstages.

Am 25. Januar 1890 lehnt der Reichstag mit 169 gegen 98 Stimmen das Sozialistengesetz, das in einer verschärften Vorlage eingebracht worden ist, ab. Die sozialdemokratischen Parteimitglieder veranstalten nach der Ablehnung spontane Freudenfeiern. Die Bilanz des Gesetzes ergibt das Verbot von einhundertfünfundfünfzig periodischen und eintausendzweihundert nicht periodischen Drucksachen, rund neunhundert Ausweisungen, davon fünfhundert Familienväter, und eintausend Jahre Gefängnisstrafen, zu denen eintausendfünfhundert Personen verurteilt worden sind.

Auf dem zweiten Parteitag nach Aufhebung der Sozialistengesetze 1891 in Erfurt wird ein neues Programm der SPD verabschiedet. Der theoretische Teil stammt von Karl Kautsky. Er enthält die These vom unvermeidlichen Zusammenbruch der kapitalistischen Gesellschaft in ferner, aber voraussehbarer Zeit, und von der dann folgenden Errichtung einer sozialistischen Gesellschaft. Das Wort »Revolution« ist vermieden worden, um dadurch nicht wieder das Verbot der Partei zu provozieren. Die entscheidenden Sätze lauten: »Nur die Verwandlung des kapitalistischen Privateigentums an Produktionsmitteln ... in gesellschaftliches Eigentum und die Umwandlung der Warenproduktion in sozialistische, für und durch die Gesellschaft betriebene Produktion kann es bewirken, daß der Großbetrieb und die stets wachsende Ertragsfähigkeit der gesellschaftlichen Arbeit für die bisher ausgebeuteten Klassen aus einer Quelle des Elends und der Unterdrückung zu einer Quelle der höchsten Wohlfahrt und allseitiger, harmonischer Vervollkommnung werde. Diese gesellschaftliche Umwandlung bedeutet die Befreiung nicht bloß des Proletariats, sondern des gesamten Menschengeschlechts ... aber sie kann nur das Werk der Arbeiterklassen sein.«

Am praktischen Teil des Programms hat Eduard Bernstein mitgearbeitet. Darin fordert die SPD vor allem die Erweiterung der politischen Rechte, Gleichberechtigung der Frau, Entscheidung über Krieg und Frieden durch die Volksvertretung, Erziehung zur allgemeinen Wehrhaftigkeit, Volkswehr, Weltlichkeit und Unentgeltlichkeit der Schulen, Unentgeltlichkeit der ärztlichen Hilfeleistung, Abschaffung der indirekten Steuern und eine wirksame nationale und internationale Arbeiterschutzgesetzgebung.

Geführt wird die Partei der Satzung gemäß von zwei Vorsitzenden. Die große Führer- und Vatergestalt der Sozialdemokratie seit 1875 ist August Bebel. Er kommt aus dem Handwerkerstand, ist in seiner Jugend Drechslergeselle gewesen und hat es später bis zu einer eigenen kleinen Fabrik mit Dampfbetrieb gebracht. Über die Arbeiterbildungsvereine ist er mit Wilhelm Liebknecht, dem Vater von Karl Liebknecht, in Verbindung gekommen. Der alte Liebknecht war nach dreizehnjährigem Exil (unter anderem in London) als Lehrer für die englische und französische Sprache angestellt worden und zog Sprachen lehrend und agitierend durch die Arbeiterdörfer des Erzgebirges. Beide Männer haben den schwierigen Zusammenschluß zwischen Lasalleanern und Eisenachern zustande gebracht. Beide haben in engem Kontakt zu Marx und Engels gestanden. Beide sind als Sozialisten in Deutschland häufig angeklagt gewesen. Bebel hat im Winter 1870/71 eine hundertzweitägige Untersuchungshaft abgesessen.

Vielleicht am treffendsten hat Leo Trotzki den Symbolgehalt Bebels für die damalige SPD charakterisiert, wenn er schreibt: »In der Person Bebels verkörpert sich der langsame, aber beständige Aufstieg der neuen Klasse. Dieser magere Alte schien ganz aus geduldigem, aber unbeugsamen Willen geschaffen, der auf ein einziges Ziel gerichtet war. In seinem Denken, in seinen Reden, in seinen Artikeln kannte Bebel absolut nicht den Aufwand von geistigen Energien, die nicht unmittelbar einer praktischen Aufgabe dienten.«

Mit der Aufhebung der Sozialistengesetze, mit dem Sprung zur parlamentarischen Massenpartei, beginnt sich in der SPD allmählich eine Arbeiterbürokratie herauszubilden. Das Wachstum der Partei läßt eine »Schicht von Parlamentariern, Arbeiterbürokraten und Verwaltungsfunktionären entstehen, die in den Gewerkschaftsorganisationen sitzen, in den Genossenschaften, den Parteisekretariaten, in den Redaktionen der Parteipresse, als Abgeordnete in den Parlamenten. Sie leben nicht mehr für die, sondern auch von der Arbeiterbewegung« (Abendroth).

Andererseits sind die verdienten Veteranen in der Führungsspitze wie an der Basis zu fraglos akzeptierten Autoritäten geworden, die langsam versteinern und denen niemand zu widersprechen wagt.
Rein äußerlich nimmt die Arbeiterbewegung zwischen 1890 und 1914 weiter einen imponierenden Aufschwung. Die freien Gewerkschaften zählen 1912 2,5 Millionen Mitglieder, die SPD hat in diesem Jahr einen Mitgliederstand von 1086000 erreicht und wird von 4250000 Menschen gewählt. Hingegen hat das politische Bewußtsein der Mitglieder und Anhänger durchaus nicht im gleichen Umfang zugenommen. Die Mitgliederschaft der SPD läßt sich kennzeichnen durch »Anhänglichkeit an die Organisation mit starker Opferwilligkeit für sie«, durch den Willen, die eigene wirtschaftliche Lage zu heben und durch eine »unbedingte Abneigung gegen das herrschende preußische System« (Wolfgang Emmerich). Diese Grundstimmung der Massen beherrscht auch die Funktionäre und den Parteivorstand. Man kritisiert das Bestehende und wartet ab...
Wie schwierig es der wissenschaftliche Sozialismus hat, mit seiner Theorie von breiten Schichten der Arbeiterschaft aufgenommen zu werden, zeigt beispielsweise die Rezeption des 1867 erschienenen ersten Bandes von Marx »Das Kapital«. »Die erste Auflage in Höhe von tausend Exemplaren – der Preis von dreieinhalb Talern entsprach fast dem ganzen Wochenlohn eines Arbeiters! – war erst im November 1871, also vier Jahre nach Erscheinen, nahezu vergriffen; und es muß festgestellt werden, daß unter den Käufern und Lesern trotz des von Engels beschworenen großartigen ›theoretischen Sinns‹ der deutschen Arbeiter relativ wenige einfache Arbeiter waren« (Emmerich).
Zwar war die Arbeiterschaft durchaus bildungshungrig, und die ständige Verkürzung der Arbeitszeit (1855: vierzehn Stunden, 1865: dreizehn Stunden, 1871: zwölf Stunden, 1890: elf Stunden durchschnittlich) schuf nun auch die nötige Freizeit. Aber die Leselust beschränkt sich neben Zeitschriften wie »Neue Welt«, »Gartenlaube« und »Daheim« vor allem auf populärwissenschaftliche Broschüren und gehobene Unterhaltungsliteratur.
Kurzum: Bernsteins Vorstoß kommt nicht von ungefähr, er entspricht als Theorie Zügen der Realität und bestätigt gewisse

Gruppen in der Partei. Viele neigen in diesen Jahren zum Kompromiß, zum Sich-zur-Ruhe-setzen-wollen, zur Denkmalsrolle, zum Respektabel-werden-wollen, zum Friedenmachen mit der bürgerlichen Ordnung, zum Burgfrieden mit dem System, dem man so lange bei Etatdebatten im Parlament in stolzer Verachtung diese Parole entgegengeschleudert hatte: Diesem System – keinen Groschen!
Andererseits, marxistisch betrachtet, verstieß Bernsteins Theorie tatsächlich gegen die »Gruppeninteressen des proletarischen Emanzipationskampfes«.

Emanzipation

Wenn es ein Stichwort gibt, mit dem sich Rosa Luxemburgs Wollen und ihre Grundhaltung auf eine Formel bringen lassen, so ist dies das Wort *Emanzipation*. Freilich muß man es, auf sie angewandt, viel radikaler verstehen als heute. Bei ihr ist Emanzipation Dynamit. Sie will nicht nur eine Partei emanzipieren von ihrem Hang zur Verspießerung, nicht nur die Frau von ihrer Unterlegenheitsrolle: Der Mensch soll sich von der Gefahr befreien, sich von seiner menschlichen Wesensart fortzuentwikkeln. So etwa wäre der Marxsche Begriff von der Aufhebung der Entfremdung, der »Verdrehung und Verkehrung der Menschennatur« wohl zu übersetzen.

Ringkampf mit der Clique

Im September 1898 werden Parvus und Marchlewski aus Sachsen ausgewiesen. Ihre weitere Mitarbeit an der »Sächsischen Arbeiterzeitung« machen sie davon abhängig, daß die Leitung des Blattes Rosa übertragen wird. Leo Jogiches rät ihr aus Zürich dringend von der Übernahme des Amtes ab. Rosa nimmt trotzdem an. Über eine eigene Zeitung zu verfügen, jetzt, da der

Revisionismus*-Streit sich immer mehr zuspitzt, ist zu verlockend. Sie findet in Dresden einen Scherbenhaufen vor. Parvus, von seinen Kollegen stark angefeindet, hat vor seinem Weggang schließlich nur noch seine Leitartikel geschrieben, sonst aber alles laufenlassen, wie es wollte.

Rosa ist entschlossen, die Zeitung wieder auf Vordermann zu bringen. Aus Zürich reist Leo an, um ihr moralischen Beistand zu geben. Von seiner Anwesenheit in Dresden erfährt niemand etwas.

Rosa will in der Zeitung Neuerungen durchsetzen. Beispielsweise soll regelmäßig eine Wirtschaftsseite aufgenommen werden. Sie spürt, daß hinter dem Streit über Sachfragen bei den männlichen Kollegen das Vorurteil gegen einen weiblichen Chefredakteur steht. So etwas hat es noch nicht gegeben. So etwas sollte es nicht geben. Und wenn es so etwas gibt, dann kann das nicht gut gehen. So etwa ist die Einstellung der Herren.

Voller Übermut hat Rosa es auch noch gewagt, sich mit dem Zentralorgan der Partei, dem in Berlin erscheinenden »Vorwärts« anzulegen. Sie wirft dem Blatt das Fehlen einer politischen Linie vor. Es antwortet Dr. Georg Gradnauer, Redakteur des »Vorwärts«, Reichstagsabgeordneter und Anhänger Bernsteins. Was als Sachdiskussion beginnt, wird mehr und mehr zu Keiferei, Tratsch und Intrige. Gradnauer wirft dem Vorstand und den Radikalen vor, sie hätten in Stuttgart höchst überflüssigerweise Streit angezettelt. Rosa findet den Streit höchst wichtig, kanzelt Gradnauer in der »Sächsischen Arbeiterzeitung« ab. Gradnauer erhält Gelegenheit zu einer Stellungnahme. Rosa keilt zurück. Er verlangt abermals, mit einer Entgegnung zu Wort zu kommen. Sie weigert sich. Gradnauer bringt den Fall vor die Dresdner Parteiorganisation. Als Reichstagsabgeordnetem schulde ihm die Parteizeitung Respekt. So darf man Rosa aber schon gar nicht kommen. Sie haßt diese Reichstagsabgeordneten, die Sonderrechte für sich in Anspruch nehmen.

---

* Streben nach Änderung eines bestehenden Zustandes oder eines Programmes. (Über die Einzelheiten dessen, was hier verkürzt als „Revisionismus-Streit“ bezeichnet wird, informiert das Kapitel „Rosas Theorien“.)

Bei der Verhandlung fallen ihr drei Redaktionskollegen in den Rücken und ergreifen für Gradnauer Partei. Rosa bietet der mit dem Fall befaßten Pressekommission in Dresden ihren Rücktritt an. Am nächsten Tag meldet der »Vorwärts«, Rosa sei bereits zurückgetreten. Rosas Temperament explodiert. Sie kann verletzend schreiben, wenn man sie reizt. Die ganze Affäre erscheint ihr bezeichnend für die vertrackte Situation in der Partei. Auf Weisung des Parteivorstandes in Berlin verbietet die Pressekommission Rosa, sich zu rechtfertigen. Selbst die Veröffentlichung einer persönlichen Antwort auf die gezielte Falschmeldung wird abgelehnt. Rosa schickt den Rechtfertigungsartikel an ihren Verehrer Bruno Schoenlank mit der Bitte, er solle ihn in der »Leipziger Volkszeitung« abdrucken. Aber Bebel hat auch dieser Möglichkeit schon vorgebaut. Er hat Schoenlank bereits gewarnt, etwas von Rosa aufzunehmen.

Seine Meinung zu der Affäre: »Was mich speziell ärgert, ist, die Genossin Luxemburg hat sich zu sehr als Frau und zu wenig als Parteigenossin gezeigt und mich dadurch desillusioniert. Das ist unangenehm.«

Bebel und Schoenlank stehen nicht besonders gut miteinander. Schoenlank schickt Bebels Brief an Rosa. Sie schreibt an Bebel einen Brief, in dem die Fetzen fliegen, und in dem sie klar zu machen versucht, daß nur sie recht hat, sie und nur sie.

Nach all dem kann sie sich freilich in Dresden nicht mehr halten. Sie gibt die Chefredaktion ab und geht nach Berlin zurück, bezieht eine neue Wohnung im südwestlichen Vorort Friedenau. Das Ehepaar Kautsky wohnt nicht weit. Als Kautsky ihr anbietet, in seiner »Neuen Zeit« eine Antwort auf eine Rezension ihrer Doktorarbeit, die in den »Sozialistischen Blättern« erschienen ist, zu schreiben, wird die Verbindung zu Karl und Luise Kautsky enger.

Rosa Luxemburg hat zu spüren bekommen, wie die Partei reagiert, wenn man sich nicht an gewisse stillschweigend akzeptierte Regeln hält. Beispielsweise die, daß eine Parteizeitung nichts gegen einen Reichstagsabgeordneten sagen darf. Für manche Leute in der Partei steht schon jetzt endgültig fest, daß sie ein zänkisches, hysterisches und herrschsüchtiges Weib ist.

Ein Arbeitermädchen liest eine sozialdemokratische Zeitung

»Meine Zeitung holte ich mir jetzt jeden Morgen selbst. Als ich das erstemal den Verkaufsraum des sozialdemokratischen Blattes betrat, war mir zumute, als betrete ich ein Heiligtum. Und wie ich meine ersten zehn Kreuzer für den Wahlfonds der deutschen Sozialdemokratie unter dem Motto ›Fester Wille‹ ablieferte, da fühlte ich mich schon als ein Glied der großen Kämpferschar, obwohl ich noch keinem Verein angehörte und außer dem Freunde meines Bruders noch keinen Sozialdemokraten gesprochen hatte.
Da ich in meiner Zeitung immer las: ›Werbt neue Abonnenten!‹ ›Verbreitet Eure Zeitung!‹, bemühte ich mich in diesem Sinne zu wirken. Als ich dann jede Woche nicht nur eine Zeitung, sondern zwei, dann drei und schließlich gar zehn Stück holen konnte, da war mein Hochgefühl mit nichts mehr zu vergleichen. Mein Weg um die Zeitung hatte immer etwas Feiertägliches für mich. Ich zog an diesem Tag mein schönstes Kleid an, so wie früher, wenn ich in die Kirche ging.«

Eine Freundin

Wahrscheinlich auf dem Stuttgarter Parteitag hat Rosa eine junge Frau kennengelernt, mit der sie bis an ihr Lebensende befreundet bleiben wird. Ihr Name ist Clara Zetkin.
Dies ist ihr bisheriger Lebenslauf: Clara Eißner, geboren am 5. Juli 1857 in Wiederau im Vorland des Erzgebirges als ältestes von drei Kindern aus der zweiten Ehe des Dorfschullehrers Gottfried Eißner. Zusammen mit ihren Geschwistern Arthur und Gertrud besucht sie zunächst die Dorfschule. Später bereitet sie der Vater gemeinsam mit einigen begabten Jungen aus dem Dorf auf den Besuch des Gymnasiums vor. 1872 siedeln die Eltern nach Leipzig über. Die Mutter, die mit dem Allgemeinen Deutschen Frauenverein Kontakt hat, verschafft der Tochter eine Freistelle

an dem von Auguste Schmidt geleiteten Lehrerinnenseminar. 1875 stirbt der Vater. Im Frühjahr 1878 legt Clara ihr Lehrerinnenexamen mit Auszeichnung ab. Auf dem Seminar hat ihr ein Freund ihres Bruders sozialdemokratische Zeitungen zugesteckt. Aus Angelesenem und Gehörtem baut sie sich eine politische Philosophie von Anarchismus und Revoluzzertum zusammen. Ihre Seminardirektorin verbindet die Glückwünsche über das so glänzend bestandene Examen mit der Mahnung, wieder auf den Pfad bürgerlicher Tugend zurückzukehren. Clara macht die Bekanntschaft von Ossip Zetkin, einem jungen Russen aus der Ukraine, der ursprünglich der Volkstümlerbewegung angehört hat und vor der zaristischen Polizei nach Deutschland geflohen ist. Ossip Zetkin hört halbtags Vorlesungen an der Leipziger Universität und arbeitet daneben bei einem Tischlermeister. Unter dem Einfluß seines Meisters ist aus dem Volkstümler ein Marxist geworden, der in der Arbeiterbewegung der Stadt tätig wird und an der Universität einen sozialistischen Zirkel gründet, dem Deutsche, Russen, Serben und Polen angehören.
Nach Inkrafttreten der Sozialistengesetze setzt im ganzen Deutschen Reich eine Verfolgungswelle gegen Sozialdemokraten ein. Nach Zusammenkünften der Partei werden Prügeleien inszeniert. Sozialdemokratischen Funktionären werden in der Wohnung die Fensterscheiben eingeworfen. Wirte weisen einem Gast, an dem sie jahrelang gut verdient haben, die Tür, weil er »ein Roter« ist. Wegen Ossip hat Clara eine Auseinandersetzung mit Auguste Schmidt, die ihr erklärt, entweder sie trenne sich von diesem schrecklichen Menschen, oder das Band zwischen Lehrerin und Schülerin sei zerschnitten.
Auch die Einstellung der Mutter zu Ossip ändert sich völlig. Zuerst ist er freundlich in Claras Familie aufgenommen worden. Jetzt muß sich Clara wegen ihres »roten Freundes« heftige Vorwürfe anhören.
Am 1. Mai 1878 tritt Clara eine Stellung als Hauslehrerin in der Familie eines Fabrikanten in Wermsdorf bei Leipzig an. Bald sagt sie ihrem Dienstherrn ins Gesicht, daß er seine Frau wie eine Sklavin halte und droht ihm, für ihn werde sie am Tag der Revolution, falls ihn das Proletariat an einer Straßenlaterne

aufhängen wolle, keinen Finger krumm machen. Sie verliert ihre Stellung.
In Leipzig hat Clara eine russische Freundin, Warwara, die sie im Winter zu einer Reise nach Petersburg einlädt. Im Spätsommer 1880 wird Ossip zusammen mit anderen Genossen verhaftet. Sie haben an einer Funktionärssitzung teilgenommen, auf der August Bebel über die Beschlüsse des ersten illegalen Parteitags der SPD berichtet. Ossip als Ausländer wird aus dem Stadtgebiet ausgewiesen. Bei Widersetzung droht ihm die Auslieferung an die russische Polizei.
Man verständigt Clara. Zusammen mit anderen Genossen begleitet sie ihn bis zur Stadtgrenze. Ossip geht nach Paris. Clara will ihm folgen. Aber zunächst einmal muß sie versuchen, sich das Reisegeld zu verdienen. Sie nimmt eine Hauslehrerinnenstelle in Traunstein in Niederösterreich an. Im Spätsommer 1882 geht sie nach Zürich und besucht auf der »ausländischen Verkehrsstelle der deutschen Sozialdemokratie« Kurse in Marxismus, die niemand anders als Eduard Bernstein abhält. Eine Zeitlang arbeitet sie bei der sogenannten »Roten Feldpost«, die aus einer Hinterstube der Volksbuchhandlung in Zürich-Hottingen politische Literatur nach Deutschland schmuggelt.
Häufig werden auch Kuriere von der Grenzpolizei und den Zöllnern verhaftet. Trotzdem gelingt es fast immer, die regelmäßige Lieferung des »Sozialdemokraten« ins Deutsche Reich aufrecht zu erhalten.
Im November 1882 fährt Clara endlich nach Paris. Sie bezieht mit Ossip ein armseliges Zimmer auf dem Montmartre. Sie bringen sich mit Übersetzungen und Sprachunterricht recht und schlecht durch. Heiraten können sie nicht, weil die dazu nötigen Papiere aus Rußland nicht zu beschaffen sind. Außerdem würde Clara bei einer Eheschließung mit einem Russen die deutsche Staatsbürgerschaft verlieren. Also leben sie ohne Trauschein zusammen, und Clara nimmt Ossips Namen an.
Zwei Kinder werden geboren. Maxim kommt Ende 1883 zur Welt, zwei Jahre später Konstantin. Clara geht jetzt manchmal auch als Wäscherin arbeiten. Um die Kinder kümmert sich eine alte Kommunardin, Madame Robin.

Rosa Luxemburg und Clara Zetkin 1910

Maxim Zetkin wird sich noch viel später an ihre Berichte über die Tage der Pariser Commune* erinnern.
Zwei Monate nach der Geburt des zweiten Kindes erscheint frühmorgens die Polizei und weist die Familie Zetkin, die die Miete schuldig ist, aus ihrer Wohnung. Die Kinder dürfen angekleidet werden. Jedes Stück Wäsche, was sie nicht auf dem Leibe haben, wird gepfändet. Clara wartet mit den Kindern auf einer Parkbank, bis Ossip sich bei einem Freund Geld geliehen und ein möbliertes Zimmer gemietet hat.
Als politisches Lernfeld ist Paris unerhört anregend. Mit Laura Lafargue, einer Tochter von Marx, die hier eine marxistische

* Pariser Commune: Erste Diktatur des Proletariats. Am Ende des Französisch-Preußischen Krieges setzte das Volk von Paris, angeführt von Arbeiterorganisationen, eine eigene Regierung ein und widersetzte sich der Regierung des Bürgertums in Versailles. Die Commune widerstand den Angriffen der Armee aus Versailles vom 18. März bis 21. Mai 1871. Nach dem Zusammenbruch der Volksherrschaft in der Stadt wurden 30000 Communarden von den Siegern hingerichtet.

Wochenzeitschrift redigiert, geht Clara in die Arbeiterviertel von Paris. Sie studiert systematisch die Grundschriften des Marxismus: das »Kapital«, den »Anti-Dühring« von Engels, sie beschäftigt sich mit der Geschichte der französischen Arbeiterbewegung. Nur eines scheint ihr völlig unmöglich: auf einer Versammlung zu reden. Vergeblich versucht Ossip, ihr diese Scheu auszureden. Als Clara nach einer längeren Krankheit 1886 in Leipzig bei der Mutter auf Erholung ist, versucht sie auf einer heimlichen Zusammenkunft in einem Schrebergarten den Genossen die Situation der französischen Arbeiter zu erklären. Als sie das improvisierte Referat einige Tage später auf einer Versammlung wiederholen soll, weiß sie prompt nicht weiter. Aber die Genossen ermuntern sie. Sie findet den Faden wieder und bringt ihren Vortrag zu Ende.
Ossip Zetkin erkrankt an Rückenmarkschwindsucht. Mitte des Jahres 1888 nehmen seine Kräfte immer mehr ab. Die Situation der kleinen Familie ist verzweifelt. Um zu Geld zu kommen, schreibt Clara eine Artikelserie über die Führer der französischen Arbeiterbewegung. Sie erscheint unter Ossips Namen, da man eine Frau als Autor nicht akzeptieren würde. Ende Januar 1889 stirbt Ossip. Zwei Jahre hat er mit gelähmten Unterkörper krank gelegen. 1889 ist auch das Jahr, in dem im Juli in Paris die II. Internationale gegründet wird. Die Prominenz des europäischen Sozialismus ist in der Stadt versammelt. Der Kongreß dauert sieben Tage. Am sechsten Tag spricht die Bürgerin Zetkin über die Lage der Arbeiterinnen im Kapitalismus.
Noch in diesem Jahr geht Clara von Paris mit den beiden Jungen nach Zürich. Die Einnahmen aus journalistischen Arbeiten sind spärlich. Um die Kinder satt zu bekommen, spart sie selbst am Essen. Sie erkrankt an Tuberkulose. Durch Vermittlung von August Bebel, den sie bei der Gründung der II. Internationale kennengelernt hat, kommt sie in ein Sanatorium nach Nordrach im Schwarzwald. Die Kinder darf sie bei sich behalten. Als sie sich einigermaßen erholt hat, versucht Bebel ihr eine Anstellung zu verschaffen. Die Vorurteile gegen Frauen sind in der SPD noch groß. Alles, was er schließlich bieten kann, ist eine Tätigkeit als Annoncenwerberin.

Clara zieht nach Stuttgart. Dort erscheint die »Neue Zeit«, dort hat der SPD-Verlag von J. H. W. Dietz seinen Sitz, dort ist es, im Gegensatz zu Preußen, Frauen schon erlaubt an politischen Versammlungen teilzunehmen. Für Dietz übersetzt sie Edward Bellamys utopischen Roman »Rückblick aus dem Jahr 2000«. Die beiden Jungen, die ein Kauderwelsch von Deutsch, Französisch, Russisch und Englisch sprechen, haben es schwer in der Schule. Sie werden häufig gehänselt. Frankreich ist zu dieser Zeit für die meisten Deutschen der Erbfeind, und sie kommen aus Frankreich. Die Behörden bestreiten Clara auf Grund ihres Zusammenlebens mit Ossip die deutsche Staatsbürgerschaft. Bei der Stuttgarter Sozialdemokratie herrscht schwäbische Behäbigkeit. Als Clara kritisiert, daß ein Genosse kurz nach Aufhebung der Sozialistengesetze an einer Bismarckehrung teilgenommen hat, erhält sie auf der Mitgliederversammlung zur Antwort, daß sie als Frau »solch schwerwiegende Parteiangelegenheiten« nicht beurteilen könne. Ende des Jahres 1891 kommt für Clara die große Chance. Der Verleger J. H. W. Dietz trägt ihr die Redaktion eines neuen Blattes an. Es heißt: »Die Gleichheit, Zeitschrift für Interessen der Arbeiterinnen«. Clara redigiert es über fünfundzwanzig Jahre hin, bis sie während des Ersten Weltkrieges nach ihrem Übertritt in die USPD von der SPD-Leitung aus der Redaktion verdrängt wird.

Der Einblick in die Situation der berufstätigen Frauen, der Haß, der ihr bei ihrem Engagement für die sozialen Rechte der Arbeiterinnen entgegenschlägt, wohl aber auch die Vorurteile gegen Frauen, die mitreden und mitdenken wollen, radikalisierten Clara Zetkin immer mehr.

Auf dem Parteitag der SPD in Gotha, im Herbst 1896 wird sie in die Kontrollkommission der Partei gewählt. 1897, sie ist jetzt vierzig Jahre alt, hat aber noch kein einziges graues Haar und wirkt viel jünger, fungiert sie als Dolmetscherin auf dem in der Londoner Queen's Hall tagenden internationalen Arbeiter- und Gewerkschaftskongreß. Selbst ein spöttischer Bürger, Alfred Kerr, zeigt sich von ihr beeindruckt: »Clara Zetkin, wohnhaft in Stuttgart. Das ist die Heldin des Kongresses ... sie verdolmetscht die französischen Kongreßreden in die schwäbische Sprache. Ich

meine: ins Deutsche. Aber mit so viel Temperament, mit so viel Raschheit und Entschiedenheit, daß alles die Bedeutung selbständiger rhetorischer Leistungen gewinnt...«
Auf dem Parteitag 1899 in Stuttgart gehört sie zu jenen Radikalen, die darauf pochen, daß das Revisionismus-Problem nicht ganz unter den Teppich gekehrt wird. Das bringt sie mit Rosa in Berührung. Aus der Bundesgenossenschaft wird bald eine Freundschaft.

Frauenarbeit

»Wie in England, Amerika, Frankreich und anderen Ländern waren durch die kapitalistische Wirtschaftsweise auch in Deutschland die Frauen der arbeitenden Klassen in Massen in das Erwerbsleben einbezogen worden. Schon 1882 hatte die Zahl der erwerbstätigen Frauen rund 5500000 betragen, bei der Berufszählung von 1895 war sie bereits auf 6578350 angeschwollen. Von diesen Frauen waren 1521118 in der Industrie, 2753154 in der Landwirtschaft, 579608 in Handel und Verkehr, 233865 in Lohnarbeit wechselnder Art und 176648 in öffentlichen Diensten und freien Berufen tätig. Weit über eine Million arbeiten als ›Dienstboten‹, wie man damals die Hausangestellten nannte. Hatten die Arbeiter allen Grund, die kapitalistische Ordnung zu hassen, so mußten die Arbeiterinnen sie geradezu verfluchen: Arbeitstage von 11, 12, 13, ja 16 und 18 Stunden, neben denen die verheiratete Frau die Familie versorgen mußte; Löhne, die nicht mehr als zwei Drittel, ja oft nur die Hälfte der Männerlöhne ausmachten; kaum ein Schutz für Mutter und Kind.
... Da waren die Arbeiterinnen der Konfektionsindustrie. Sie lebten in einer Hölle. Ihr Elend war bis weit in bürgerliche Kreise hinein sprichwörtlich. Die Konfektionsindustrie beruhte in erster Linie auf der Heimarbeit oder auf dem ›Schwitzsystem‹, das heißt der Arbeit für Zwischenmeister, die ihrerseits die Waren an große Unternehmen ablieferten. Sie ließen die Arbeiterinnen in kleinen dunklen Werkstätten arbeiten, eng gedrängt, in einer Luft, die verpestet war von den Ausdünstungen der vielen Menschen und

dem Geruch des Maschinenöls. Das Licht war trübe, verdarb den Arbeitenden frühzeitig die Augen. Während der Saison dauerte der Arbeitstag der Frauen und Mädchen 14, 16, ja 17 Stunden und länger, und oft gab ihnen der Meister noch Arbeit mit nach Hause. Auch an Sonn- und Feiertagen wurde gearbeitet. Die Leiden dieser Arbeiterinnen dauerten an, bis Schwindsucht oder Erschöpfung ihr Leben beendeten.

Fast ebenso schlimm war es für diejenigen, die zu Hause arbeiteten. Oft waren das verheiratete Frauen und Mütter von Kindern. Sie hatten die Illusion, daß die Heimarbeit besser mit ihren Hausfrauenpflichten zu vereinen sei als die Fabrikarbeit. Auch sie arbeiteten vom Morgendämmern bis in die Nacht, und dabei mußten alle im Haushalt mitarbeiten, die halberblindete Mutter der Konfektionärin, ihr Kind, dem bei der Arbeit vor und nach der Schule fast die Augen zufielen. Das Einkommen war kläglich. Das Statistische Jahrbuch der Stadt Berlin für 1897 nennt als Jahresverdienst für Wäschenäherinnen 486 Mark, für Schneiderinnen 457 Mark und für Knopfnäherinnen 554 Mark.

Die Konfektionsnäherinnen gehörten zu jenen Arbeiterkategorien, die der Arbeiterschutzgesetzgebung nicht unterstanden, also unbeschränkt ausgebeutet werden konnten. Das gleiche galt für die in Kleinstbetrieben Beschäftigten, die Wäscherinnen und andere, auch für die Landarbeiterinnen und die ›Dienstboten‹.

Die Landarbeiterin arbeitete, in Hitze und Regen, 14 Stunden auf dem Felde, nur von einer halbstündigen Frühstückspause und einer halbstündigen Mittagspause unterbrochen. Sie verdiente durchschnittlich 1 bis 1,20 Mark pro Tag. Die Gesindeordnung gestattete ihrer ›Herrschaft‹, sie zu schlagen. Lief sie in Verzweiflung aus einem Dienst fort, so konnte sie durch die Polizei zurückgeholt werden...

Der Arbeitstag der Dienstmädchen war nahezu unbegrenzt, durchschnittlich 16 Stunden. Ihr Verdienst überstieg selten 150 bis 180 Mark im Jahr, das heißt 12,50 bis 15 Mark pro Monat oder $2^1/_2$ bis 3 Pfennig die Stunde. Als Schlafstätte wurde ihnen, wenigstens in den Großstädten, zumeist der Hängeboden in der Küche zugewiesen. Die Kost war gewöhnlich äußerst knapp. Das Mittagessen bestand häufig aus den Resten vom Tisch der

Frauen als Straßenkehrer, Berlin 1908

›Herrschaft‹. Mit Recht bezeichnet ›Die Gleichheit‹ diese Mädchen als Sklavinnen.

Die Fabrikarbeiterinnen unterstanden der – allerdings völlig unzureichenden – Arbeiterschutzgesetzgebung. Sie arbeiteten ›nur‹ 11 Stunden, verbrachten also, die Pausen eingerechnet, 12 Stunden in der Fabrik und waren somit nur wenig besser gestellt als die Heimarbeiterinnen.

Über das Elend der Textilarbeiterinnen der Firma Metz und Söhne hieß es in einer Einsendung aus Freiburg im Breisgau: ›...die Arbeitszeit ist eine elfstündige, von $6^1/_2$ Uhr morgens bis $6^1/_2$ Uhr abends ... Für die Arbeit unter solchen Umständen gibt es einen Tageslohn von sage und schreibe 70 Pfennig, der allmählich auf 1,30 Mark steigt ... Eine alte Arbeiterin, die 30 Jahre bei der Firma beschäftigt ist, hat einen Monatsverdienst von 30 Mark ... und muß beispielsweise für ein recht bescheidenes ›Heim‹ 13 Mark pro Monat zahlen. Ihr verbleiben also für Kost,

Bekleidung, Beheizung, Beleuchtung etc. ganze 17 Mark pro Monat, das macht 57 Pfennig pro Tag‹.«

Auch eine Revolutionärin hat manchmal bürgerliche Träume

Zu ihrem Geburtstag im Jahr 1899 erhält Rosa von den Schoenlanks eine Goetheausgabe in vierzehn Bänden, Luxuseinband. Leo schickt ihr das »Handwörterbuch der Staatswissenschaften«. Rosa spricht von ihren Büchern als von einer »Art Besitztum, so etwas wie ein Haus oder ein Stückchen Boden«. Wenn Leo und sie sich endlich einmal gemeinsam einrichten, werden sie sich einen verglasten Bücherschrank kaufen müssen. In diesem Dankeschönbrief für ein Geburtstagsgeschenk an Leo steigen noch ganz andere Träume auf:

Am meisten habe ich mich über die Stelle in Deinem Brief gefreut, wo Du schreibst, daß wir beide noch jung sind und noch imstande, auch unser persönliches Leben einzurichten. Ach, Dziodziu goldener, würdest Du doch dieses Versprechen halten! ... Eine kleine Wohnung für uns, unsere eigenen Möbel, unsere Bibliothek; Stille und regelmäßige Arbeit, gemeinsame Spaziergänge, von Zeit zu Zeit eine Oper, ein kleiner, sehr kleiner Kreis von Bekannten, die man manchmal zum Abendessen einlädt, jeden Sommer für einen Monat aufs Land fahren, aber dann ganz ohne Arbeit ... und vielleicht noch so ein kleines, ganz winziges Baby? Wird das nie sein dürfen? Niemals; Dziodziu, weißt Du, was mich gestern plötzlich beim Spazierengehen im Tiergarten überfallen hat? Aber ohne jede Übertreibung! Auf einmal ist mir so ein drei- oder vierjähriges Kind vor die Füße geraten, in einem hübschen Kleidchen, mit blonden Haaren, und hat mich angestarrt. Da packte es mich plötzlich, das Mädchen an mich zu reißen und schnell mit ihm nach Hause zu laufen und es für mich zu behalten. Ach, Dziodziu, werde ich niemals ein Kind haben?

Aber wir werden nie mehr miteinander streiten bei uns daheim, nicht wahr? Bei uns muß es still und ruhig sein, wie bei allen Leuten. Nur, weißt Du, was mich ängstigt, ich fühle mich schon etwas alt und ich bin schon häßlich. Du wirst eine häßliche Frau haben, wenn Du mit ihr Arm in Arm durch den Tiergarten spazieren wirst. – Von den Deutschen werden wir uns ganz fernhalten.

Ein Mädchen versucht den 1. Mai zu feiern

Adelheid Popp hat früh ihren Vater verloren. Er ist Weber gewesen. Die Mutter kann nicht schreiben, hat auch sonst nichts gelernt, findet deswegen keine Arbeit. Der Bruder wird nach vielen Gesuchen aus der Schule entlassen und geht als Hilfsarbeiter in die Fabrik. Schwierig wird die Lage der Familie, als der Bruder bei Glatteis stürzt und sich eine Knieverletzung zuzieht. Ein anderer Bruder Adelheids ist wegen schwerer Mißhandlung aus der Lehre davongelaufen. Die Mutter geht waschen. Um die Mittagszeit sucht Adelheid sie auf und die Mutter teilt die Mahlzeit mit ihr. Mit der vierten Volksschulklasse verläßt Adelheid die Schule. Sie zieht mit der Mutter in die Stadt. Dort teilen sie eine Kammer mit einem alten Ehepaar. Adelheid geht in eine Werkstatt, wo sie zwölf Stunden am Tag Tücher häkelt und dafür zwanzig bis fünfundzwanzig Kreuzer (vom Geldwert damals etwa soviel wie heute Pfennige) erhält. Manchmal nimmt sie sich Arbeit mit heim. Dann sind es ein paar Pfennige mehr. Mit zwölf Jahren kommt das Mädchen zu einer Zwischenmeisterin in der Damenkonfektionsbranche in die Lehre. Wieder arbeitet sie zwölf Stunden am Tag und zwar tatsächlich ununterbrochen. Nach diesen Erfahrungen ist es nicht weiter erstaunlich, daß sich Adelheid ein paar Jahre später – sie ist inzwischen Fabrikarbeiterin – zunächst für die Anarchisten begeistert, denen zu dieser Zeit einige mysteriöse Morde zugeschrieben werden. In der Zeitung verfolgt sie den Anarchistenprozeß mit leidenschaftlicher Anteilnahme. Als sie dann mit ihrer Mutter bei einem ihrer Brüder wohnt, lernt sie einen Arbeiter kennen, der das Fachblatt seiner Branche liest, viel herumgekommen ist und ihr die Vorstellungen der Anarchisten und wissenschaftlichen Sozialisten erklärt. Er drückt ihr auch das sozialdemokratische Parteiblatt in die Hand. Sie träumt von einer Republik und stellt sich vor, daß die Errichtung einer solchen Gesellschaft in kürzester Zeit kommen

müsse. Sie beginnt regelmäßig sozialdemokratische Zeitungen zu lesen und engagiert sich immer mehr für die Partei. Über ihre Erfahrungen bei der Durchsetzung des 1. Mais als Feiertag erzählt sie später in ihrer »Jugendgeschichte einer Arbeiterin«:
»... die Propaganda für die Arbeitsruhe am 1. Mai ... brachte mich in einen Zustand fieberhafter Aufregung; ich wollte dafür tätig sein und suchte (in der Fabrik) nach Gesinnungsgenossen. Unter den Arbeitern war mir einer aufgefallen, der einen breiten Hut trug, von ihm hoffte ich, daß er Sozialdemokrat sei. Ich spähte nach einer Gelegenheit, um mit ihm zu reden und unternahm Dinge, die ich sonst nie getan hätte. Die Arbeiter wuschen sich vor Arbeitsschluß im Hofraum die Hände. Auch viele Mädchen gingen dorthin. Ich hatte es nie getan, um nicht die Reden hören zu müssen, die dort geführt wurden und die mich verletzten. Jetzt mischte ich mich unter sie und es gelang mir, den Besitzer des breiten Hutes anzusprechen. Ich hatte mich nicht getäuscht. Er war ein ernster, intelligenter Arbeiter und Mitglied des Arbeitervereins. Wie war ich froh, einen Gleichgesinnten in der Fabrik zu wissen. Er bei den Männern, ich bei den Frauen, es mußte gelingen, die Arbeitsruhe am 1. Mai durchzusetzen.
Und doch gelang es nicht. Die Leute hingen zu sehr an dem Fabrikanten und konnten nicht begreifen, daß die Arbeiter aus eigener Entschließung etwas unternehmen können. Allen, die am 1. Mai nicht zur Arbeit kommen würden, wurde die Entlassung angedroht. Noch am letzten Apriltag bemühte ich mich, die Arbeiterinnen meines Saales zu einer gemeinsamen Kundgebung für die Arbeitsruhe am 1. Mai zu bewegen. Ich schlug vor, alle sollten, wenn der ›Herr‹ erscheine, aufstehen, und ich würde ihm unser Ersuchen vortragen. Das gemeinsame Aufstehen sollte Solidarität bekunden. Viele waren mit mir aufrichtig einverstanden, aber die alten Arbeiterinnen, die schon Jahrzehnte in der Fabrik arbeiteten, fanden, man dürfe das dem ›Herrn‹ nicht antun. Nun wollte ich allein, nur für mich, die Freigabe erbitten, abends wurde aber mitgeteilt: Wer am 1. Mai nicht arbeitet, kann bis Montag zu Hause bleiben. Das schreckte mich. Ich war ein armes Mädchen, der 1. Mai fiel auf einen Donnerstag, konnte ich eine Woche verlieren? Schließlich wäre ich davor nicht zurückge-

schreckt, aber ich hatte Angst, dann überhaupt entlassen zu werden, wo aber war wieder so gute Arbeit zu bekommen? Und was sollte aus meiner alten Mutter werden, wenn ich längere Zeit arbeitslos blieb? Die ganze trübe Vergangenheit stieg vor mir auf – und ich fügte mich. Ich fügte mich mit geballten Fäusten und empörtem Herzen.«

Wahlreise ans Ende der Welt

In den Jahren zwischen 1899 und 1914 bereist Rosa neben ihrer theoretischen Arbeit und der journalistischen Tätigkeit unermüdlich als Agitatorin für die Sozialdemokratische Partei fast alle Gegenden des Deutschen Reiches, vor allem aber Mitteldeutschland (Sachsen und Thüringen), das Rheinland und das Ruhrgebiet, Hamburg und Schwaben. Sie wird zu einer bekannten und bei den Massen beliebten Rednerin, die ihre Zuhörer mitzureißen versteht und der Partei viele Anhänger und Wählerstimmen gewinnen hilft. Bei allem Engagement in der deutschen Politik bleibt sie auch noch mit der polnischen sozialistischen Bewegung verbunden. In Oberschlesien und in der Provinz Posen gewinnt sie für die SPD vor Reichstagswahlen Wählerstimmen unter Arbeitern polnischer Herkunft. Gleichzeitig verhindert sie dadurch, daß über diese Polen im Ausland die PPS Einfluß gewinnt. Die Wahlreisen nach Oberschlesien sind teilweise mit großen Strapazen verbunden, vor allem wenn man bedenkt, daß Rosa durch ihr Hüftleiden behindert ist. Es sind manchmal wirklich Reisen ans Ende der Welt:

... der ganze Montag ging für die Fahrt drauf, an der Bahn in Bytom erwartete mich niemand, denn der Zug verspätete sich um eine Stunde. Ich nahm mir also einen Schlitten und fuhr zu Winters, fast hätten wir nach $^1/_2$stündiger Suche die Straße nicht gefunden; Haus und Etage leer und so dunkel, daß man sich den Hals brechen konnte. Winters waren beide nicht da, sie waren zum Fest (Weihnachten) bei seinen Eltern in Schlesien, was ich übrigens schon vorher wußte. Das Dienstmädchen erwartete mich. Am nächsten Tag sollte laut Winters Anweisung der dortige Vertrauensmann aus

Katowice, Borys, mich abholen kommen, um mich nach Bielszowice zur Versammlung zu bringen. Indessen kein Borys kam. Um die Mittagszeit, als ich sah, daß niemand kam, ging ich zu der einzigen Adresse, die ich von der Partei in Bytom kannte und verlangte einen Führer nach Bielszowice, weil ich ja keine Ahnung hatte, wo das Lokal lag. Sie gaben mir endlich einen Kerl, der, wie sich nachher herausstellte, den Weg selbst nicht kannte, sich mit mir in die falsche Bahn setzte, wir mußten unterwegs aussteigen und auf freiem Feld bei Schnee und Frost eine Stunde auf eine andere Bahn warten. Ich habe den Kerl ins anliegende Dorf geschickt, ein Fuhrwerk oder einen Schlitten zu suchen – nichts fand er. Nach einer Stunde des Wartens, wobei mir vor Kälte fast die Beine abfroren, stiegen wir endlich in die richtige Bahn und fuhren noch eine Stunde. Danach mußte man zu Fuß über den Acker, d.h. durch Schnee, Eis und Schlamm ohne festen Weg, eine $^3/_4$ Stunde zum Lokal stapfen, was eine mitten auf freiem Feld stehende Bude war. Versteht sich, daß wir bei diesen Verbindungen dort erst um $4^1/_2$ Uhr anlangten (nachdem wir um 1 Uhr aus dem Haus gegangen waren), doch kaum, daß ich erschienen war, löste der Kommissar die Versammlung auf, weil es schon dunkel sei, und es keine entsprechende Beleuchtung gäbe.
Die Empörung der Arbeiter war groß, aber vor allem habe ich die Versammlung eingebüßt, und ich war wütend. Als die dort anwesenden alten Genossen erfuhren, wie das gekommen ist, schimpften sie über Winter, daß er an Borys, statt an jemand anderern geschrieben hat, denn es stellte sich zu meinem Unglück heraus, daß dem Borys in eben diesen Tagen die Mutter gestorben war, er mich also nicht abholen konnte. Du kannst Dir vorstellen, was in mir umging, aber etwas habe ich doch noch davon gehabt: daß wir, wiederum gezwungen, ein paar Stunden auf die Rückfahrt zu warten, in ziemlich großem Kreis auf der Station zusammensaßen, wobei wir uns unterhielten, uns persönlich kennenlernten; und ich erhielt etliche Informationen, was ihre Beziehungen zu Winter, zur PPS etc. anlangt; sogleich verabredeten wir für den zweiten Tag eine Versammlung im vertrauten Kreis in Katowice, einige begleiteten mich nach Hause, wo ich endlich gegen 1 Uhr müde, mit nassen Füßen, verkühlt und verzweifelt wegen der mißlungenen Versammlung anlangte.

Was ein Unternehmer von der Sozialdemokratie hält

»Jetzt handelt es sich um die sogenannte Sozialdemokratie. In der gemäßigten Form und in den mildesten Grenzen wollen ihre Vertreter, daß Jedermann zur Arbeit berechtigt und verpflichtet sei unter Einem allgemeinen Gesetz und Einer oberen Verwaltung. Besitz und Verfügung des Privaten sollen damit aufgehoben werden. Nehmen wir einmal an, daß die Sozialdemokratie bei uns in Deutschland in der mildesten Form zur Herrschaft gelange – ohne Kampf und ohne Widerstreben (wenn dies auch gar nicht als Möglichkeit im Ernst angenommen werden kann). Nehme man an, daß auch ich freiwillig zurücktrete aus meinem Besitz und Andere gewähren lasse –. Aus der Spitze der Verwaltung und von den wirklich Eingeweihten und Befähigten würde wohl schwerlich Jemand der neuen Herrschaft sich unterordnen. An Stelle der Erfahrungen, welche allein im Stande ist, durch geschickte Leitung der Fabrikation und des Verkehrs die Existenz der Werke zu sichern und über die Gefahren ungünstiger Zeitumstände hinwegzuführen, würden zweifelhafte unbewährte Kenntnisse und Kräfte das große Ganze dem Untergang bald zuführen. Das braucht wohl niemandem näher erklärt zu werden. Aber selbst angenommen, daß man Leute finden würde, welche die Werke zu führen im Stande wären, welche in Preis und Qualität das bisher uns vorbehaltene Kunststück ausführen würden, mit der mächtigen fremden Industrie zu konkurrieren, so würde dennoch die Fabrik untergehen müssen und ferner Niemandem mehr Nahrung geben, der nicht Steine und Eisen verdauen kann. Denn bekannt ist es genug, daß die Fabrik nicht existieren kann von dem inländischen Verbrauch...

Die Mehrzahl der Leute, welche für die Sozialdemokratie gewonnen worden sind, haben keine Ahnung von dem verbrecherischen Zweck des Bundes und von der Ursache der Unmöglichkeit, daß derselbe jeweils zur Geltung und Macht gelangen kann, denn die Menschheit läßt es sich nicht gefallen, daß jeder Unterschied in Stellung, Charakter und Wert von Menschen und Dingen, sowie alles Bestehende, das Gute und Bewährte auf

Kosten von Recht und Gesetz vertilgt werde, damit Verbrecher aus den Trümmern ihre Lese halten...«

Die Frau gehört ins Haus

Rosa spricht auf einer Versammlung der SPD in Meerane in Sachsen vor Webereiarbeitern. Sie wird gebeten, einen Streit zwischen einem jungen Genossen und älteren Webern zu schlichten. Es geht um die Frage, ob Frauen berufstätig sein sollen. Die Alten sind strikt der Meinung, die Frau gehört ins Haus. Der Junge hat Bebels Buch »Die Frau und der Sozialismus« gelesen, hin und wieder auch einen Artikel aus Clara Zetkins »Gleichheit«. Er argumentiert: wenn eine Frau einen Beruf ausübe, dann trage das zu ihrer Selbstverwirklichung und zur Emanzipation bei.
Ganz falsch, sagen die älteren Männer und fordern, die SPD solle sich für ein Verbot der Frauenarbeit einsetzen.
Rosa wird auf der Versammlung nach ihrem Referat als Schiedsrichterin angerufen. Sie gibt dem Jungen recht. Der freut sich überschwenglich, daß sich »eine solche Autorität« für seinen Standpunkt ausgesprochen hat. Darauf die Älteren: es sei eine Schande, daß schwangere Frauen in der Fabrik zusammen mit jungen Männern arbeiten.
Und wieder der Junge auftrumpfend: »Das sind verkehrte moralische Begriffe! Was meint ihr, wenn *unsere* Luxemburg heute bei ihrem Referat noch schwanger gewesen wäre, dann würde sie mir noch besser gefallen.«
Nach der Versammlung kommt der junge Weber angeschlichen. Er hat noch eine ganz persönliche Frage. Es ist zwei Uhr nachts, aber er will von Rosa noch wissen, ob er heiraten solle, obwohl doch in den Büchern und Schriften, die er im Selbststudium durchgenommen hat, immer erklärt wird, daß die heutige Ehe eine verkehrte Einrichtung sei.
Er ist sehr erleichtert, als Rosa ihm rät, es trotzdem einmal mit der Ehe zu versuchen. Es wird höchste Zeit. Seine Braut ist eben in dem Zustand, der ihm so besonders gut gefällt.

Preußens Gloria oder Was man in den Schulen des Deutschen Reiches als Arbeiterkind lernt

Hans Marchwitza stammt aus Schlesien. Sein Vater ist nach Soldatenzeit und Arbeit als Tagelöhner Bergmann geworden. Das Kind erlebt die proletarischen Lebensbedingungen im Extremzustand. Die Mutter stirbt früh an Tb, der Vater säuft. Sein ganzer Stolz ist sein Kanonierhelm und die Erinnerungen an seine Zeit als Obergefreiter. An Lohntagen muß der Junge den Vater von der Schicht abholen, um zu verhindern, daß er gleich sein ganzes Geld vertrinkt. In der Schule aber erlebt der kleine Hans dies:
»Schmitt (*der Lehrer*) strich seinen in den dicken Mund hineingerollten Schnurrbart, hing beide Daumen in die Armlöcher seiner Weste, schob den Bauchhügel vor:
›Wer kann nun mal die siegreichen Schlachten vom Siebenjährigen Krieg bis Siebzig-Einundsiebzig ohne Buch hersagen?‹
›Roßbach – Leuthen – Zorndorf…‹

Schutzmann in Berlin, 1905

›Gut – der nächste weiter!‹
›Völkerschlacht bei Leipzig – Vierundsechzig die Erstürmung der Düppler Schanzen. Siebzig die Schlacht bei Gravelotte, Metz...‹
›Gut, gut – der Marreck weiter!‹
Martin Marreck, größer als wir anderen alle, dürr und vergrübelt, erschrak bei dem Anruf und starrte Schmitt an. Schmitts Stimme verwandelte sich sofort in ein gefährliches Knurren:
›Paß auf du! Nenne die entscheidende Schlacht von Siebzig...!‹
Martin starrte an ihm vorbei.
Valentin Matzeck, dessen hübsches Gesicht röter erglühte, sprang ein: ›Sedan!‹ und bekam für die Hilfe einen Stockhieb über den Kopf, obgleich Schmitt sonst großes Gewicht auf Gemeinschaftssinn legte.
›Wie Pech hängt die verfluchte Gesellschaft zusammen, die nichtsnutzige!‹ schrie Schmitt. ›Nun die lebenden Glieder unserer allergnädigsten Herrscherfamilie!‹ forderte er.
›Johannes, du!‹
Zu Hause hieß ich noch Hanek und Hanku, Schmitt hatte mich aber in Johannes umgetauft, weil das schöner klinge.
Ich hatte mir die lebenden Glieder des Herrscherhauses wie eine Litanei eingeprägt und schmetterte sie eilends herunter: ›Seine Majestät, unser allergnädigster Landesvater und Herrscher, Kaiser Wilhelm der Zweite, ist der erstgeborene Sohn unseres geliebten verstorbenen Kaisers Friedrich des Dritten. Unsere allergnädigste kaiserliche und königliche Majestät Auguste Viktoria schenkte – schenkte ihrem hohen Gemahl sechs Söhne und eine Tochter.‹
›Doooitlicher!‹
›Säääächs Söhne und eine Tochter!‹
Schmitt schleckte seinen Bart: ›Gut, weiter. Wie heißen diese?‹
›Die sechs Söhne und eine Tochter heißen: Kronprinz Wilhelm. Prinz Eitel Friedrich, Prinz Oskar, Prinz Adalbert, Prinz August Wilhelm, Prinz Joachim ... und Ihre Königliche Hoheit Prinzessin Louise von Preußen...‹
›Du kannst am Sonnabend zu mir kommen‹, sagte Schmitt. Und er begann: ›Ich will euch nur zu ganzen Menschen erziehen, das ist alles. Der Marreck rudert natürlich mit aller Gewalt in die

Fürsorgeanstalt. Die Fleißigen wird einmal das Leben belohnen, aber ein Bummler und Faulpelz wird gewöhnlich ein Zuchthausvogel sein, jawohl!‹
Martin starrte unter der Stirn auf die Tür, dann bleich und in stiller Feindschaft hinter dem auf und ab wandernden Lehrer her.«

Majestätsbeleidigung

In der SPD geht der Kampf zwischen den Revisionisten und ihren Kritikern in diesen Jahren weiter. Die »Rebellen« fordern Rosa auf, den Anhängern des Revisionismus entgegenzutreten. 1899 auf dem Parteitag in Hannover fällt die dann verabschiedete Resolution allerdings noch recht vorsichtig aus. Bernstein beteuert zudem, daß auch er für die Gültigkeit der »guten alten Prinzipien« sei. 1901 werden dann schon etwas stärkere Geschütze aufgefahren, was nicht heißt, daß es keine Sympathisanten der Bernsteinschen Vorstellungen in der Partei gäbe. Aber die Frage hat jetzt auch einen die Parteiorganisation berührenden Aspekt. In Süddeutschland sind Sozialdemokraten in Landtagen bereit, für die Budgets der Regierung zu stimmen, entgegen der immer noch gültigen, ursprünglich von Bebel selbst ausgegebenen Parole: »Diesem System keinen Mann und keinen Groschen.« Sie entziehen sich so der Zentralgewalt des Vorstandes in Berlin und sollen fester an die Leine genommen werden. Bebel, als gewiegter Taktiker, wählt dazu den Umweg einer Attacke gegen den Theoretiker Bernstein, dessen Vorstellungen die Süddeutschen praktisch vollziehen. Und so schreibt er an Kautsky: »Grüß Rosa schön, und sie möchte sich für Lübeck (*den Parteitag*) rüsten. Die nächste Rede, die ich gegen ihn (*Bernstein*) loslasse, soll ein Kopfwaschen sein, wie er es noch nicht bekommen hat.«
Im Protokoll über den Parteitag des Jahres 1901 heißt es dann: »Über einen Vortrag E. Bernsteins kommt es erneut zu einer längeren Debatte. Die Notwendigkeit der Selbstkritik für die geistige Fortentwicklung der Partei wird betont.«
Rosa scheint zufrieden. Sie wohnt im gleichen Hotel wie Bebel und steckt am frühen Morgen in seine zum Putzen vor die Tür

gestellten Schuhe einen Zettel mit dem Satz: »Aujust, ick liebe Dir!«
Für diese Art Humor dürfte dem großen alten Mann, der recht eitel war, das Verständnis abgegangen sein.
Ihren Ruf, ein zänkisches Weib zu sein, wird Rosa nicht so leicht los.
Dazu trägt nicht zuletzt auch ein zweiter gescheiterter Versuch bei, die Leitung einer Parteizeitung zu übernehmen. Es ist ganz ähnlich wie beim ersten Mal. Die männlichen Redaktionskollegen wollen sich von einer Frau, sie mag noch so gescheit sein, nichts sagen lassen. Sie intrigieren gegen sie, und als Rosa sich auch noch von ihrem Co-Chefredakteur, Franz Mehring, im Stich gelassen fühlt, gibt sie auch diesen Posten wieder auf.
Mehring schreibt, noch während er mit Rosa die Leitung der »Leipziger Volkszeitung« innehat, an Kautsky, die Dame Luxemburg mißfalle ihm wegen ihrer maßlosen Herrschsucht und schmutzigen Habgier. Damit kühlt sich Rosas bis dahin freundschaftliches Verhältnis zu diesem Mann, der als erster Literaturbetrachtung und Literaturkritik aus der Sicht des wissenschaftlichen Sozialismus betreibt, für einige Zeit ab.
Äußerungen über Rosas Streitlust, Schärfe, ja Giftigkeit gibt es in diesen Jahren viele. Wo sie auf Dummheit, Engstirnigkeit und Vorurteile stößt, reagiert sie oft mit beißender Schärfe oder mit ätzendem Hohn.
Bezeichnend ist hier eine Auseinandesetzung mit dem SPD-Abgeordneten Fischer auf dem Lübecker Parteitag, der sie eine Erklärung nachschickt, in der es heißt:

Der Abgeordnete R. Fischer – Berlin – hat nach dem Vorwärts-Bericht (über den Parteitag) u.a. gesagt: »Man kann eine Auffassung vertreten in aller Schärfe, aber man darf die Meinung der Genossen nicht fälschen und bloß in der Absicht, geistreich zu sein, zu rabulieren, zu unterschieben und zu fälschen, so zu operieren, wie es die Genossin Luxemburg in der Millerandfrage und in ganz klassischer Weise in der letzten Nummer der ›Neuen Zeit‹ gethan hat.«
Ich fordere hiermit den Abgeordneten R. Fischer öffentlich auf, den Wahrheitsbeweis für seine Behauptung anzutreten und namentlich

diejenigen Stellen meiner Artikel über die Millerandfrage wie über die badische Budgetabstimmung namhaft zu machen, wo ich »gefälscht« und »unterschoben« haben soll.
Falls er dieser Aufforderung nicht Folge leistet, werde ich mich gezwungen sehen, ihn mit dem in solchen Fällen gebräuchlichen Namen zu bezeichnen.
Berlin-Friedenau 1. X. 01 Rosa Luxemburg

Wer in diesem Fall im Recht oder im Unrecht gewesen ist, braucht hier nicht erörtert zu werden. Worum es geht, ist der schneidende Ton dieser Erklärung, diese Mischung aus Rasierklingenschärfe und einem Spritzer höhnischem Sarkasmus im letzten Satz.
Nein, diese Frau ist kein Engel – höchstens ein Engel mit einem Flammenschwert. Sie hat Ecken und Kanten. Sie ist selbst nicht ohne Boshaftigkeit. Aber vor allem ist sie von dem überzeugt, was sie sich denkend erarbeitet hat, und kämpft dafür wie eine Löwin. Das verstört viele, züchtet Haß, auch im eigenen Lager.
Man muß sich vor Augen halten, wodurch ihre Art, häufig verletzend schroff zu reagieren, provoziert worden ist: durch die immer wieder gemachte Erfahrung, als Frau, die schärfer, genauer, klarer und weiter denkt als viele ihrer männlichen Genossen, immer wieder gerade deswegen diskriminiert zu werden: Weil sie eine Frau ist, und weil ihre Interessen und Aktivitäten dem, was man von einer Frau erwartet, nicht entsprechen.
Auf einer Rede während des Reichstagswahlkampfes 1903 ruft Rosa aus: »Der Mann, der von der guten und gesicherten Existenz der deutschen Arbeiter spricht, hat keine Ahnung von den Tatsachen.«
Mit dem Mann, von dem die Rede ist, ist ganz eindeutig der deutsche Kaiser Wilhelm II. gemeint. Sie wird wegen Majestätsbeleidigung angeklagt und zu drei Monaten Gefängnis verurteilt.
Ende August 1904 tritt sie die Strafe in Zwickau an, wird aber schon nach sechs Wochen wieder entlassen, da es anläßlich der Krönung des Königs Friedrich August von Sachsen zu einer Amnestie politischer Straftäter kommt. Von einem König will Rosa keine Gnade. Sie weigert sich zunächst, ihre Zelle zu verlassen. Man muß sie regelrecht auf die Straße setzen.

Diese erste Gefängnisstrafe hat noch einen gewissen romantischen Reiz. Sie hat endlich einmal wieder Zeit gefunden zu ausführlicher Korrespondenz, Zeit zum Lesen, Zeit zum Nachdenken. Das Gefängnis als Möglichkeit für eine Bestandsaufnahme mit sich selbst. Oder auch: Jeder aufrichtige Sozialist hat mindestens einmal in Haft gesessen. Das macht einen Teil seines Nimbus aus. Das gehört einfach dazu. Sie wird Gefängnisse noch verzweifelt hassen lernen.

Wie die Hunnen

Mitte des Jahres 1900 kommt es in China zu einem Volksaufstand, der sich gegen den ausbeuterischen Einfluß europäischer Kaufleute richtet. Gemeinsam planen die imperialistischen Mächte eine militärische Strafaktion. Die aufgebotenen Truppen werden deutschem Oberkommando unterstellt. Bei der Verabschiedung der Soldaten in Bremerhaven am 27. 7. 1900 sagt der deutsche Kaiser unter anderem:
»Kommt Ihr vor den Feind, so wird derselbe geschlagen! Pardon

Die Deutschen vor die Front

wird nicht gegeben! Gefangene werden nicht gemacht! Wer Euch in die Hände fällt, sei Euch verfallen! Wie vor 1000 Jahren die Hunnen unter König Etzel sich einen Namen gemacht, der sie noch jetzt in Überlieferung und Märchen gewaltig erscheinen läßt, so möge der Name Deutscher in China auf 1000 Jahre durch Euch in einer Weise bestätigt werden, daß niemals wieder ein Chinese es wagt, einen Deutschen auch nur scheel anzusehen!«
Noch eine Generation später wird in manchen deutschen Herrenzimmern ein Bild hängen: kühn blickende Männer in Tropenhelmen vor einem ungeordneten Heerhaufen. Einer trägt trutzig die kaiserlich-deutsche Armeefahne. Darunter steht: Die Deutschen vor die Front!

Hoffnungen

Ehe Rosa ihre Gefängnisstrafe in der »Graupenmühle« in Zwickau angetreten hat, hat sie noch am Internationalen Sozialistischen Kongreß in Amsterdam teilgenommen. Der Revisionismus ist dort verurteilt worden. Darüber hat sie Genugtuung empfunden. Obwohl Krieg herrscht zwischen Rußland und Japan, haben sich auf der Rednertribüne der Russe Plechanow und der Japaner Katajama demonstrativ die Hände geschüttelt. Rosa hat den minutenlangen Beifall des Plenums nach dieser Geste der Verbundenheit noch im Ohr. Solidarität der Werktätigen, gemeinsames Handeln der Sozialisten über Ländergrenzen hinweg, das scheint eine reale Tatsache, die nun zunehmend praktiziert werden wird – so hofft sie.

Leo

Schwierigkeiten miteinander – ständig. Zuerst aus der Ferne. Er ist in Zürich. Sie in Berlin oder auf Reisen. Sie sehen sich immer nur kurz, während des Urlaubs, während Besuchen von Leo in Deutschland. Seine Eifersucht auf ihre Karriere. Bei ihr – eine gewisse Verzweiflung darüber, immer wieder an seiner Verschlossenheit rütteln zu müssen. Im Jahre 1900 in den Briefen überlegt sie, ob sie sich nicht von ihm trennen solle.

Um Dir meinen Zustand und mein Handeln in der letzten Zeit zu erklären, sage ich nur kurz, daß ich aus der ganzen letzten Zeit, besonders jedoch aus dem Aufenthalt in Zürich geschlossen habe, daß Du aufgehört hättest, mich zu lieben, vielleicht sogar mit jemandem anderes beschäftigt wärest, daß ich jedenfalls aufgehört hätte, für Dich der Mensch zu sein, der Dich im Leben glücklich machen könnte – soweit das überhaupt möglich ist.

Ekel, weil immer die Parteiarbeit, die Sache, das persönliche Verhältnis überwuchert.

Mir ist das Herz schon so schwer vor Ermüdung vom äußeren und inneren Herumzigeuern, daß ich direkt ohnmächtig werde, wenn ich Deine Briefe öffne und sechs Bogen allein Abhandlungen über die PPS oder über unsere Beziehungen zueinander lese, aber nicht ein Krümelchen sichtbaren, praktischen, normalen Lebens. Ich bin so müde, so müde. Laß uns um Himmels willen anfangen zu leben. Lieber Dziodziu, laß uns doch anfangen zu leben.

Aber dann doch wieder in ihren Briefen Bericht um Bericht über alles, was sie tut, denkt, empfindet, wünscht, was sie empört. Eine Intensität, sich dem anderen mitzuteilen, ihn teilnehmen zu lassen, die bewunderungswürdig ist. 1901 geht Leo für längere Zeit nach Nordafrika, wo sein Bruder im Sterben liegt. Bei ihm: das Gefühl von Stagnation, Nutzlosigkeit. Es will nicht vorangehen mit dem Sozialismus in Polen. Eigentlich ist er, ist Leo die SDKP, die sich jetzt, nach dem Anschluß einer litauischen Gruppe »Sozialdemokratie des Königreiches Polen und Litauen« (SDKPiL) nennt. Es ist immer noch eine Partei mit einem großen Kopf, aber fast ohne Körper. Die meisten ihrer Führer leben im Ausland oder sind nach Sibirien verbannt. Die Mitgliederzahl in Polen selbst liegen zu bestimmten Zeiten oft nicht höher als tausend.
Daß während seiner langen Abwesenheit in Nordafrika alles so weitergelaufen ist in der Partei, ohne große Erfolge, aber auch ohne schwere Pannen, bestärkt seinen Selbstzweifel.
Und dann kommt Bewegung und Unruhe auf im großen Russischen Reich. Sofort reist Leo, der vorübergehend in Berlin

gewesen ist und dort in der Cranachstraße zusammen mit Rosa eine Wohnung hat, nach Krakau und entfaltet von dort aus große Aktivität. Endlich ist alles nicht nur mehr ein Schattenboxen. Von Krakau aus, das auf dem Territorium des österreichischen Kaiserreiches liegt, kann die SDKPiL mit Zeitungen und Broschüren leichter nach Warschau und Lodz hinüberwirken. Auf russischem Gebiet ginge Leo ein beträchtliches Risiko ein! Noch immer läuft der Haftbefehl gegen ihn, weil er sich dem Dienst in der Armee durch Flucht ins Ausland entzogen hat.

Rosa in Berlin, Mitglied des Vorstandes der SDKPiL, fühlt sich immer stärker isoliert. An Leo schreibt sie: »Sei nicht kindisch und versuche nicht, mich gewaltsam aus der polnischen Arbeit zu verdrängen, indem Du mir alle Informationen und Neuigkeiten vorenthältst.«

Persönliche Spannungen verbinden sich mit dem Gefühl, politisch aufs Abstellgleis geschoben worden zu sein. Sie fährt nach Krakau, um Leo in die Augen zu sehen, mit ihm zu reden, sich Klarheit zu verschaffen über ihr persönliches Verhältnis zueinander, über den Kurs der Partei angesichts der sich immer dramatischer zuspitzenden Ereignisse in Rußland. Nach vierzehn Tagen ist sie wieder in Berlin zurück.

Rosa hat Polen nie aus den Augen verloren. Während all der Jahre in Deutschland hat ein Teil ihrer Aktivitäten immer der mit der SDKPiL rivalisierenden PPS gegolten, deren Einfluß in den zum Deutschen Reich gehörigen Gebieten Polens sie einzudämmen versuchte. Sie hat sich auf den Parteitagen der SPD dafür eingesetzt, daß das Recht der polnischen Minderheit im Deutschen Reich auf die eigene Sprache respektiert wird.

Sie schreibt, als die Revolution von 1905 schon im Gang ist, eine Schrift »Die revolutionäre Stunde. Was weiter?«, in der sie aus der Ferne sehr realistische Überlegungen dazu anstellt, wie der Kampf geführt werden soll. Die PPS glaubt mit Bewaffnung des ganzen Volkes dem russischen Militär entgegentreten zu können. Sie hält das für illusionär. Im besten Fall könne man einzelne Arbeitergruppen zur Verteidigung gegen Gewaltakte der Regierungsorgane bewaffnen. Aber den Arbeitern einzureden, die Partei werde genügend Waffen liefern, um das Militär anzugreifen und einem

organisierten Heer eine Schlacht zu liefern, hieße einfach, das Volk betrügen. Stattdessen fordert sie Agitation, vor allem auf dem Land, um die Basis derer, die Widerstand leisten und ein politisches Bewußtsein haben, zu verbreitern.
Und nach all diesem Interesse, diesem Einsatz für ihr Heimatland Polen, will Leo sie nicht mit dabeihaben. Er begründet seine Ablehnung damit, sie sei den Strapazen einer Revolution nicht gewachsen. Sie werde allein durch ihren Gang sofort der russischen Geheimpolizei auffallen und verhaftet werden. Befürchtet er aber nicht in Wahrheit, daß er wieder einmal in ihrem Schatten stehen müßte? Strapazen ist sie gewohnt. Leo soll sich an ihre Wahlreisen in Oberschlesien erinnern.
Gewiß, der Kampf in der deutschen Partei gegen den Revisionismus, der zwar auf dem letzten Parteitag in Jena so entschieden kritisiert worden ist, wie nie zuvor, ist wichtig und durchaus noch nicht ausgestanden. Aber wichtiger scheint es Rosa jetzt, in Warschau zu sein. In Warschau ist jetzt die Front.

Rosas Theorien

Auch hättest du
Mathematik studierend und Sternkunde
anstatt Politik und Wirtschaft, weniger
Betrug getroffen. Die Sternbahnen
werden nicht so verheimlicht als die Wege der Kartelle.
Der Mond klagt nicht auf Geschäftsschädigung…

Brecht, Rosa Luxemburg-Fragment
Gespräch über den Alltagskampf

Rosas Theorien! Was soll das heißen? Es soll besagen, hier wird Antwort gegeben auf die Fragen:
Worüber hat diese Frau nachgedacht? Welche Probleme haben sie beschäftigt? Was waren ihre Meinungen, Ansichten, wie sah ihre Weltanschauung aus?
Theorien – da mag mancher abwinken, weiterblättern, weil er meint, das sei trocken, abstrakt, zu »hochgeistig«, das begreife man ja doch nicht.
Der Einwand ist nicht neu. Er ist auch zu Rosas Zeiten erhoben worden. Und Rosa hat gegen ihn polemisiert:

Es kann keine gröbere Beleidigung, keine ärgere Schmähung gegen die Arbeiterschaft ausgesprochen werden als die Behauptung: theoretische Auseinandersetzungen seien lediglich Sache des Akademikers. Schon Lasalle hat einst gesagt: Erst, wenn Wissenschaft und Arbeiter, diese entgegengesetzten Pole der Gesellschaft, sich vereinigen, werden sie alle Kulturhindernisse in ihren ehernen Armen erdrücken.
Die ganze Macht der modernen Arbeiterbewegung beruht auf der theoretischen Erkenntnis.

Mit anderen Worten: Rosa hat den Gegensatz von »hier Theorie« und »dort Praxis«, von »da Intellektuelle, die sich komplizierte Theorien ausdenken« und »dort Mindergebildete, Menschen mit einem beschränkten kulturellen Bewußtsein, denen man diese schwierigen Dinge nicht erklären kann, von denen man aber erwartet, daß sie sich für deren Verwirklichung einsetzen, für sie kämpfen«, Rosa hat eine solche Trennung und Aufteilung nie gelten lassen. Nach ihren Vorstellungen mußten Theorie und Praxis immer aufeinander bezogen sein. Theorie existiert nicht im luftleeren Raum. Sie wird aus der Wirklichkeit abgeleitet. Sie ist nicht für immer gültig. Die Möglichkeit der Täuschung steckt in ihr.

Sie sollte nicht Selbstzweck, nicht Selbstbefriedigung der »Gebildeten« sein, auch nicht ein Dogma, hinter dem man sich verstecken, mit dem man Macht ausüben kann.

Vielmehr sollte sie helfen, jene Mechanismen aufzudecken, auf denen Klassenherrschaft, also die Unterdrückung und Ausbeutung bestimmter Menschen oder Menschengruppen durch andere beruht.

Sie sollte Wege weisen, Möglichkeiten darstellen, Vorschläge machen, wie die Mißstände in der Gesellschaft überwunden werden können.

Aber trotzdem: warum Wirtschaftstheorie? Statistiken, Zahlen, Formeln; dürr, abstrakt. Die Antwort wäre: Weil seit Marx die grundsätzliche Bedeutung der Wirtschaft (oder um seinen Begriff zu gebrauchen: der »Produktionsverhältnisse«) für die sozialen, politischen und kulturellen Lebensprozesse erkannt worden war.

Deswegen also, auf Rosa bezogen, damals in Zürich nicht weiter, wie noch im ersten Semester, Mathematik und Astronomie, sondern Wirtschaftswissenschaften und Politik. Deswegen später nicht Botanikerin oder Zoologin, sondern Wahlreden, Artikel für Parteizeitungen, Nachdenken über Kartelle, Absatzmärkte und Löhne.

Das Problem, andere überzeugen zu müssen, daß Theorie wichtig sei, daß es ohne sie nicht gehe, die Notwendigkeit, die Quintessenz entscheidender theoretischer Erkenntnisse auch für Nichtspezialisten bekannt zu machen, war Rosa nicht fremd.

Es gibt da einen »Fall«, an dem sich zeigen läßt, wie sie dieses Problem anging und eindrucksvoll löste.

Als Franz Mehring Anfang unseres Jahrhunderts an der ersten

umfassenden Biografie über Karl Marx* arbeitet, bittet er seine Kampfgenossin und Freundin Rosa Luxemburg, in kürzester Form den Inhalt des zweiten und dritten Bandes des »Kapital« darzustellen.

---

* Karl Marx, geboren am 5. Mai 1818 als Sohn eines vom Judentum zum Protestantismus übergetretenen Justizrates in Trier. Studium der Rechtswissenschaften zunächst in Bonn, dann in Berlin. In Bonn Karzerstrafen, zwei Duelle, Zechgelage. In Berlin kommt zum Fachstudium, auf das der Vater dringt, ein Studium Generale mit Schwerpunkt auf Geschichte und Philosophie. Verlobt sich im Herbst 1836 mit der um vier Jahre älteren Jenny von Westphalen.

Schwierigkeiten mit dem Vater, der 1838 stirbt. 1841 promoviert Karl Marx mit einer Arbeit über spätgriechische Philosophie in Jena zum Doktor und übernimmt anschließend in Köln die vom liberalen Bürgertum finanzierte »Rheinische Zeitung«. 1843 Austritt aus der Redaktion: »Ich bin der Heuchelei, der Dummheit, der rohen Autorität und unseres Schmiegens, Rückendrehens und der Wortklauberei müde geworden.« Heirat mit Jenny von Westphalen. Übersiedlung nach Paris. Lernt dort die utopischen Sozialisten kennen, setzt sich mit der Rechtsphilosophie Hegels auseinander. Bekanntschaft mit Friedrich Engels (geb. 1820). Erste Äußerungen zu den Voraussetzungen einer Revolution in Deutschland. Wird im Januar 1845 auf Verlangen der preußischen Regierung aus Frankreich ausgewiesen. Geht mit der Familie (1844 ist die Tochter Jenny geboren worden) nach Brüssel. In diesen Jahren formuliert Marx, den für sein ganzes weiteres Philosophieren entscheidenden Satz: »Die Philosophen haben die Welt bisher nur verschieden interpretiert, es kömmt darauf an, sie zu verändern.« Diskussion um den »wahren« Kommunismus in den Spalten der »Deutschen Brüsseler Zeitung«. Im Sommer 1847, nach Bestellung durch die Zentralbehörde des »Bundes der Gerechten«, entwerfen Marx und Engels ein Grundsatzprogramm, das »Kommunistische Manifest«. Es erscheint 1848 in London und enthält die Grundlagen der Marxschen Lehre. Nach Besuch in Paris (Februarrevolution), übernimmt Marx Ende Mai 1848 in Köln die »Neue Rheinische Zeitung« und versucht, daraus das führende Informationsorgan der demokratischen Bewegung in Deutschland zu machen. Nach dem Scheitern der 48er Revolution im Rheinland, wird gegen Marx in Köln ein Prozeß wegen Aufreizung zur Rebellion eingeleitet. Mit der Hoffnung, seine Zeitung als Wochenblatt dort weiterführen zu können, geht er nach Paris. Die französische Regierung will ihn in die Bretagne verbannen. Weiterreise nach London. In England ist via Lausanne, Bern und Genua inzwischen auch Friedrich Engels eingetroffen, der als Baumwollkaufmann in einer Firma in Manchester arbeiten und den ständig in finanziellen Nöten steckenden Marx in den folgenden Jahrzehnten immer wieder unterstützen wird. Marx beginnt mit der Arbeit an seinem Hauptwerk »Das Kapital«. Mehrere seiner Kinder sterben infolge der elenden Lebensumstände der Familie. Beteiligung an der I. Internationalen (gegründet 1864), Tätigkeit als Zeitungskorrespondent für ein amerikanisches Blatt. Durch seinen Streit und seine intrigante Haltung gegenüber Bakunin verschuldet Marx letztlich die Auflösung dieser Vereinigung der verschiedenen Gruppen und Fraktionen des europäischen Sozialismus (1872). Neben dem Versuch, sein Hauptwerk abzuschließen, beschäftigt sich Marx in dem letzten Lebensjahrzehnt vor allem mit einer Analyse der Ereignisse in Frankreich, die 1871 zur Pariser Commune führten. Er bewundert an diesem Ereignis »die Kontrolle von unten her. Demokratie von unten nach oben, demokratische Aufhebung der politischen Entfremdung«. Im Dezember 1881 Tod seiner Frau. Bei ihm bricht eine Lungentuberkulose wieder auf. Reisen nach Algier und in die Schweiz. Marx stirbt am 14. März 1883 in London. Engels überlebt den Freund um zwölf Jahre. Er gilt bis zu seinem Tod als die große Autorität des sich nun ausbreitenden Marxismus und ist rastlos tätig, die Verbreitung des Marxschen Werkes in der Öffentlichkeit zu fördern.

Was dann daraus wird, ist weit mehr als eine Gefälligkeitsarbeit. Rosa verfaßt die knappste und (meiner Ansicht nach) beste Einführung und Übersicht zu diesem im Originalstil so schwierigen, durch die Thematik so komplizierten und zudem auch noch fragmentarischen Hauptwerk von Karl Marx.

Rosas Text ist ein Meisterwerk an Klarheit und Anschaulichkeit, ein Musterbeispiel dafür, daß sich auch schwierigste Theorie allgemeinverständlich wiedergeben läßt, ohne daß die Verfeinerung des Gedachten darunter leiden muß.

Da damit zugleich über den Ausgangspunkt Marx in jene Problemkreise eingeführt wird, die Rosa selbst Zeit ihres Lebens beschäftigt haben, sollen wenigstens die Hauptlinien ihrer Darstellung hier wiedergegeben werden.

Der Leser wohnt also jetzt einem Einführungskurs in Marx bei, wie ihn Rosa beispielsweise während ihrer Lehrertätigkeit an der Parteischule in Berlin in den Jahren zwischen 1907 und 1914 gegeben haben könnte:

Im ersten Band (des Kapitals) befaßt sich Marx mit der Kardinalfrage der Nationalökonomie: Woher entspringt die Bereicherung, wo ist die Quelle des Profits? Die Beantwortung dieser Frage wurde in der Zeit, ehe Marx auftrat, nach zwei verschiedenen Richtungen gegeben:

Die »wissenschaftlichen« Verteidiger der besten der Welten, in der wir leben, Männer, die zum Teil wie Schulze-Delitzsch (Begründer des Genossenschaftswesens) auch bei den Arbeitern Ansehen und Vertrauen genossen, erklärten den kapitalistischen Reichtum durch eine ganze Reihe mehr oder minder plausibler Rechtfertigungsgründe und schlauer Manipulationen: als die Frucht systematischen Preisaufschlags auf die Waren zur »Entschuldigung« des Unternehmers für das von ihm zur Produktion edelmütig »überlassene« Kapitel, als Vergütung für das »Risiko«, das jeder Unternehmer laufe, als Lohn für die »geistige Leitung« des Unternehmens und dergleichen mehr. Nach diesen Erklärungen kam es jedesmal nur darauf an, den Reichtum der einen, als auch die Armut der anderen, als etwas »Gerechtes«, mithin Unabänderliches hinzustellen.

Demgegenüber erklärten die Kritiker der bürgerlichen Gesellschaft, also die Schulen der Sozialisten, die vor Marx auftraten, die Bereicherung der Kapitalisten zu allermeist als glatte Prellerei, ja als

Diebstahl an den Arbeitern, der durch die Dazwischenkunft des Geldes oder durch den Mangel an Organisation des Produktionsprozesses ermöglicht werde. Von hier aus kamen jene Sozialisten zu verschiedenen utopischen Plänen, wie man durch Abschaffung des Geldes, durch »Organisation der Arbeit« und dergleichen mehr die Ausbeutung beseitigen könne.
Marx deckt nun im ersten Band des »Kapitals« die wirkliche Wurzel der kapitalistischen Bereicherung auf.
Er befaßt sich weder mit Rechtfertigungsgründen für die Kapitalisten, noch mit Anklagen gegen ihre Ungerechtigkeit: Er zeigt zum ersten Male, wie der Profit entsteht und wie er in die Tasche des Kapitalisten wandert. Das erklärt er durch zwei entscheidene ökonomische Tatsachen. Erstens dadurch, daß die Masse der Arbeiter aus Proletariern besteht, die ihre Arbeitskraft als Ware verkaufen müssen, und zweitens dadurch, daß diese Ware Arbeitskraft heute einen so hohen Grad an Produktivität besitzt, daß sie ein viel größeres Produkt in einer gewissen Zeit herstellen vermag, als zu ihrer Erhaltung in dieser Zeit notwendig ist...
Marx erklärt also die kapitalistische Bereicherung nicht als irgendeine Vergütung des Kapitalisten für eingebildete Opfer oder Wohltaten und ebensowenig als Prellerei und Diebstahl im landläufigen Sinn des Wortes, sondern als ein im Sinn des Strafrechts völlig rechtmäßiges Austauschgeschäft zwischen Kapitalisten und Arbeitern, das sich genau nach denselben Gesetzen abwickelt wie jeder andere Warenkauf und Warenverkauf.

Der Vorgang, wie sich das Produkt der Lohnarbeit von selbst in einen damals kümmerlichen Lebensunterhalt für den Arbeiter und den arbeitslosen Reichtum des Kapitalisten teilt, ist nach Rosa Luxemburg das Hauptthema des ersten Bandes:

Und darin liegt die große geschichtliche Bedeutung dieses Bandes: Er hat dargetan, daß die Ausbeutung erst dadurch und lediglich dadurch beseitigt werden kann, daß der Verkauf der Arbeitskraft, will sagen das Lohngesetz, aufgehoben wird.

Das Faszinierende an Rosas Darstellung ist, wie es ihr gelingt, die Abstraktion im Marxschen Text wieder auf die Wirklichkeit zurückzubeziehen und so für den Leser klar zu machen, daß es hier um Dinge geht, die uns alle betreffen.

Wenn wir den (ersten) Band schließen, ist uns die tägliche Entstehung des Profits klar, der Mechanismus der Ausbeutung bis in die Tiefe durchleuchtet. Vor uns liegen Berge von Waren jeglicher Art, wie sie unmittelbar aus der Werkstatt, noch vom Schweiß der Arbeiter befeuchtet, hervorkommen, und in ihnen allen können wir scharf unterscheiden den Teil ihres Wertes, der aus unbezahlter Arbeit des Proletariers herrührt und der ebenso rechtmäßig wie die ganze Ware in den Besitz des Kapitalisten wandert. Wir greifen hier die Wurzel der Ausbeutung mit den Händen.

Aber dies ist nur der erste Akt des Dramas, das wieder und wieder im Wirtschaftsleben abrollt:

Die Frucht der Ausbeutung ist da, aber sie steckt noch in einer für den Unternehmer ungenießbaren Form. Solange er sie erst in Gestalt von aufgestapelten Waren besitzt, kann der Kapitalist der Ausbeutung nicht froh werden... Der Kapitalist braucht seinen Reichtum in klingendem Geld, um dieses neben der »standesgemäßen Lebenshaltung« für sich zur fortwährenden Vergrößerung seines eigenen Kapitals zu verwenden. Dazu ist der Verkauf der vom Lohnarbeiter erzeugten Waren mitsamt des in ihnen steckenden Mehrwerts nötig. Die Ware muß aus dem Fabriklager und dem landwirtschaftlichen Speicher auf den Markt; der Kapitalist folgt ihr aus dem Kontor auf die Börse, in den Laden...

Was dort geschieht, versucht Marx im zweiten Band des »Kapitals« zu erklären. Rosa nennt die Vorgänge, die nun aufgehellt werden, »das zweite Lebenskapitel des Kapitalisten«. Auf dem Markt herrschen ganz andere Voraussetzungen als zuvor bei der Produktion:

In seiner Fabrik, auf seinem Vorwerk war er (der Kapitalist) Herr. Dort herrschte strengste Organisation, Disziplin und Planmäßigkeit. Auf dem Warenmarkt dagegen herrscht völlige Anarchie (in dem Sinn, daß jeder auf ihm anbieten kann), die sogenannte freie Konkurrenz. Hier kümmert sich keiner um den anderen und niemand um das Ganze ... er (der Kapitalist) muß mit all seinen Konkurrenten Schritt halten. Versäumt er bis zum endgültigen Verkauf seiner Ware mehr Zeit, als unbedingt erforderlich ist, versorgt er sich nicht mit genügendem Geld, um rechtzeitig Rohstoffe und alles Nötige einzukaufen, damit der Betrieb mittlerweile keine Unterbrechung

erleidet, sorgt er nicht dafür, daß sein Geld, wie er es aus dem Erlös der Waren wieder in die Hand bekommt, nicht etwa müßig liegt, sondern irgendwo profitlich angelegt wird, so kommt er auf diese oder jene Weise ins Hintertreffen. Den letzten beißen die Hunde, und der einzelne Unternehmer, der nicht acht gibt, daß sein Geschäft in dem fortwährenden Hin und Her zwischen Werkstatt und Warenmarkt so gut klappt wie in der Werkstatt selbst, wird, so gewissenhaft er seine Lohnarbeiter ausnutzen mag, doch nicht zu dem üblichen Profit gelangen. Ein Stück seines wohlerworbenen Profits wird irgendwo hängenbleiben, nur nicht in seiner Tasche.
Damit nicht genug. Der Kapitalist kann nur Reichtum ansammeln, wenn er Waren, also Gebrauchsgegenstände, herstellt. Er muß aber gerade diejenigen Arten und Sorten herstellen, die die Gesellschaft braucht, und nur so viel, wie sie braucht. Sonst bleiben die Waren unverkauft, und der darin steckende Mehrwert geht wiederum flöten.

Damit ständig produziert, verkauft, eingekauft und wieder produziert werden kann, damit sich Kapital ständig aus seiner Geldgestalt in Ware verwandelt und von der Warengestalt wieder in Geld, muß Geld auf Vorrat da sein. Dies wird bewirkt durch die Banken, »der großen Bruderschaft, zu der sich die unabhängigen Einzelkapitalisten zusammenschließen«. Banken schießen durch das System des Kredits dort Geld vor, wo es benötigt wird und nehmen es dort ab, wo es vorrätig liegt. Der Kredit ist also quasi das Öl, das die Wogen auf dem chaotischen freien Markt glättet. Entsprechend definiert ihn die bürgerliche Nationalökonomie tatsächlich als »Einrichtung zur Erleichterung des Warenverkehrs«. Marx hingegen beschreibt ihn genauer als »eine Lebensweise des Kapitals«, und zwar jene, die Produktion und Warenmarkt miteinander verknüpft.
Aber es gibt im zweiten Akt gewissermaßen noch ein zweites Bild, in dem es nicht weniger turbulent zugeht: In dem Durcheinander der Einzelkapitale muß die ständige Kreisbewegung der Produktion und Konsumation der Gesellschaft im ganzen im Fluß gehalten werden:

Und zwar so, daß die Bedingungen für die kapitalistische Produktion: Herstellung der Produktionsmittel, Ernährung der Arbeiterklasse, progressive Bereicherung der Kapitalistenklasse, das heißt steigende Ansammlung und Bestätigung des Gesamtkapitals der Gesellschaft gesichert bleiben.

Was sich also für die Einzelkapitale abspielt, wiederholt sich beim Gesamtkapital einer Gesellschaft. Hier wird jetzt die Frage nach dem Wann und Wie von Hochkonjunktur* und Krisen berührt, ein Problem, das, wie Rosa ohne weiteres zugibt, von Marx nicht endgültig geklärt werden konnte und den Ansatzpunkt für ihre bedeutendste eigene theoretische Arbeit, »Die Akkumulation des Kapitals« darstellt, auf die später noch näher einzugehen sein wird.
Erleben wir hier zunächst noch den dritten und letzten Akt des Dramas mit, der unter der Überschrift »Wie die Beute verteilt wird!« abläuft:

Gar verschiedene Gruppen melden da ihre Ansprüche an: neben dem Unternehmer der Kaufmann, der Leihkapitalist, der Grundbesitzer. Sie alle haben die Ausbeutung des Lohnarbeiters wie den Verkauf der von ihm hergestellten Waren jeder an seinem Teil ermöglicht und fordern nun ihren Teil am Profit. Diese Verteilung ist aber eine viel verzwicktere Aufgabe, als auf den ersten Blick erscheinen mag. Denn auch unter den Unternehmern gibt es, je nach der Art des Unternehmens, große Unterschiede im erzielten Profit ... es findet ja gar keine eigentliche »Verteilung« im Sinne irgendeiner gesellschaftlichen Maßnahme statt; es findet lediglich Austausch, nur Warenverkehr, nur Kauf und Verkauf statt. Wie kommt also nun auf dem Weg des blinden Warenaustauschs jede Schicht der Ausbeuter und jeder einzelne unter ihnen zu einer vom Standpunkt der Kapitalsherrschaft »gerechten Portion« des aus der Arbeitskraft des Proletariats geschöpften Reichtums? (...) Nun, Marx löst das Rätsel mit erstaunlicher Einfachheit auf, indem er zeigt, wie durch den Verkauf der einen Warensorte über ihrem Wert, der anderen aber unter ihrem Wert sich die Unterschiede des Profits ausgleichen und ein für alle Zweige der Produktion gleicher »Durchschnittsprofit« sich herausbildet. Ohne daß die Kapitalisten eine Ahnung davon haben, ohne jede bewußte Verständigung unter ihnen, verfahren sie beim Austausch ihrer Waren so, daß sie

* beste wirtschaftliche Gesamtlage

gewissermaßen jeder den aus seinen Arbeitern geschöpften Mehrwert mit zuhaus tragen und diese Gesamternte der Ausbeutung brüderlich untereinander verteilen, jedem nach der Größe seines Kapitals. Der Einzelkapitalist genießt also gar nicht den von ihm persönlich erzielten Profit, sondern nur einen auf ihn entfallenden Teil der von allen seinen Kollegen erzielten Profits.

Theoretische Haarspalterei, könnte man ausrufen, aber dann liest man ein paar Sätze weiter dies:

Welch tiefen Einblick gewährt dies anscheinend ganz trockene Gesetz der »durchschnittlichen Profitrate« in die feste materielle Grundlage der Klassensolidarität der Kapitalisten, die, obschon im täglichen Treiben feindliche Brüder, doch gegenüber der Arbeiterklasse einen Freimaurerbund bilden, der an der Gesamtausbeutung aufs höchste und aufs persönlichste interessiert ist.

An solchen Stellen wird klar, wie Theorie vom scheinbar belanglosen und »langweiligen« Detail her plötzlich Durchblicke zu Problemfeldern aufzureißen vermag, innerhalb derer wir uns mit als unmittelbar Betroffene erkennen.
Wenn Rosa auf den vorangegangenen Seiten selbst so ausführlich zu Wort gekommen ist, so einfach deshalb, weil ihre Darstellungsweise des Wirtschaftskreislaufes aus marxistischer Sicht unübertrefflich klar, präzise und auf das Wesentliche konzentriert ist.
Sie übertrifft darin bestimmt Marx selbst, wobei man allerdings berücksichten muß, daß durch seinen Tod der zweite und dritte Band des »Kapitals« eine Art Trümmerfeld geblieben sind: »Entwürfe und Notizen, bald zusammenhängende große Abschnitte, bald kurz hingeworfene Bemerkungen, wie sie ein Forscher zur eigenen Verständigung macht.« Diese Fragmente hat Engels dann für die Herausgabe ergänzt. Rosas Text »Der zweite und dritte Band des ›Kapitals‹ « wurde aber auch deswegen so breit vorgeführt, weil sich zwischen den Zeilen mitteilt, was Marx und sein Denken für Rosa bedeutet haben.
Gerade für jemanden wie Rosa, die selbst gern scharf und kritisch dachte, auch hier Konventionen nicht mochte, muß die Kühnheit und das Ausmaß des Marxschen Denkgebäudes faszinierend gewesen sein. Aber es war eine Faszination, bei der ihr kritisches Bewußtsein stets wach blieb.

Das Werk Marx' war etwas, woran Rosa ihre Denkfähigkeit früh geschult hatte und immer wieder schärfte. Es war wahrscheinlich das entscheidende geistige Erlebnis, der große Einfluß auf ihr Leben überhaupt. Daß Marx antreibendes Vorbild, aber nie immer rechthabender Papst einer weltlichen Glaubensgemeinschaft für sie war, sagt auch Entscheidendes über ihr Wesen und ihre Persönlichkeit aus.
In ihrer theoretischen und praktischen Arbeit, ja in ihrem ganzen Lebensstil, scheint Rosa sich an einem Satz zu orientieren, der bei Marx in den »Thesen über Feuerbach« steht und einen der großen Wendepunkte des Denkens und Philosophierens in Europa markiert: »Die Philosophen haben die Welt nur verschieden interpretiert, es kömmt darauf an, sie zu verändern.«
Und daher sind auch die Leidenschaft und der Elan verständlich, mit denen sie sich ins Getümmel stürzt, als sich erweist, daß in der SPD (damals die größte, wichtigste und am besten organisierte Partei der Sozialisten überhaupt) ein Abweichen von der revolutionären Lehre Marx' ins Reformistische droht.
Wichtigster Sprecher des Reformismus oder Revisionismus ist der schon vorgestellte in London lebende Eduard Bernstein, ein Schüler Engels, der zunächst zwischen 1896 und 1898 in einer Reihe von Artikeln in der »Neuen Zeit« und später in einem Buch mit dem Titel »Die Voraussetzungen des Sozialismus und die Aufgaben der Sozialdemokratie« Marx kritisiert. Peter Nettl faßt die Kernvorstellungen Bernsteins folgendermaßen zusammen: »Die Entwicklung der letzten Jahre haben gezeigt, daß Marxens Voraussage, der Kapitalismus werde zusammenbrechen, ernste Schwächen enthalte; der Kapitalismus sei viel lebenskräftiger, als Marx erkannt habe. Als Beweise führte Bernstein an: den Fortbestand der kleinen Kapitalisten (entgegen dem vom Marx vorausgesagten Konzentrationsprozeß), die Benutzung des Kredits als Mittel zum Ausgleich der schärfsten Gegensätze von Hausse und Baisse, vor allem aber die Tatsache, daß es in den letzten 25 Jahren keine Krisen mehr gegeben habe.«
Von daher, so Bernstein, müsse eine Zielkorrektur vorgenommen werden. Man dürfe keine utopischen Hoffnungen auf den Zusammenbruch der kapitalistischen Gesellschaftsordnung set-

Eduard Bernstein, 1930

zen, sondern müsse versuchen, die Ziele des Sozialismus (Verbesserung der Lebensbedingungen der Arbeiter, Neuverteilung der Einkommen, Herstellung von Chancengleichheit in der Gesellschaft) innerhalb des bestehenden Systems zu erreichen.
Anders ausgedrückt: die SPD dürfe nicht länger eine Partei der sozialen Revolution bleiben, sondern müsse zu einer demokratisch-sozialistischen Reformpartei werden.
Reformen aber ließen sich durch Erzeuger- und Verbrauchergenossenschaften, Gewerkschaften, aber auch durch eine zunehmende Zahl von Abgeordneten im Parlament durchsetzen.
Man muß die Forderungen Bernsteins auf dem Hintergrund der Zeitatmosphäre sehen. In der Tat zeigte sich am Ende des 19. Jahrhunderts die kapitalistische Gesellschaftsordnung kraftstrotzend und mächtig aufblühend. (Eine wirtschaftliche Krise setzte erst um das Jahr 1910 ein.)
Im Deutschen Reich gewann die SPD langsam immer mehr Wählerstimmen. In Frankreich gingen die Sozialisten 1899 mit

bürgerlichen Parteien eine Koalitionsregierung ein, in der sie mit General Gallifet, der in der Pariser Commune das bürgerliche Strafgericht exerziert hatte, zusammen im Kabinett saßen.

Der Kampf gegen den Reformismus zieht sich wie ein roter Faden durch Rosas gesamtes theoretisches Werk. Zunächst einmal versucht sie Bernstein in zwei Artikelserien, die in der »Leipziger Volkszeitung« erscheinen, zu widerlegen. Schließlich faßt sie ihren Standpunkt in der Broschüre »Sozialreform oder Revolution« noch einmal zusammen. Sie setzt sich sehr sorgfältig Punkt für Punkt mit Bernsteins Ansichten auseinander.

Bernstein erblickt in der Entstehung einer immer größeren Zahl von Aktiengesellschaften eine Demokratisierungstendenz. Er meint, durch Kartelle, Trusts und Großbanken werde die anarchistische Struktur des kapitalistischen Systems festen Regeln und einer stabilisierenden Ordnung unterworfen, was zu einem Ausbleiben der von Marx vorhergesagten Krisen und zu beständigem Wohlstand führen müsse. Rosa ist der Ansicht, daß Monopolorganisationen den Widerspruch des Kapitalismus weiter verschärfen, indem sich so die Arbeiterschaft der Übermacht des organisierten Kapitals gegenübersieht.

Was Bernsteins Einwand über das Ausbleiben von Krisen angeht, so erklärt sie, Marx und seine Zeitgenossen hätten vielleicht den Zeitraum bis zur Krise des Zusammenbruchs zu kurz angenommen. Dies ändere jedoch nichts daran, daß Marx im Prinzip recht habe und recht behalten werde.

Die Annahme, die kapitalistische Produktion könne sich dem Austausch anpassen, setzt eins von beiden voraus: entweder, daß der Weltmarkt unumschränkt und ins Unendliche wächst, oder umgekehrt, daß die Produktivkräfte in ihrem Wachstum gehemmt werden, damit sie nicht über die Marktschranken hinauseilen. Ersteres ist physische Unmöglichkeit, letzterem steht die Tatsache entgegen, daß auf Schritt und Tritt technische Umwälzungen auf allen Gebieten der Produktion vor sich gehen und jeden Tag neue Produktivkräfte wachrufen.

Rosa meint, wenn man, wie Bernstein, die sich vertiefenden Widersprüche des Kapitalismus leugne, dann falle die Notwendigkeit für den Sozialismus überhaupt weg.

Bernstein erwartet, daß eine gerechte Verteilung der Güter kraft des freien Willens der Menschen, kraft ihrer Einsicht in die Gerechtigkeitsidee möglich sei.
Rosa verurteilt diese Einstellung als idealistisch-utopisch. Sozialismus, der nicht auf dem Zwang wirtschaftlicher Notwendigkeiten beruht, sondern auf der Gerechtigkeitsidee hat in ihren Augen etwas von Don Quijote auf seiner klapprigen Rosinante.
Von diesen unterschiedlichen Standpunkten aus kommen Rosa und Bernstein natürlich auch zu einer unterschiedlichen Bewertung der gesellschaftlichen Institutionen und politischen Organisationen.
Bernstein sieht in den Gewerkschaften eine entscheidende Waffe zur Durchsetzung der Reformen, Rosa hingegen sagt: Gewerkschaften können das Lohnniveau zwar beeinflussen, aber sie können es nicht aufheben oder beseitigen.
(Aus dem Abriß der marxistischen Vorstellung über den Wirtschaftskreislauf sollte klar geworden sein, daß der Lohn der entscheidende Punkt des ganzen Systems ist!)
Für Rosa leisten Gewerkschaften eine »Sisyphusarbeit, die allerdings notwendig ist, soll der Arbeiter zu der ihm nach der jeweiligen Marktlage zufallenden Lohnrate kommen«.
Gerade durch diese Definition fühlen sich die Gewerkschaftsfunktionäre beleidigt. Sie sehen sich um ihr Prestige gebracht, in ihrer politischen Funktion unterbewertet.
Wie die folgende Feststellung über die Funktion einer sozialistischen Partei auf den immer mehr zur Anpassung neigenden rechten Flügel der SPD gewirkt haben mag, läßt sich denken:

In der bürgerlichen Gesellschaft ist der Sozialdemokratie dem Wesen nach die Rolle einer oppositionellen Partei vorgezeichnet, als regierende darf sie nur auf den Trümmern des bürgerlichen Staates auftreten.

Ein Problem, das damals wie heute die Gemüter erregte, war die Frage der revolutionären Gewalt.
Viele eher konservativ gesinnte Funktionäre und Genossen in der SPD stellten folgende Überlegung an: Wenn wir der Revolutionsidee abschwören und uns zur Reform bekennen, fällt der Makel

der Gewalttätigkeit von uns ab, der viele Sympathisanten davon zurückhält, sich zu uns zu bekennen bzw. unserer Partei beizutreten.
Unter dieser Perspektive hat Rosa bei der Auseinandersetzung mit dem Reformismus auch das Problem der Gewalt diskutiert. Wie bei den anderen Stichworten auch, weist sie nach, daß die Reformisten zu kurz und zu oberflächlich denken. Sie macht zunächst klar, daß die kapitalistische Gesellschaft bzw. die in ihr herrschende Klasse selbst auch nicht ohne Gewalt auskommt, deren Gebrauch aber bei den Marxisten als Barbarei angeprangert wird:

Wenn ein Mensch von einem anderen gegen seinen Willen zur systematischen Tötung von Nebenmenschen gezwungen wird, so ist das ein Gewaltakt. Sobald aber dasselbe Militärdienst heißt, bildet sich der gute Bürger ein, im vollen Frieden der Gesetzlichkeit zu atmen.
Wenn eine Person von einer anderen um einen Teil ihres Besitzes oder Verdienstes gebracht wird, so zweifelt kein Mensch, daß ein Gewaltakt vorliegt, heißt aber dieser Vorgang indirekte Steuererhebung, dann liegt bloß eine Ausübung der geltenden Gesetze vor.

Die bürgerlichen Gesetze sind für sie »die zur verpflichtenden Norm erhobene Gewalt der herrschenden Klasse«.
Daher, so argumentiert sie, sei es absurd, anzunehmen, der Kapitalismus könne mittels der von ihm selbst produzierten Rechtsnorm überwunden werden, denn diese ist ja im Grund nichts anderes als Ausdruck bürgerlicher Gewalt.

An der Revolution führt für die Arbeiterklasse kein Weg vorbei. Eine Welt muß umgestürzt werden, aber jede Träne, die geflossen ist, obwohl sie abgewischt werden könnte, ist eine Anklage.

Der Konflikt zwischen der Notwendigkeit von Gewalt, will man die als unvermeidlich erkannte Revolution machen, und dem Abscheu vor jedem Mißbrauch von Gewalt hat Rosa bis in ihre letzten Lebenstage beschäftigt.
Sie hat sich auch Gedanken über das Bewußtsein jener Arbeiter gemacht, die die Revolution tragen könnten und dazu erklärt, es dürften keine dumpfen, lethargischen Armen sein, sondern ein

kulturell und geistig beweglicher und gebildeter Menschentyp. Aussagen, die Rückschlüsse darüber zulassen, welche Gesellschaft als reif für die Revolution angesehen wird und welche nicht. Von hier aus muß man auf ihre Vorstellungen über die Organisationsform der revolutionären Partei zu sprechen kommen, wie sie sich aus ihrer Schrift »Massenstreik, Partei und Gewerkschaften«, aber auch aus zahlreichen Aufsätzen in Zeitungen und Zeitschriften ablesen läßt.
Tony Cliff skizziert Rosas Ansichten in seiner Schrift »Studie über Rosa Luxemburg« so:
»Das Proletariat als Klasse muß sich der Ziele des Sozialismus und der Methoden zu seiner Errichtung bewußt sein; doch es braucht eine revolutionäre Partei, die es führt. In jeder Fabrik, in jeder Werft, auf jedem Bauplatz gibt es Arbeiter mit Bewußtsein – Arbeiter, die mehr Erfahrungen im Klassenkampf haben, die vom Einfluß der Kapitalistenklasse freier sind – und weniger fortschrittliche Arbeiter. Die ersteren müssen sich in einer revolutionären Partei organisieren und versuchen, die letzten zu beeinflussen.«
Die Massenbewegung des Proletariats braucht natürlich die Führung einer organisierten, festen Grundsätzen folgenden Kraft, aber die ihrer Führungsrolle bewußte revolutionäre Partei müsse sich vor der falschen Ansicht hüten, sie allein sei zu richtigem Denken und Handeln fähig, die Arbeiter hingegen nur eine träge Masse ohne Initiative.
Macht ausüben, Politik machen, revolutionär handeln – das ist keine Geheimwissenschaft, wenn man erlebt, daß man es auch zum eigenen Nutzen tut. Entsprechend heißt es wörtlich bei Rosa: »Die Masse muß, indem sie Macht ausübt, lernen, Macht auszuüben.«
Rosas Ansichten sind meist im Gegensatz zu denen von Lenin gesehen worden. Man hat gesagt: Lenin habe die Organisation, Rosa die Spontaneität überschätzt. Die Standpunkte beider sind aus ihren praktischen politischen Erfahrungen erklärbar, waren aber bei weitem nicht so absolut, wie das manchmal behauptet wird.
Lenins Position ergibt sich aus den Schriften »Was tun?« und »Ein

Schritt vorwärts – zwei Schritte zurück«. Sie gründet sich auf der Analyse der Situation im zaristischen Rußland, wo es eine Vielzahl von oppositionellen Gruppen und Grüppchen gab. Um sie zu einer schlagkräftigen Bewegung zusammenzufassen, verlangte Lenin eine zentralistische Führung durch Berufsrevolutionäre, wollte er, daß die politische Führung auch zugleich die Redaktion der Parteizeitung bilde, daß die Partei von oben nach unten aufgebaut sei. 1905 aber hat Lenin selbst erklärt, daß seine Ansichten in der Organisationsfrage nicht ewiggültig und allgemein anwendbar, sondern aus der speziellen Situation heraus entwickelt seien.

Bei Rosa steht hinter der Betonung der Spontaneität der Massen der Wunsch, die Basis möglichst ständig und direkt in die politische Willensbildung einzubeziehen.

Ihre Haltung ergibt sich aus ihrer Abneigung vor »Autoritäten«, die leicht zu Diktatoren werden, sie ergibt sich aus den Erlebnissen in der SPD, wo sie geistige Trägheit, Bürokratie, Selbstherrlichkeit der Funktionäre und Versteinerung sah und einer Parteiführung begegnete, die väterliche Autorität allein durch das Amt für sich in Anspruch nahm. Gegen diese Haltung und eine Vorstellung von den Massen als einer geduldigen, ohnmächtig dem Hirten nachtrottenden Hammelherde, empörte sich und rebellierte Rosa.

Bleiben Rosas Vorstellungen von Demokratie zu erörtern. Sie wollte eine »reale umfassende Demokratie«, und es wäre ganz falsch oder eine Täuschung, diesen Begriff bürgerlich zu deuten. Er war andererseits auch weit radikaler gemeint als all das, was heute in einer Volksdemokratie oder Volksrepublik in den Ländern Osteuropas praktiziert wird.

(Die Abschaffung des Privateigentums hätte dort, so erklärt Iring Fetscher, allein noch nicht jene reale umfassende Demokratie herbeigeführt. Vielmehr hätte dazu die aktive Teilhabe der Produzenten an der Organisation und Planung kommen müssen.)

Die Frage, wie die Demokratie aussehen könnte, die Rosa im Sozialismus herbeiwünschte, ist vor allem in Hinblick auf ihre Kritik an der russischen Oktober-Revolution wichtig.

Es ist von kommunistischer Seite in diesem Zusammenhang

immer wieder gesagt worden, Rosa habe ihre Ansichten später auf Grund genauerer Informationen und der Erfahrungen bei der Deutschen Revolution grundsätzlich revidiert.
Iring Fetscher urteilt auf dem im September 1973 in Reggio Emilia gehaltenen Symposion über Rosa Luxemburg zum Thema »Proletarisches Klassenbewußtsein nach Marx und Rosa Luxemburg«:
»Rosa hat gewiß viele ihrer Einwände gegen die Oktober-Revolution auf Grund genauerer Informationen in den letzten Monaten ihres Lebens zurückgenommen; doch was diese Kritik an Grundsatzerklärungen enthält, ist bis zu ihrem Ende Teil ihrer Überzeugung geblieben.«

Es ist die historische Aufgabe des Proletariats, wenn es zur Macht gelangt, an Stelle der bürgerlichen Demokratie sozialistische Demokratie zu schaffen, nicht jegliche Demokratie abzuschaffen.

Sozialistische Demokratie »ist nichts anderes als Diktatur des Proletariats. Aber diese Diktatur muß das Werk der Klasse und nicht einer kleinen, führenden Minderheit im Namen der Klasse sein, d.h. sie muß der Kontrolle der gesamten Öffentlichkeit unterstehen«.
Fetscher fügt noch kommentierend hinzu: »Die bereits vom Bürgertum verkündeten, aber in der Praxis oft wieder zurückgenommenen oder eingeschränkten politischen Freiheitsrechte wie Redefreiheit, Versammlungsfreiheit, Organisationsfreiheit, Pressefreiheit verlieren daher im Sozialismus keineswegs ihre Bedeutung, sondern werden viel mehr erst ausschlaggebend wichtig. Es wäre, so scheint mir, verhängnisvoll, wenn dieser Beitrag Rosa Luxemburgs zur Überwindung des Erbes der Stalinära nur deshalb verschwiegen würde, weil er in der Vergangenheit oft genug zu kurzschlüssiger Polemik gegen die Sowjetunion mißbraucht worden ist.«

Vielleicht ist hier so etwas wie ein Zwischenruf angebracht, der versucht, den in diesem Kapitel so selbstverständlich immer wieder benutzten Begriff des »Proletariats« für unsere Zeit zu übersetzen.

Wer so handelt, kann sich gewiß darauf berufen, im Geiste von Rosa zu verfahren, ja, er könnte sogar das »Kommunistische Manifest« zitieren, in dem es heißt: »Das Proletariat macht verschiedene Entwicklungsstufen durch.« An anderer Stelle hat Marx gesagt, daß Klasse kein statistischer, sondern ein dynamischer Begriff sei.

In seiner Schrift »Die Revolution ist anders – Ernst Fischer stellt sich zehn Fragen kritischer Schüler« hat der unabhängige österreichische Marxist versucht zu umreißen, daß heute der Begriff »Proletariat« nicht nur die Arbeiter umfaßt, sondern auch andere Gruppen, die vom Verkauf ihrer Arbeitskraft leben. Er schreibt:

»In der Bundesrepublik Deutschland und Westberlin gab es im April 1969 26640000 Erwerbstätige. 21360000 leben vom Verkauf ihrer Arbeitskraft; 12450000 sind Arbeiter, 7540000 Angestellte und 1412000 Beamte ... In den letzten 20 Jahren haben die Lohnabhängigen um fast 6 Millionen zugenommen. Der Prozentsatz der Arbeiter hat sich wesentlich vermindert, der Prozentsatz der Angestellten wesentlich erhöht. Besonders schnell wächst der Anteil der technischen Angestellten mit Hochschulbildung. Eine Verschmelzung der technischen Intelligenz mit der Arbeiterklasse ist im Gange ... Was sich da herausbildet, ist eine neue gesellschaftliche Formation der Arbeiter und Intellektuellen mit vielen Widersprüchen, Zwischen- und Übergangsstufen.

Diese neue gesellschaftliche Formation ist mehr als das alte Proletariat, das *›nichts zu verlieren hat als seine Ketten‹*, noch nicht die als Klasse sich verstehende Kraft, die berufen ist, die Bourgeoisie abzulösen, eine Gesellschaft zu konstituieren, *›worin die freie Entwicklung eines jeden die Bedingung für die freie Entwicklung aller ist‹*, worin Menschen nicht mehr Funktionäre der Maschinerie sind, sondern die Maschinerie dem Bedarf aller dienstbar gemacht wird.

Ökonomisch sind die Voraussetzungen einer solchen Gesellschaft der sozialistischen Demokratie, der freien Entwicklung aller gegeben, woran es fehlt, ist das Bewußtsein der neuen Klasse, daß die langfristigen gemeinsamen Interessen ungleich höher sind, als die kurzfristigen Sonderinteressen, daß es nötig und möglich ist, die kapitalistische Profitwirtschaft zu überwinden, daß die Herrschenden, faktisch eine winzige Minderheit, weniger durch Waffen geschützt sind als durch das falsche Bewußtsein großer Massen, durch das Fehlen eines wohlbegründeten modernen Klassenbewußtsein.«

Aus ihrer Arbeit zwischen 1907 und 1914 an der Parteischule der SPD und aus der Notwendigkeit heraus, für ihre Schüler eine Einführung in die marxistische Wirtschaftstheorie zu geben, ist Rosas Schrift »Die Akkumulation des Kapitals« entstanden.
Auf den Ansatzpunkt ihrer Überlegungen stieß sie, als sie Schwierigkeiten hatte, den Gesamtprozeß der kapitalistischen Produktion und seine objektiven geschichtlichen Grenzen darzustellen.
Rosa betrachtet in dieser Schrift den Kapitalismus als ein geschlossenes System idealtypisch und kommt zu dem Ergebnis, daß es ohne die Eroberung oder Erschließung vorkapitalistischer oder nichtkapitalistischer Gesellschaften nicht existieren kann.
Auf eine einfache Formel gebracht: Ist die ganze Welt kapitalistisch, wären alle Gesellschaften auf der Erde in ihrer Wirtschaftsform rein kapitalistisch, so könnte der Kapitalismus auf Grund der ihm innewohnenden Mechanik des Wirtschaftsablaufes nicht weiter bestehen.
Rosas Argumentation weist insofern Fehler auf, da sie die wichtigen Faktoren des Wettbewerbs unter verschiedenen Einzelkapitalien, die Ungleichheit der Entwicklungsrate zwischen verschiedenen Ländern, Teilgebieten der Wirtschaft und verschiedener Unternehmen außer acht läßt – Faktoren, die die entscheidenden Triebkräfte hinter dem Expansionszwang der kapitalistischen Wirtschaft sind.
Vordergründig und primitiv jedoch wirken die Argumente, die in der Ära des Stalinismus gegen die Schrift Rosas vorgebracht worden sind: Man warf ihr vor, sie habe die These vom automatischen und mechanischen Ende des Kapitalismus aufgestellt, das zwangsläufig eintreten müsse, wenn alle nichtkapitalistischen Länder von ihm durchdrungen seien.
Wichtig erscheint an der Theorie Rosas letztlich nicht so sehr das

Internationaler Sozialistenkongreß, Amsterdam 1904

WAS (obwohl sie freilich auch Problemfelder berührt hat, die nach wie vor brennend aktuell sind, so beispielsweise die Gefahr, daß aus einer Arbeiterpartei oder Gewerkschaft bürokratische Herrschaftsgebilde hervorgehen können, die ihrerseits vor allem der Herrschaft einer Funktionärsklasse und der Unterdrückung des Menschen durch den Menschen dienen), wichtig ist vor allem das WIE oder konkret ausgedrückt: Rosas Denkhaltung und Denkstil.

Sie verlangte Taten, bestand auf Veränderung, engagierte sich und kämpfte energisch für diese Prinzipien, denn mechanisch kommen sah sie den Sieg des Sozialismus trotz tiefer Widersprüche des Kapitalismus eben nie.

Kapitalismus war für sie entweder eine Vorstufe zum Sozialismus oder der Vorhof zur endgültigen Barbarei. Zweifel und Kritik waren für sie unabdingbare Grundsätze, um Veränderungen nicht einschlafen zu lassen.

Bestechend in ihrer Nüchternheit und ihrem Realitätssinn sind Sätze von ihr wie diese:

Wie die ganze Weltanschauung Marxens ist sein Hauptwerk keine Bibel mit fertigen, ein für allemal gültigen Wahrheiten letzter Instanz, sondern ein unerschöpftlicher Born der Anregung zur weiteren geistigen Arbeit, zum weiteren Forschen und Kämpfen um die Wahrheit.

Oder:

Weit davon entfernt, eine Summe fertiger Vorschriften zu sein, die man nur anzuwenden hätte, ist die praktische Verwirklichung des Sozialismus als eines wirtschaftlichen, sozialen und rechtlichen Systems eine Sache, die völlig im Nebel der Zukunft liegt. Was wir in unserem Programm besitzen, sind nur wenige große Wegweiser, die die Richtung anzeigen, in der die Maßnahmen gesucht werden müssen.

Lob des Zweifels schimmert bei Rosa immer durch.

Leidenschaft für die Wahrheit und Klarheit des Denkens machen sie zur Feindin jedes Dogmatismus und Schematismus. Sie duldete keine unfehlbaren Autoritäten. Sie liebte den Konflikt der Ideen als Mittel, der Wahrheit näher zu kommen. In dem Sinn, daß

Kommunismus eine Assoziation anstrebt, worin die freie Entwicklung eines jeden die Bedingung ist für die freie Entwicklung aller, war Rosa eine energische Verteidigerin der besten marxistischen Traditionen, zugleich aber wollte sie den Marxismus lebendig erhalten, verbessert und fortentwickelt wissen.
Wenn es darum geht, nach einem Vorbild Ausschau zu halten, bei dem Engagement Sympathie für die Erniedrigten und Unterdrückten bedeutet – in ihrer Person ist es verkörpert. Aber sie wußte auch: Gefühle reichen nicht aus, wenn man das Unrecht aufheben will, man muß jenen Gesetzmäßigkeiten auf die Spur kommen, die das Unrecht bedingen und nach jenen stets kritisch zu überprüfenden Methoden handeln, von denen, werden sie solidarisch von vielen angewandt, seine Überwindung zu erhoffen ist.

Die erste Revolution

»Die Revolution ist großartig, alles andere ist Quark.«

Rosa Luxemburg am 18. Juli 1906

Die Vorgeschichte der ersten Revolution in Rußland hat etwas vom Aufziehen eines Gewitters. Langsam türmen sich die Wolken, drängen sich zusammen. Ab und zu kommen nervöse Windstöße auf. Dann wieder Ruhe mit großer Spannung, Windstille, bis plötzlich die ersten Blitze zucken und das Krachen losbricht. Die ersten Voraussetzungen zu den Ereignissen in den Jahren 1905/06 liegen in einer wirtschaftlichen Krise Rußlands, die schon um 1900 beginnt.

Mißernten haben zu großen Hungersnöten geführt. Schon 1902 kommt es in Rostow am Don zum ersten Mal zu einem Generalstreik, bei dem Versammlungs- und Redefreiheit gefordert wird. Die Massenstreiks greifen in den Jahren 1903/04 auf den ganzen Süden Rußlands über, auf Tiflis, Batum, Odessa, Kiew, Nikolajew.

Diese Streiks sind anders als die in Westeuropa. Einmal durch die großen Massen der an ihnen beteiligten Arbeiter, durch ihre Ausbreitung über mehrere Berufsgruppen, aber auch durch den raschen Übergang von wirtschaftlichen zu politischen Zielen. Die meisten Streiks enden in Straßenkämpfen.

Den Streiks der Arbeiter in den Fabriken entsprechen örtliche Bauernaufstände gegen die Gutsherren.

War die wirtschaftliche Situation der unteren Volksschichten seit langem schwierig, so wird sie jetzt für immer mehr Menschen so unerträglich, daß sie zu handeln bereit sind, zumal auch immer mehreren unter ihnen der Zusammenhang zwischen der Herrschaftsform und der wirtschaftlichen Misere verständlich geworden ist.

Anfang des Jahres 1904 bricht der Russisch-Japanische Krieg aus.

Nach langen russischen Provokationen dringen nachts unbeleuchtete japanische Torpedoboote in den Hafen von Port Arthur ein und versenken sieben russische Schiffe, darunter drei der besten Kreuzer der russischen Flotte.
Der Krieg führt in Rußland zu keiner Solidarisierung des Volkes gegen den Feind von außen, hingegen verschärft er die wirtschaftliche Krise noch mehr. Die fernöstlichen Absatzmärkte fallen weg. Ein Mangel an bestimmten Rohstoffen tritt ein. In der Landwirtschaft fehlen die zur Armee einberufenen Männer.
Die Unternehmer versuchen die Auswirkungen der Krise auf die Arbeiter abzuwälzen. In vielen Betrieben kommt es zu Massenentlassungen, zu Kurzarbeit oder Lohnsenkungen.
Was Russisch-Polen betrifft, so war dort der Zarismus bei der Mehrzahl der Bevölkerung immer verhaßt. Bei den wachsenden Schwierigkeiten des zaristischen Regimes nimmt der Haß zu, und alle oppositionellen Parteien stellen Überlegungen an, ob nicht die allgemeine Unzufriedenheit für revolutionäre Aktionen genutzt werden soll.
Die PPS, vor allem ihr rechter Flügel, denkt dabei an einen Aufstand, der ein unabhängiges Polen erkämpfen will.
Die SDKPiL hingegen propagiert eine klassenkämpferische Revolution in ganz Rußland, also gemeinsame Aktionen russischer und polnischer Arbeiter.
Die Parole der sozialistischen Gruppen zum 1. Mai 1904 im Russischen Reich lautet: »Krieg dem Krieg«.
Immer häufiger kommt es bei der Aushebung von Rekruten zu Unruhen. In Russisch-Polen wächst der Widerstand der Schüler und Studenten gegen die russische Schulpolitik.
Unterdessen erleidet das russische Heer auf den Schlachtfeldern in der Mandschurei schwere Niederlagen.
Zu einem Zwischenfall, an dem sich die revolutionäre Phantasie vieler Polen entzündet, kommt es in Warschau.
Seit Anfang des Jahres ist Rosas alter Mentor Martin Kasprzak in der Stadt und betreibt als SDKPiL-Mitglied auf der Dworska-Straße Nr. 6 im Stadtbezirk Cysty zusammen mit Daniel Elbau, Kazimierz Gierdawa und Wladyslaw Feinstein eine illegale Druckerei.

Feinstein stammt aus einer assimilierten jüdischen Familie des Bürgertums, gründete schon während seiner Studienzeit an der Warschauer Technischen Hochschule in den Jahren 1901 bis 1902 zusammen mit Kollegen einen kleinen sozialdemokratischen Zirkel. 1903 wird Feinstein in das Warschauer Komitee der SDKPiL aufgenommen und nimmt zur Erinnerung an den vor einigen Jahren verstorbenen Jan Leder, den alten Mitkämpfer von Julian Marchlewski in Lodz, das Pseudonym Zdzislaw Leder an. Von der Polizei überwacht, fährt er Anfang 1904 nach Krakau und wird dort in den Hauptvorstand der SDKPiL aufgenommen. Als er nach Warschau zurückkommt, wird er auf Schritt und Tritt von der Geheimpolizei beschattet. Als er ein Haus in der Leszno Straße 104 betritt, hält ihn ein Portier (viele der Portiers und Hausmeister arbeiten als russische Polizeispitzel) unter einem Vorwand auf. Minuten später ist die Polizei zur Stelle, verhaftet ihn und findet in seinen Taschen Druckschriften, die auf das Vorhandensein einer illegalen Druckerei hindeuten.
Am 27. April 1904, als der von Leder geschriebene Aufruf zum 1. Mai gedruckt werden soll, warten die Genossen in der Dworska-Straße vergebens auf ihn. Pawlak, der Schuster, in dessen Wohnung die Druckerei untergebracht ist, berichtet später: »Es war gegen 4 Uhr nachmittags. Ich war mit meiner Schusterarbeit beschäftigt. Meine Frau war in der Küche, wo Gurcman Papier zuschnitt und Kasprzak Abzüge machte, als unerwartet die Tür aufgestoßen wurde und ein Mann in Zivil eintrat. Auf Russisch fragte er: ›Wohnt hier Feinstein?‹ Dem Zivilisten folgte sofort Polizei.« Kasprzak gibt Schüsse auf die Eintretenden ab. Er tötet den Rittmeister der Gendarmerie, Winniczuk, verletzt den Kommissargehilfen Ordanowski, der später seinen Wunden erliegt, erschießt zwei weitere Polizisten. Schließlich wird er überwältigt und gefangengenommen. Das Gericht verurteilt ihn zum Tode. Das Urteil wird trotz Intervention der Internationalen Sozialdemokratie vollstreckt. Nach seinem Tod rehabilitiert die PPS Kasprzak. In den 90er Jahren hatte sie ihn als Polizeispitzel verleumdet.
Das ganze Jahr 1904 hindurch zieht sich das Gewitter noch weiter zusammen.

Im Oktober beschließt sogar die PPS, nun zu einer Politik des bewaffneten Widerstandes gegen den Zarismus überzugehen.
Von Krakau aus verkündet die SDKPiL ihre politischen Forderungen: Beseitigung des Absolutismus, allgemeine geheime Wahlen für eine legislative* Versammlung in ganz Rußland.
Die PPS warnt die aus dem Ausland nach Polen hineinwirkenden Gruppen, sich in polnische Angelegenheiten einzumischen. Das zielt natürlich gegen den Vorstand der SDKPiL.
Im Dezember 1904 wird die als uneinnehmbar angesehene Festung Port Arthur an die Japaner übergeben.
Zwischen Dezember 1904 und Januar 1905 kommt es in Rußland wie in Russisch-Polen in großen Städten fast täglich zu Demonstrationen und Zusammenstößen mit der Polizei und dem Militär. Jeder Zwischenfall wird von den im Untergrund hergestellten revolutionären Publikationen kommentiert.
Der erste gewaltige Donnerschlag des Gewitters fällt am 23. Januar 1905 in Petersburg:
Um die Unzufriedenheit der Arbeiterschaft abzufangen und in harmlose Bahnen zu lenken hat der Moskauer Polizeichef Subatow eine Gewerkschaftsorganisation gegründet, an deren Spitze der Priester Gapon steht. Aber diese von der Regierung zugelassene Organisation wird rasch von sozialdemokratischen Agitatoren durchsetzt. An jenem Sonntag im Januar 1905 versammeln sich 200000 Arbeiter, die Zaren- und Heiligenbilder mit sich tragen, vor dem Winterpalais. Sie wollen den Zaren auf die Not des Volkes aufmerksam machen.
Ihre Forderungen sind: Amnestie der politischen Gefangenen, Trennung von Staat und Kirche, Einführung des Achtstundentags in den Fabriken, ein Minimallohn, eine Volksvertretung, zu der Wahlen nach allgemeinem, gleichem Wahlrecht durchgeführt werden sollen.
Die Haltung der Arbeiter ist die von Bittenden. Sie sind voller Hoffnung, beim Zaren auf Verständnis zu stoßen, der, wie sie meinen, vielleicht gar nicht weiß, wie schlecht es seinem Volk

---

* gesetzgebend

geht. Eine Bittschrift, die überreicht werden soll, endet mit den Sätzen:

> »Dies, o Herr, sind unsere hauptsächlichsten Wünsche. Befiehl und schwöre, daß Du sie erfüllst, und Du wirst Rußland glücklich und glorreich machen, wirst Deinen Namen unseren Herzen und den Herzen der Nachkommen einprägen für ewige Zeiten. Läßt du es nicht zu, kehrst du dich nicht um unser Flehen, so werden wir sterben auf diesem Platz, vor deinem Palast.«

Was mehr als rhetorische Geste gemeint war, wird blutige Wirklichkeit. Der Zar hat die Hauptstadt auf Anraten des Kirchenfürsten Konstantin verlassen und den Oberbefehl in Petersburg dem Großfürsten Wladimir übertragen. Der aber hat den Platz umstellen lassen und befiehlt, auf die Menge das Feuer zu eröffnen.

Die genaue Zahl der Toten ist nie bekannt geworden. Erste Meldungen sprechen von zweitausend Toten und viertausend Verwundeten, was wahrscheinlich übertrieben ist, aber eben in der Übertreibung die psychologische Wirkung und den Eindruck von Ungeheuerlichem ausdrückt.

Die Wut, der Zorn mobilisieren sofort alle revolutionären Kräfte und treiben sie nun zum Äußersten.

In der Hauptstadt bricht der Generalstreik aus, der rasch auf Moskau, Saratow und Großstädte Polens übergreift.

Aus einem Zusammenschluß von Streikkomitees bildet sich in Petersburg ein »Rat« von Arbeiterdeputierten, der erste »Sowjet«. Das Petersburger Beispiel wird in Moskau und anderen Städten aufgegriffen, und bald entwickeln sich die Sowjets von Gremien der proletarischen Selbstverwaltung zu Zentralen des politisch revolutionären Kampfes. Den Vorsitz des Petersburger Sowjets übernimmt im November 1905 der aus dem Exil herbeigeeilte Leo Trotzki*.

---

* Leo Trotzki, eigentlich Leo Dawidowitsch Bronstein, 1879 in der Provinz Cherson in der Ukraine geboren. Gründete als junger Mann den »Südrussischen Arbeiterbund«. 1898 verhaftet. Zwei Jahre Gefängnis in Odessa. Dann nach Sibirien verbannt. Flucht mit gefälschtem Paß, der auf den Namen Trotzki lautete. Sucht in London Lenin auf, der dafür sorgt, daß er in die Redaktion der Zeitschrift »Iskra« (Funke) berufen wird. Das persönliche

Es kommt zu einer Kette von Terroranschlägen. Einem davon fällt der Onkel des Zaren, der Großherzog Serge zum Opfer. Bauernrevolten beginnen im Februar in der Provinz Kurs und breiten sich in den folgenden Monaten weiter und weiter aus.
Die russische Armee ist durch Niederlagen im Russisch-Japanischen Krieg erschüttert. Im Februar bringen die Japaner den Russen bei Mugden eine weitere Schlappe bei. Ende Mai wird die Baltische Flotte des Admirals Rozhdestvensky in der Straße von Tsuschima fast völlig vernichtet.
Die revolutionären Ereignisse im russischen Kernland schlagen sofort auch nach Russisch-Polen durch.
Drei Tage nach Ausbruch des Generalstreiks in Rußland telegrafiert der Chef der Gendarmerie von Lodz aufgeregt, »daß die Arbeiter wie wild hinter allen Nachrichten über die Streiks in Petersburg, Moskau, Riga und anderswo her sind«. Am 27. Januar legen auch die Warschauer Arbeiter die Arbeit nieder. In den frühen Morgenstunden rückt die russische Garnison von Warschau aus. Kavallerieeinheiten jagen durch die Hauptstraßen Marszalkowska, Nowy Swiat und Alej Jerozolimskie. Infantrie eröffnet das Feuer auf demonstrierende Arbeiter.
An manchen Stellen werden Barrikaden errichtet. In den ersten Tagen des Streiks fallen zweihundert Arbeiter, zweihundertsiebzig werden verwundet.
In einem Aufruf der Demonstranten heißt es:
»Waffen! Gebt uns Waffen! Jeder, der sich in diesem denkwürdigen Augenblick auf den Straßen aufhält, verspürt ein mächtiges Vibrieren, das die vieltausendköpfige Masse erfaßt. Durch die

---

Verhältnis zu Lenin ist von Anfang an schwierig. Lenin ist sich aber sehr wohl der hervorragenden politischen Begabung Trotzkis bewußt. In einer 1904 in München herausgegebenen Broschüre beschreibt Trotzki prophetisch die Art und Weise, in der sich eine proletarische Revolution in Rußland abspielen wird. 1905 in Rußland. Nach Zusammenbruch der Revolution von der Polizei verhaftet. Flucht aus Sibirien nach Petersburg, dann über Finnland nach Deutschland. Aufenthalte in Wien und Paris. 1916 wegen Antikriegspropaganda in Frankreich ausgewiesen, gelangt über Spanien nach New York, wo er eine sozialistische Zeitschrift herausgibt und kehrt auf abenteuerliche Weise 1917 über Kanada, Jütland und Finnland wiederum nach Petersburg zurück.
Zusammen mit Lenin der politische Führer und Organisator der Oktoberrevolution 1917. Nach dem Sieg der proletarischen Revolution übernimmt er in der ersten Regierung (Rat der Volkskommissare) das Ressort für Auswärtige Angelegenheiten. Lenin hat das Präsidium inne, Stalin den Posten des Kommissars für Nationalitäten.

Straßen fließt ein Strom von Menschen, zu allem bereit. Ein unerschütterlicher, übermächtiger Glaube erfüllt die Herzen. In jenen unvergeßlichen Augenblicken spürten wir, daß die Zukunft uns gehört.«

Unmittelbar nach dem »Blutsonntag« fordert der Hauptvorstand der SDKPiL in einem Aufruf mit der Überschrift »Generalstreik und Revolution in Petersburg« die Arbeiter von Russisch-Polen zur Solidarität mit ihren russischen Brüdern auf und verlangt die Errichtung einer demokratischen Republik mit vollen politischen Rechten.

In der kritischen Frage der Unabhängigkeit Polens verlangt die SDKPiL die Autonomie für das Land wie auch für alle anderen ähnlichgestellten Gebiete innerhalb des russischen Reiches. Die PPS, die nicht an die Chancen einer proletarischen Revolution glaubt, verhält sich zurückhaltend. Als man aber sieht, daß die Arbeiter zunehmend ins Lager der SDKPiL abwandern, brechen im März in der Partei Richtungskämpfe aus. Die Linke gewinnt die Oberhand und drängt nun auch auf ein solidarisches Verhalten mit der russischen Revolution.

Am 27. Januar kommt es in Lodz, der größten Industriestadt von Russisch-Polen, zu Auseinandersetzungen zwischen Arbeitern und Militär. Am 20. Januar hat die Streikbewegung Lublin erfaßt. Am 1. Februar breitet sie sich auf das Dabrowaser Kohlenbecken aus.

Die Streiks sind überall von Demonstrationen begleitet und fast überall kommt es zu Zusammenstößen mit dem Militär. Häufig haben die Demonstranten Tote und Verwundete zu beklagen. In einer Fabrik in Lodz sterben acht Arbeiter, vor der Hütte Katharina in Dabrowas erschlägt das Militär fünfunddreißig Menschen. Als die Soldaten den Streik der Eisenbahner und Lokomotivführer in Skarzyko brechen wollen, kommen zweiundzwanzig Personen ums Leben, in Radom sind es vierzehn.

Schüler und Studenten beteiligen sich aktiv an dieser ersten Phase der Revolution. Ihr Verhalten kann nur verständlich werden, wenn man die besondere Situation kennt, die an den Schulen Polens herrscht.

Achtzehn Prozent aller Kinder in Russisch-Polen besuchen

überhaupt keine Schule. Auf dem Land verlassen fünfundsiebzig Prozent aller Kinder die Schule schon nach dem ersten Schuljahr, und nur vier Prozent absolvieren die vorgeschriebenen drei Klassen der Volksschule. Hauptursachen für diese katastrophale Bildungsstatistik sind die Schwierigkeiten, die die polnischen Kinder mit der russischen Sprache haben. Russisch ist an den Schulen alleinige Unterrichtssprache. Die einzige Ausnahme bildet der Religionsunterricht.
Schon über lange Jahre hin hat es geheimen Unterricht gegeben. Erst wird er nur für Einzelpersonen erteilt, mit der Zeit wird er im großen Maßstab organisiert. 1894 wird sogar eine »Gesellschaft für Geheimen Unterricht« gegründet. Bald umfaßt diese Bewegung alle Schultypen von der Grundschule über das Gymnasium bis zu den Hochschulen. In den Gruppen und Zirkeln unterrichten hervorragende Wissenschaftler aller Fachrichtungen. Es werden im geheimen sogar Bücher gedruckt: Wörterbücher in polnischer Sprache, Quellenwerke zur Geschichte Polens, eine Bibliothek klassischer polnischer Schriftsteller.
Der Schulstreik in Warschau beginnt am 27. Januar 1905. Folgender Aufruf kursiert unter der Warschauer Schülerschaft:

> »Seit gestern streiken die Arbeiter. Es gibt bereits Tote. Sogar die Intelligenzler sind vom Glanz des Freiheitsfunkens angelockt worden, der den trüben Horizont des Landes der Kerker und Knuten erhellt. Auch wir, die Schuljugend, sollten uns an unsere Rechte erinnern. Nieder mit der Russifizierung. Nieder mit den Klassen- und Glaubensbeschränkungen! Nieder mit dem Polizeisystem. Es lebe der allgemeine Unterricht!«

An der Realschule kommt der Direktor, ein Russe, dem Streik durch Schließung der Schule zuvor.
So oder so – die Schüler haben frei, ziehen in Gruppen vor andere Schulen und fordern dort ihre Kameraden auf, sich ihnen anzuschließen.
Nach und nach schließen alle staatlichen Schulen, Privatschulen mit staatlicher Lizenz und Mädchenpensionatsschulen in War-

schau. Streikkomitees mit Delegierten der einzelnen Schulen werden gegründet und stellen Forderungen:

- eine polnische Schule mit polnischer Sprache im Unterricht und in der Verwaltung,
- Abschaffung des Polizei- und Spitzelsystems, das in die Schule hineinwirkt,
- Abschaffung der Zulassungsbeschränkung für Schüler aus Nationalitäten- oder Glaubensgruppen,
- das Recht der Schüler, sich zu Vereinen und politischen Organisationen zusammenschließen zu dürfen.

Der Streik der Schüler wirkt vor allem auf das Bürgertum schockierend. Seine Partei, die Nationaldemokraten, versuchen die Schülerschaft in die Hand zu bekommen. Die Parole, unter der das geschieht, lautet: Polonisierung statt Revolution!

Der Streik der Schüler und ihre Proteste bleiben nicht ohne Erfolg.

Zugestanden wird von den Behörden schließlich, daß der Unterricht auf Polnisch erteilt werden soll, daß die Zahl der Polen, die an vom Staat lizenzierten Privatschulen als Lehrer beschäftigt sind, nicht mehr begrenzt, daß der Vorlesungsbetrieb der Universitäten in polnischer Sprache abläuft und polnische Literaturgeschichte gelehrt wird.

Unterdessen rollt die revolutionäre Welle weiter, erfaßt nun auch die Landbevölkerung. Unmittelbares Echo der Revolution sind auf den Dörfern spontane Streiks, die von Februar bis April auf etwa sechshundertfünfzig Landgütern und Vorwerken durchgeführt werden. Wie es dazu kommt, kann man im Vernehmungsprotokoll eines verhafteten Verwalters nachlesen: »Ein des Schreibens und Lesens kundiger Mensch erzählte uns von den Streiks in Warschau, in Lodz und Petersburg... diese Gespräche wirkten so auf uns, daß wir streikten und forderten, daß man unsere Löhne heraufsetze.«

Hier ist eine Liste mit den Forderungen der Landarbeiter:

1. Das Dienstjahr soll vom 1. April gerechnet werden
2. Lohn – 30 Rubel jährlich
3. Dazu Deputat: 16 Scheffel jährlich (1 poln. Scheffel = ca. 98

kg), d.h. 6 Scheffel Roggen, 6 Scheffel Gerste, 1 Scheffel Weizen, 3 Scheffel Erbsen, 2 Scheffel Hafer, 1 Scheffel Buchweizen.

4. 10 Viertel Holz jährlich
5. Lohn im Winter: 25 Kopeken für Mägde, 25 Kopeken für Knechte
   Frühjahr: 40 Kopeken für Mägde, 45 Kopeken für Knechte
   Sommer: 50 Kopeken für Mägde, 55 Kopeken für Knechte
6. Ärztliche Hilfe und Apotheke für die Arbeiter und ihre Familien auf Kosten des Gutsbesitzers.
7. Ein Arbeiter kann nur mit Einverständnis aller Beschäftigten entlassen werden.
8. Die Melkerin soll 3 Rubel monatlich erhalten.
9. Aufhebung der willkürlich auferlegten Strafen.
10. An Feiertagen soll keine Arbeit sein, außer der Betreuung des Viehs. Jede zusätzliche Arbeit an Feiertagen soll auch zusätzlich entlohnt werden.

Nachdem sie die Arbeit niedergelegt haben, sammeln sich die Streikenden und ziehen von Gut zu Gut. Immer mehr Tagelöhner und Landarbeiter schließen sich ihnen an.
Es ist das erste klassenmäßige Auftreten dieser Gruppe der polnischen Arbeiterschaft.
Die gegen die Gutsbesitzer gerichteten Demonstrationen bestehen vor allem in wildem Holzeinschlag in die staatlichen und zu privaten Gütern gehörenden Forste sowie in dem Auftrieb von Vieh auf Weiden der Gutsbesitzer.
In Gruppen zu ein paar hundert Mann begeben sich die Bauern mit Sensen und Forken auf die Weiden und in die Wälder, entwaffnen das Forstpersonal und überfallen manchmal auch Gutsgebäude.
Im östlichen Teil von Russisch-Polen gehen die Ausschreitungen manchmal auch in Kämpfe um Grund und Boden über. Die zaristischen Behörden berichten, daß »dem Bewußtsein des Bauern der Gedanke nicht fremd ist, daß der den Boden besitzen soll, der ihn bebaut«.
Hunderte bis heute in Archiven aufbewahrte Telegramme, Briefe

und Eingaben, in denen Fabrikbesitzer und Gutsbesitzer die zaristischen Behörden um Entsendung von Militär gegen die eigenen Landsleute, Arbeiter und Bauern bitten, beweisen, daß diese Unruhen nicht allein nationalistische, sondern auch klassenkämpferische Ziele verfolgen.
Der Zar schwankt angesichts der Revolutionsbewegung zwischen zwei Alternativen: Militärdiktatur oder Zugestehung beschränkter demokratischer Grundrechte. Von seinen Beratern läßt er sich schließlich dazu überreden, das sogenannte »Oktober-Manifest« zu erlassen, in dem Pressefreiheit, Freiheit der Rede und Versammlungsfreiheit versprochen werden. Außerdem kündigt er Wahlen zu einer Nationalversammlung (Duma*) an.
Das Dekret verfolgt eine doppelte Absicht. Es will durch Einführung einer konstitutionellen Monarchie das Zarentum retten, gleichzeitig aber die revolutionäre Bewegung aufspalten, da erwartet wird, daß die gemäßigten Gruppierungen dem Manifest zustimenn und die Radikalen isolieren werden.
Was das Volk von dem Manifest hält, beweist ein damals umlaufender Vers:
»Der Zar in seinem Schrecken erließ ein Manifest: Den Toten gab er Freiheit, den Lebenden Arrest.«
Am 14. November kommt es unter den Matrosen von Sewastopol zu Unruhen. Etwa sechstausend Marinesoldaten und in der Festung beschäftigte Arbeiter entwaffnen die Offiziere. Wie wirr die politischen Vorstellungen noch sind, geht unter anderem daraus hervor, daß die Aufrührer rote Fahnen tragen, aber die Zarenhymne singen.
Die Panzerkreuzer »Otschakow« und »Pantelejmon« (Potjomkin) hissen die rote Flagge. Ein Sowjet** der Matrosen-Deputierten wird gebildet. Der bei der Mannschaft beliebte Reserveleutnant Schmidt telegrafiert an den Zaren:
»Die ruhmreiche Schwarzmeerflotte, ihren Traditionen treu und dem Zaren ergeben, fordert von Ihnen, Majestät, die unverzügli-

---

* russ. Rat der fürstl. Gefolgsleute im alten Rußland; russ. Stadtverordnetenversammlung (seit 1870); russ. Parlament (1906–1917)
** zu Volksvertretern gewähltes Gremium; Soldatenrat

che Einberufung einer konstituierenden Versammlung und lehnt es ab, Ihren Ministern weiterhin zu gehorchen.«
Am späten Nachmittag des 28. November eröffnen Festungsbatterien das Feuer auf die Schiffe der Meuterer. Der Kreuzer »Otschakow« gerät in Brand. Als sich seine Matrosen schwimmend ans Ufer zu retten versuchen, werden sie aus Maschinengewehren beschossen. Schmidt und andere Rädelsführer werden verhaftet, zum Tode verurteilt und erschossen.
Bereits zehn Tage nach der Proklamation des Zaren erlebt auch das polnische Volk, was das Versprechen des Regimes wert ist. Am 10. November wird über Russisch-Polen der Belagerungszustand verhängt. Die russischen Truppen werden angewiesen, ohne jede Warnung und Rücksicht auf Demonstranten zu schießen.
Ende November beginnt die revolutionäre Welle im polnischen Gebiet Rußlands zunächst einmal abzuflauen. Die Arbeiter haben eingesehen, da sie sich an einer Wand von Gewalt und Terror nur ihre Köpfe einrennen.
Nirgends sind im Russischen Reich soviel Truppenverbände konzentriert wie in Polen. Schumacher/Tych berichten: »Nach Angaben des Stabes des Warschauer Militärkreises wurden im Laufe des Jahres 1905 zur Unterdrückung von ›Unruhen‹ 2797mal Infantrie, 804mal Kavallerie, 56mal Artillerie und 954mal andere Truppen eingesetzt.«
Am 28. November tagt in Warschau die Parteikonferenz der SDKPiL. Die Partei ist inzwischen von ca. eintausend Mitgliedern im Jahr 1901 auf fünfundzwanzigtausend Mitglieder angewachsen. Leo Jogiches ist aus Krakau gekommen. Feliks Dzierzynsky und Julian Marchlewski alias Karski sind zur Stelle. Marchlewskis bester Freund, Bronislaw Wesolowski, ist eben nach elfjähriger Verbannung aus Sibirien zurückgekehrt.
Am 1. Dezember 1905 hebt das Regime den Belagerungszustand für Polen auf. Die Arbeiterparteien nutzen das Nachlassen des Drucks, um zunächst ihre Organisationen zu festigen und engere Verbindung mit den Massen herzustellen.
Sie versuchen durchzusetzen, daß die Regierung eine Gewerkschaftsbewegung offiziell zuläßt und verstärken ihre Aufklärungstätigkeit durch die Veröffentlichung von Zeitungen und Broschü-

Sozialdemokratie Rußisch Polens und Littauens.

Die Knuten-Duma Flugblatt № 2

Arbeiter, aufgepasst!

In diesen Tagen wird in allen Fabriken ein Aufruf ausgehängt, welcher die Arbeiter sich bei den Wahlen zu beteiligen auffordern wird.

Genossen! Diesen Aufruf müssen wir vernichten. Wir müssen ferner in jeder Fabrik den Beschluß fassen die trügerische Duma zu boykottiren. Dieser Beschluß der Arbeiter Mehrzahl soll für die Minderheit maaßgebend sein und Letzere darf unter keinen Umständen, im Namen der Arbeiter einer bestimmten Fabrik, zu den Wahlen schreiten.

Der Hauptvorstand der Sozialdemokratie, in seinem Aufruf zum Boykott sagt wie folgt:

Arbeiter! Mit diesem Wahlgesetz haben Euch die zarischen Henkersknechte aufs Neue geohrfeigt. Und jeder anständige Mensch, dem die Rechte des arbeitenden Volkes heilig sind, Jeder, dem die wirkliche Freiheit theuer ist, muß ein derartiges Gesetz mit Füßen treten und sagen: bei solch schändlichen Gesetzen werden wir um keinen Fall wählen!

Die Wahlen unter verhängtem Kriegszustand ohne Freiheit des Wortes, Versammlungen, ohne offenen Meinungskampf, werden bei diesem, von den zarischen Banditen zusammengeklebten Gesetz zur elenden Kozaken-Kamedie. Die Veröffentlichung eines derartigen Gesetzes ist eine blutige Ohrfeige für das ganze Land. Jeder Mensch, welcher noch ein wenig politische Ehre im Leibe hat, Jeder, dem während der Sklaverei seine menschliche Würde nicht ganz verloren ging, muß den frechen Henkersknechten ins Gesicht spucken und rufen: In Begleitung von Bayonetten und Nahajka gehen wir nicht zu den Wählen!

Ein Jeder der sich an den Wahlen beteiligt, sei er ein National-Demokrat oder irgend einer anderen Partei angehörend, soll gewärtig sein daß ihn der Haß der Arbeiter verfolgen wird in demselben Maaße wie sie die Gedarmen und die zarischen Kazaken hassen und verachten. Die Bourgeoisie in Gemeinschaft mit Skalon verhängte über uns den Kriegszustand,—gut denn, wir werden es ihr mit derselben Münze, wie dem Skalon und seinen Helfers—Helfern, heimzahlen.

Genossen! Wie ein Mann erfüllen wir die auf uns lastende Pficht! Es soll keiner von uns an den Wahlen teilnehmen!

Nieder mit der Knuten-Duma! Es lebe die Revolution!

Es lebe die Reichs-Konstituante auf Grund des allgemeinen, direkten, gleich und geheimen Wahlrechtes!

Es lebe die demokratische Republik mit der Autonomie für Polen!

Lodzer Komitee
der Sozialdemokratie Rußisch Polens und Littauens

Lodz den 3 Februar 1906.

Flugblatt der SDKPiL an die Deutschen Kongreßpolens
(s. die auf S. 149 beschriebenen Ereignisse)

ren. Die SDKPiL verlegt die Redaktion der »Czerwony Sztandar« (Rote Fahne) von Krakau nach Warschau. In Petersburg trifft am 7. November, über Schweden und Finnland anreisend, Lenin ein. Er warnt davor, sich allzuviel von den zugesicherten Freiheiten zu versprechen und ermahnt die Genossen, den konspirativen Apparat der Partei unbedingt intakt zu erhalten. Er besucht die Sitzungen des Petersburger Arbeiter-Sowjets und beobachtet diese neue revolutionäre Organisationsform. Er kommt zu der Ansicht, daß die Sowjets als Ausgangspunkt für einen bewaffneten Aufstand und nach einer geglückten Revolution als »erste Organe« einer neuen Gesellschaft benutzt werden können. Die gemäßigteren Menschewiki hingegen sehen in dem Sowjet ein Organ fortschrittlicher lokaler Selbstverwaltung.
Am 2. Dezember fordert der Petersburger Sowjet die Bevölkerung auf, in Steuerstreik zu treten und ihr Geld von den Sparkassen und Banken abzuheben. Offenbar will der Sowjet so die Regierung unter Druck setzen, für die Ministerpräsident Witte gerade in Frankreich über eine Anleihe verhandelt. Viele russische Bürger folgen dieser Aufforderung. Innerhalb kurzer Zeit werden sechsundachtzig Millionen Rubel abgehoben. Nun geht die Regierung gegen den Sowjet vor und läßt seine Mitglieder verhaften. Leo Trotzki bildet ein neues Exekutivkomitee des Petersburger Sowjets. In eine Sitzung dieses Gremiums stürzt ein Leutnant mit einem Haftbefehl. Trotzki schreit ihn an: »Unterbrechen Sie den Redner nicht. Wenn Sie das Wort haben wollen, teilen Sie mir Ihren Namen mit, worauf ich die Anwesenden fragen werde, ob sie Ihnen zuzuhören wünschen.«
Als der Gewerkschaftssekretär zu Ende gesprochen hat, kommt der Leutnant endlich dazu, seinen Haftbefehl zu verlesen. Trotzki erklärt, das Exekutivkomitee habe die Mitteilung zur Kenntnis genommen und werde sie bei seiner nächsten Sitzung auf die Tagesordnung setzen. Einen Augenblick ist der Leutnant völlig perplex. Dann stürmt er aus dem Saal. Trotzki bittet die Delegierten, alle Dokumente zu vernichten und nach der Verhaftung ihre Namen nicht zu nennen. Als der Leutnant mit einem Trupp Gardesoldaten wiederkommt, erhebt sich ein Mitglied des Exekutivkomitees und erklärt, dies sei ein klarer Bruch des

Oktobermanifestes. Erst dann werden die Verhaftungen ausgeführt.
Nach diesen Vorfällen in Petersburg ruft der Moskauer Sowjet den Generalstreik aus und entfesselt einen bewaffneten Aufstand. Ungefähr zweihundert Arbeiter bilden einen Kampfverband. Bolschewistische Agitatoren versuchen die Regierungstruppen dazu zu bewegen, sich auf die Seite der Aufständischen zu stellen. Die Regierung läßt sofort zuverlässige Bataillone aus Petersburg und Twer nach Moskau in Marsch setzen und Artillerie herbeischaffen. Die Dinge stehen auf des Messers Schneide.
Dies ist der Zeitpunkt, zu dem Rosa von Berlin nach Warschau fährt, wohl in der Hoffnung, jetzt werde die Revolution erst recht aufflammen und in ihr entscheidendes Stadium treten.

1.

Am Donnerstag, dem 28. Dezember, bringt die ganze Familie Kautsky Rosa auf den Bahnhof Friedrichstraße in Berlin an den Zug. Die alte Großmutter, Granny genannt, schenkt ihr noch einen blauen Lodenmantel, Karl Kautsky hat ihr eine warme Reisedecke mitgebracht. Luise Kautsky hängt ihr die eigene Uhr um, »damit sie nicht in die Revolution muß, ohne genau zu wissen, wieviel es geschlagen hat«.
Die Reise verläuft abenteuerlich. Wegen eines Streiks verkehren keine direkten Züge nach Warschau. Rosa fährt – ein großer Umweg – zunächst nach Illowo in Ostpreußen, wo sie im Bahnhofsrestaurant ein gutes Schnitzel verzehrt, wie eine Postkarte an die Kautskys meldet. Danach gelingt es ihr, sich in einen Militärtransport einzuschmuggeln. Sie ist die einzige Frau im Zug. Die Geschichte vom trojanischen Pferd fällt ihr unterwegs ein. Der Zug ist ungeheizt, unbeleuchtet, kriecht im Schneckentempo dahin, weil man Sabotageakte der Eisenbahnarbeiter fürchtet.
Warschau ist wie ausgestorben. Nur russische Soldaten patroullieren in den Straßen. Wieder einmal ist der Generalstreik ausgerufen worden. Diesmal zur Unterstützung des Moskauer Sowjets. Jeden Tag werden in der Stadt zwei, drei Personen von Soldaten getötet.

Rosa macht sich sofort an die Arbeit. Sie kümmert sich um das Redigieren der »Roten Fahne«, die trotz aller Schwierigkeiten Tag für Tag erscheint. Allerdings muß der Druck in bürgerlichen Betrieben – manchmal mit der Pistole in der Hand – erzwungen werden.

Noch während der Moskauer Aufstand in vollem Gange ist, hat die zaristische Regierung ein neues, antidemokratisches Wahlgesetz für die Reichsduma erlassen. Wählen dürfen alle Männer über fünfundzwanzig Jahre, mit einer Ausnahme: Arbeiter aus Betrieben mit weniger als fünfzig Beschäftigten. Damit aber ist ein Viertel der Arbeiterklasse von der Wahl ausgeschlossen. Die Wahlen sollen indirekt über ein System von Wahlmännern erfolgen und zwar in vier Kurien: in der Gutsbesitzerkurie kam auf zweihundert, in der Kurie der städtischen Bürger auf viertausend, in der Bauernkurie auf dreißigtausend und in der Arbeiterkurie auf neunzigtausend Wahlberechtigte ein Wahlmann. Damit ist das Übergewicht einer Handvoll Grundbesitzer und Kapitalisten in der Duma über die Vertreter der Arbeiter und Bauern, die eigentlich in der Mehrzahl wären, gesichert.

Die SDKPiL bekämpft die Aufforderung zur Wahl, die die Regierung in den Betrieben aushängen läßt, mit Flugblättern. Inzwischen ist der Aufstand in Moskau, der so hoffnungsvoll begann, zusammengebrochen. Nach elftägigen Kämpfen haben auch die letzten zweihundert bis dreihundert revolutionären Arbeiter, die sich zunächst im Stadtviertel Preßna hatten halten können, vor der Übermacht der Armee die Waffen strecken müssen.

Der Zarismus nimmt grausame Rache. Standrechtliche Massenhinrichtungen, Verhaftungen, Deportationen. Längs der Eisenbahnlinie Moskau–Kasan führt ein Garderegiment eine regelrechte Strafexpedition durch. Im Kaukasus, in der Ukraine, in den baltischen Provinzen wird gehängt, erschossen, gemordet. Ganze Dörfer werden niedergebrannt. Tausende von Menschen kommen um. Zehntausende werden eingekerkert, verbannt.

In Warschau sind die Unruhen zwar eingedämmt, aber noch keineswegs völlig unterdrückt. Aber auch die SDKPiL hat einsehen gelernt, daß die Waffe der Streiks langsam stumpf wird.

Jetzt, da in relativ kurzer Zeit die Parteiorganisation im Land immer weiter ausgebaut worden ist – im Februar 1906 ist die Mitgliederzahl auf dreißigtausend angestiegen –, werden doch Erwägungen angestellt, ob nicht der nächste Schritt ein bewaffneter Aufstand sein müsse. Man könnte aus den Fehlern von Petersburg und Moskau lernen.
Julian Marchlewski wird Anfang des Jahres 1906 nach Belgien geschickt, um dort Waffen einzukaufen.
Rosa berichtet in ihren Briefen an die Kautskys von den täglichen Schwierigkeiten, die »Rote Fahne« pünktlich herauszubringen, da die Druckerei, mit der man gearbeitet hat, von einem Tag auf den anderen gesperrt worden ist. Die wirtschaftliche Lage der Arbeiterschaft ist weiter schwierig, aber, so schreibt Rosa, »es entwickelt sich ein stiller Heroismus und ein Klassengefühl der Massen, den ich den lieben Deutschen gern zeigen möchte. Die Arbeiter treffen allenthalben von selbst solche Arrangements, daß zum Beispiel die Beschäftigten ständig einen Tageslohn in der Woche für die Arbeitslosen abgeben«.
Im Januar schon informiert sie die Kautskys darüber, daß sie demnächst nach Petersburg reisen will. Dort soll ein Parteitag der russischen Sozialdemokratie stattfinden, auf dem sich die beiden verfeindeten Flügel der Menschewiki und Bolschewiki wieder vereinigen wollen. Rosa schreibt:

Da keiner von Deutschland unter sothanen Umständen nach Petersburg fahren wird und keiner russisch kann, so könnte der Vorstand vielleicht auf mich zugleich die Vertretung Deutschlands übertragen. Ich bin ja sowieso dort, so daß auch keine Kosten dem Vorstand daraus erwachsen würden.

Dann aber beschließt sie, nach Deutschland zurückzukommen. Es haben auch dort Massenstreiks stattgefunden, aber die Gewerkschaftsführung verhält sich bremsend oder ablehnend. Zu der Heimreise kommt es jedoch nicht mehr:

Meine Allerliebsten. Am Sonntag, dem 4., abends, hat mich das Schicksal ereilt. Ich bin verhaftet worden. Ich hatte bereits meinen Paß zur Rückreise visiert und war auf dem Sprung zu fahren. Nun, es muß auch so gehen. Hoffentlich werdet Ihr Euch nicht zu sehr die

Sache zu Herzen nehmen. Es lebe die Re...! mit Allem, was sie bringt...
Man fand mich in ziemlich unbequemer Lage, aber Schwamm drüber. Hier sitze ich im Rathaus, wo Politische, Gemeine und Geisteskranke zusammengepfercht sind. Meine Zelle, ein Kleinod in dieser Garnitur (eine gewöhnliche Einzelzelle für 1 Person in normalen Zeiten) , enthält 14 Gäste, zum Glück lauter Politische. Thür an Thür mit uns noch zwei große Doppelzellen, in jeder circa 30 Personen, alle durcheinander. Dies sind schon, wie man mir erzählt, paradiesische Zustände, früher saßen 60 zusammen in einer Zelle und schliefen schichtweise je ein paar Stunden in der Nacht, während die anderen »spazierten«. Jetzt schlafen wir alle wie die Könige auf Bretterlagern, querüber, nebeneinander wie Heringe und es geht ganz gut, insofern nicht eine Extramusik hinzukommt – wie gestern zum Beispiel, wo wir eine neue Kollegin – eine tobsüchtige Jüdin – bekommen hatten, die uns 24 Stunden lang mit ihrem Geschrei und ihrem Laufen in alle Zellen in Athem hielt und eine Reihe Politische zum Weinkrampf brachte. Heute sind wir sie endlich los und haben nur drei ruhige »Myschugene« bei uns. Spaziergänge im Hof kennt man hier überhaupt nicht, dafür sind die Zellen tagsüber offen, und man darf den ganzen Tag im Korridor spazierengehen, um sich unter den Prostituierten zu tummeln, ihre schönen Liedchen und Sprüche zu hören und die Düfte aus dem gleichfalls breit offenen 00 zu genießen. Dies Alles jedoch nur zur Charakteristik der Verhältnisse, nicht meiner Stimmung, die wie immer vorzüglich ist... entscheidend ist, daß die Sache draußen gut geht. Ich las bereits die neue Nummer der Zeitung, Hurrah! ... meine Freunde verlangen durchaus, ich solle an Witte (den russischen Ministerpräsidenten) telegraphieren und an den deutschen Konsul schreiben. Fällt mir nicht ein! Die Herren können lange warten, bis eine Sozialdemokratin sie um Schutz bittet.

Die Kautskys weist sie an zu verhindern, daß August Bebel sich etwa wegen ihr an den deutschen Reichskanzler Bülow wendet. Sie möchte nicht einem bürgerlichen Politiker verpflichtet sein. Auch daß ihre Geschwister (ein Bruder und eine Schwester leben in Warschau) die Sache so ernst nehmen und sich an irgendwelche einflußreiche Leute gewendet haben, paßt ihr ganz und gar nicht. »Ein ›sitzender Mensch‹«, mault sie, werde leider »nicht bloß von der Obrikeit, sondern auch von den eigenen Freunden sofort entmündigt und ohne Rücksicht auf seine Meinung behandelt.« Mit ihr ist in der Pension der Gräfin Walewska, ebenfalls mit Papieren, die auf einen falschen Namen lauten, Leo Jogiches verhaftet worden. Die Beteuerung beider, sie seien deutsche Journalisten, wird ihnen nicht geglaubt.

Nach einigen Tagen im Rathaus, kommt Rosa zunächst in das Pawiak-Gefängnis und dann in die Zwingburg des Zarismus am Stadtrand von Warschau, in die berüchtigte Zitadelle mit dem Pavillon X, in dem schon die Teilnehmer an dem Aufstand von 1863 und die Mitglieder des »Proletariats« eingesessen haben. Beim Besuch ihrer Geschwister spielt sich eine kafkaeske Szene ab. Sie wird »in einem förmlichen Doppelkäfig aus Drahtgeflecht vorgeführt, d.h. ein kleiner Käfig steht frei in einem größeren, und durch das flimmernde Geflecht der beiden muß man sich unterhalten. Da es dazu just nach einem sechstägigen Hungerstreik war, war ich so schwach, daß mich der Rittmeister (unser Festungskommandant) ins Sprechzimmer fast tragen mußte und ich mich im Käfig mit beiden Händen am Draht festhielt, was wohl den Eindruck eines wilden Tieres im Zoo verstärkte. Der Käfig stand in einem ziemlich dunklen Winkel des Zimmers, und mein Bruder drückte sein Gesicht ziemlich dicht an den Draht. ›Wo bist du?‹ frug er immer wieder und wischte sich vom Zwicker die Tränen ab, die ihn am Sehen hinderten.«

Rosas optimistische Haltung in den Briefen darf nicht darüber hinwegtäuschen, daß die Situation für sie ernst ist. Wenn sie vor ein Kriegsgericht gestellt wird, liegt die Todesstrafe oder eine langjährige Verbannung nach Sibirien durchaus im Bereich des Wahrscheinlichen.

Unterdessen ist Marchlewski von seiner Mission in Belgien nach Berlin gekommen. Auch er pocht darauf, daß von Deutschland aus etwas unternommen werden müsse, ob Rosa das nun wolle oder nicht. Man braucht Geld. Mit Bestechung läßt sich gewiß etwas arrangieren. Marchlewski, der selbst im Pavillon X eingesessen hat, kennt die Mechanismen des russischen Gerichts- und Gefängniswesens.

Als Rosas Bruder nach Berlin kommt, kann ihm Kautsky die notwendigen dreitausend Rubel aushändigen.

Warschau, Zitadelle, Pavillon X

Wahrscheinlich kommt das Geld vom Parteivorstand der SPD, aber Rosa weiß es nicht, weiß überhaupt nichts davon, soll es auch nicht erfahren, weil man ihren Stolz in solchen Dingen nicht verletzen will.

Die SDKPiL hilft mit einer Drohung noch etwas nach. Sie läßt die russischen Behörden wissen, sollte Rosa etwas zustoßen, so würde man an einem prominenten russischen Beamten Vergeltung üben.

Das Leben im Pavillon X vollzieht sich immer Wand an Wand mit dem Tod. Es gibt Tage, wo unten auf dem Hof Galgen gezimmert werden, sich dann beklemmende Stille über das ganze Gefängnis legt, bis die Schritte der Verurteilten und der Hinrichtungskommandos zu hören sind und die eingeschlossenen Gefangenen in den Zellen einen Trauermarsch zu singen beginnen.

Leo Jogiches berichtet, »daß Revolutionäre mit bedeutendem Ernst und unter besonderen Zeremonien aus den Zellen gerufen wurden. Sie kehrten nicht wieder. Ohne Gericht und Urteil, auf ›administrativem Weg‹ wurde ihr Leben ausgewischt.«

Einmal erscheinen Wachsoldaten in Rosas Zelle, verbinden ihr die Augen und führen sie hinaus. Es geht dann nur zu einer Vernehmung. Der Offizier lacht und sagt, es sei alles nur ein Irrtum gewesen. Rosa aber schämt sich, weil sie merkt, daß sie bleich geworden ist.

Sie ist in schlechter körperlicher Verfassung. Offensichtlich hat sie im Gefängnis einen Anfall von Gelbsucht erlitten, der wahrscheinlich überhaupt nicht behandelt worden ist. Im Juni, als über die Haftentlassung gegen Kaution entschieden werden soll, untersucht sie eine Ärztekommission und stellt einen Magen- und Darmkatarrh mit Lebervergrößerung fest. Ihre Haut ist gelb, ihr Haar ist grau geworden. Am 8. Juli 1906 kommt sie endlich frei, darf aber Warschau nicht verlassen.

Das Gewitter der Revolution ist vorüber. Die meisten Führer der SDKPiL, sofern sie nicht auch in Haft sind, haben sich wieder nach Krakau abgesetzt. Rosa möchte jetzt nach Finnland, wo um diese Zeit eine Beratung unter den revolutionären Führern Rußlands stattfindet. Sie unterhält sich darüber mit dem Staatsanwalt, der in Warschau ihren Fall noch immer bearbeitet.

Der Beamte erklärt ihr hämisch, nein, ihr Fall sei noch keineswegs abgeschlossen. Und selbst wenn sie in Polen mit einem blauen Auge davonkomme, gebe es immer noch die deutschen Justizbehörden, die sich auch für sie interessierten. Die Kollegen von der deutschen Polizei hätten schon darum ersucht, sie an einen bestimmten Grenzübergang zu bringen, damit man sie dort gleich in Empfang nehmen könne.

Rosa bedenkt ihre »Sünden«. Vielleicht hat das mit Äußerungen zu tun, die sie auf dem Parteitag der SPD in Jena 1905 gemacht hat und die jetzt von den deutschen Juristen als Aufforderung zum Aufruhr ausgelegt werden. Vielleicht aber blufft auch dieser Russe nur, will ihr noch einmal Angst machen, weil er weiß, daß er sie gehen lassen muß.

Am 8. August darf sie Warschau endlich verlassen. Sie fährt zunächst nach Petersburg, trifft sich dort mit Axelrod, mit dem sie eine heftige Debatte über die Taktik der Revolution beginnt. Von dort reist sie nach Kuokkala in Finnland, wo sie in der Datscha einer Malerin und Genossin wohnt. Abend für Abend besucht Rosa Lenins Erdgeschoßwohnung im Haus der Familie Leieisen und diskutiert und analysiert mit ihm und anderen Männern aus der Führerschaft der Bolschewiki die Ursachen für das Scheitern der Revolution. Die Männer finden, sie sei »die erste Marxistin, die fähig war, die russische Revolution richtig und als Ganzes zu beurteilen.«

Sie besucht Parvus, der die Revolution in Petersburg miterlebt hat und nun in der Peter-Paul-Festung einsitzt, von wo er nach Sibirien verschickt werden soll. Neben alledem findet sie auch noch Zeit, an der Schrift »Massenstreik, Partei und Gewerkschaft« zu arbeiten. Überlegungen zu diesem Thema scheinen ihr besonders wichtig, weil die Gewerkschaftsfunktionäre in Deutschland große Streiks mit politischen Zielen als Revolutionsromantik abzutun geneigt sind.

Rosa versucht zu analysieren, was bei einem Massenstreik geschieht:

Um aber irgendeine direkte politische Aktion als Masse auszuführen, muß sich das Proletariat erst zur Masse wieder sammeln, und zu diesem Behufe muß es vor allem aus Fabriken und Werkstätten, aus Schächten und Hütten heraustreten, muß es die Pulverisierung und

Zerbröckelung in den Einzelwerkstätten überwinden, zu der es im täglichen Joch des Kapitals verurteilt ist. Der Massenstreik ist somit die erste natürliche impulsive Form jeder großen revolutionären Aktion des Proletariats.

Sie kommt zu der Ansicht, daß Barrikadenkämpfe die Hauptform bürgerlicher Revolutionen gewesen sind, der Massenstreik diese Kampfform nun ablöse und typisch, ja unerläßlich für Revolutionen neuen Stils sei.
Gegen die Revisionisten gewandt erklärt sie, daß in einer revolutionären Periode ökonomischer und politischer Kampf sich wechselseitig bedingen.

Der logische und notwendige Höhepunkt des Massenstreiks ist der offene Aufstand, der aber seinerseits wieder nicht anders zustande kommen kann, als durch die Schule einer Reihe von vorbereitender partieller Aufstände, die eben deshalb vorläufig mit partiellen äußeren Niederlagen abschließen...

Im Klartext: Rosa nimmt auch in dieser Schrift zu der Frage der Revolutionserwartung Stellung. Sie sagt: so schnell geht es nicht. Die Massen lernen, auch an Fehlschlägen, und dem Durchbruch gehen viele Fehlschläge voraus.
Am allerwichtigsten jedoch scheint ihr, daß sich bei Massenstreiks Klassenbewußtsein entwickelt:

Das Kostbarste, weil Bleibende, bei diesem scharfen revolutionären Auf und Ab der Welle ist ihr geistiger Niederschlag, das sprungweise, intellektuelle, kulturelle Wachstum des Proletariats, das eine unverbrüchliche Gewähr für sein weiteres, unaufhaltsames Fortschreiten im wirtschaftlichen wie im politischen Kampf bietet.

Die Gewerkschaftsführer beharren damals mit ganz wenigen Ausnahmen auf der grundsätzlichen Ablehnung des politischen Streiks. Diese Haltung kommt besonders auf dem Gewerkschaftskongreß 1905 in Köln zum Ausdruck, der tatsächlich unter der Devise steht: »Die Gewerkschaften brauchen vor allem Ruhe!«
Von daher ist es nicht mehr weit bis zu einer Haltung, wie sie sich in der Parole »Ruhe ist die erste Bürgerpflicht« ausdrückt.
»Die Beweggründe (*der Funktionäre*)«, schreibt Frölich, »waren klar. Sie fürchteten, ihre taktische Unabhängigkeit von der Partei

zu verlieren, fürchteten die Aufzehrung des großen Kriegsschatzes, den sie angesammelt hatten, fürchteten sogar die Vernichtung der Organisation durch die Staatsgewalt bei einer solchen Machtprobe.«

So betrachtet ist Rosas Schrift über den Massenstreik ein Angriff gegen den Revisionismus in den Gewerkschaften. Die fortschrittliche Organisation der Hamburger SPD hat diese Schrift bei Rosa in Auftrag gegeben. Sie soll auf dem im Herbst stattfindenden Parteitag in Mannheim als Diskussionsmaterial dienen.

Am 14. September 1906 verläßt Rosa Finnland. Bei ihrer Landung in Hamburg ist sie darauf gefaßt, von Polizisten mit einem Haftbefehl erwartet zu werden, aber diese Befürchtung erweist sich als unbegründet. Sie bleibt ein paar Tage in Hamburg, um die Druckfahnen der Massenstreik-Broschüre zu korrigieren. Das Manuskript hatte sie von Finnland aus vorausgeschickt.

Sie muß sich erst wieder an den leisetreterischen Ton der deutschen Parteipresse gewöhnen, der ihren Widerspruchsgeist sofort reizt.

Am 23. September ist sie in Mannheim. Der Parteitag beginnt. Daß sie dort wieder wird kämpfen müssen, ist ihr klar. In den »Sozialistischen Monatsheften«, neuerdings das Hausblatt der Revisionisten, hat sie gelesen:

»Mit der kurzen Maienblüte dieses Revolutionarismus ist es jetzt glücklicherweise wieder vorbei. Die Partei wird sich wieder mit ungeteiltem Herzen und voller Kraft der positiven Ausnutzung und Erweiterung ihrer parlamentarischen Macht hingeben.«

2.

Die folgenden Wochen und Monate bringen die entscheidende Wende im persönlichen Verhältnis zwischen Rosa und Leo. Es kommt endgültig zum Bruch. Noch Peter Nettl geht in seiner zweibändigen, 1966 erschienenen Biografie über Rosa davon aus, daß Leo in Krakau ein Verhältnis mit einer anderen Frau, einer gewissen Izolska oder Irena Szer-Siemkowska gehabt hat. Das soll Rosa in der ihr eigenen Unbedingtheit in der Liebe veranlaßt haben, auf einer endgültigen Trennung zu bestehen.

Erst in den letzten Jahren hat Feliks Tych, der die Möglichkeit besaß, in Moskauer Archiven befindliche Briefe einzusehen, den wahren Sachverhalt aufklären zu können.
Auch Leo Jogiches wird nach seiner Festnahme im Pavillon X der Warschauer Zitadelle gefangengehalten. Erst am 14. November 1906 wird Anklage gegen ihn und Rosa erhoben. Natürlich erscheint Rosa nicht zur Verhandlung. In der Anklageschrift heißt es:
»Laut der von der Gendarmerie vorgenommenen Untersuchung ist gegen den Kleinbürger Leo Jogiches (alias Otto Engelmann) und die Kaufmannstochter Rosalie Luxemburg (alias Anna Matschke) die Anklage zu erheben, daß sie im Jahre 1906 der Kampforganisation der sozialdemokratischen Partei des Königreiches Polen und Litauen beitraten, welche Organisation sich als Ziel stellte, die durch die Grundgesetze in Rußland festgelegte monarchische Regierungsform durch bewaffneten Aufstand zu stürzen und auf diese Weise die Autonomie Polens zu erzielen – ein Verbrechen, das im § 102 des Strafgesetzbuches vorgesehen ist. Für besagte verbrecherische Handlung werden der Kleinbürger Leo Jogiches (alias Otto Engelmann) und die Kaufmannstochter Rosalie Luxemburg (alias Anna Matschke) von mir dem Warschauer Militärbezirksgericht überantwortet.«
Am 10. Januar 1907 beginnt der Prozeß gegen Leo. Der Vorsitzende redet ihn, der in der Anklageschrift als »Kleinbürger« aufgeführt ist, mit »du« an. Leo und sein Verteidiger protestieren energisch. Das Gericht stellt fest, Leo sei russischer Staatsbürger und somit habe es mit dem »du« seine Richtigkeit. Es wird dem Angeklagten angedroht, ihm seine Verteidigung zu entziehen, wenn es noch einmal zu solchen Protesten kommen sollte. Darauf spricht Leo während der gesamten dreitägigen Verhandlung kein Wort mehr. Auch das Delikt der Fahnenflucht wird in die Anklage mit einbezogen. Das Urteil lautet auf acht Jahre Zwangsarbeit. Am 5. April 1907 soll Leo nach Sibirien verschickt werden. Wie ihm die Flucht gelingt, darüber berichtet Karl Radek (alias Sobelsohn), der damals als junges Mitglied in der SDKPiL und Mitarbeiter der »Roten Fahne« Jogiches als seinen Lehrer betrachtet:

»Leider wurde er der Organisation im März 1906 entrissen. Er war so konspirativ, daß nach einem Witz, der in Parteikreisen kursierte, er selbst nicht wußte, wo er wohnte, trotzdem wurde er mit Rosa Luxemburg verhaftet. 24 Stunden nach seiner Verhaftung kriegte ich aus dem Sammelgefängnis des Warschauer Rathauses zwei Briefe. Einen Brief von einem Freund, der erzählte, er habe Leo Jogiches auf dem Korridor des Gefängnisses getroffen, und Leo habe ihm sofort einen Skandal gemacht, als er erklärte, er sei nur deshalb verhaftet worden, weil er mit Freunden in einem Kaffee zusammenkam; Leo sagte ihm, daß, wenn er nichts zu tun hätte, hätte er die Pflicht, sich auszuschlafen, um desto besser arbeiten zu können, aber nicht ins Café zu laufen. So seufzte man unter Leos Tyrannei sogar im Gefängnis. Gleichzeitig bekam ich einen Brief von Leo Jogiches, in dem er über die ganze nächste Arbeit der Zeitung disponierte. Er erklärte mir geographisch, wo in welcher Schublade irgend ein Material steckte, was mit dem Material zu geschehen habe, und vergaß am Schluß nicht, mich dafür verantwortlich zu machen, daß der Korrektor keine Druckfehler im Blatt zurücklasse. In den vielen Monaten, wo Leo Jogiches hinter Schloß und Riegel saß, fragte ich mich bei jedem Artikel, den ich schrieb, wie würde Leo die Sache anzufassen raten. Leo Jogiches wurde nach strenger Isolierung in der Untersuchungshaft zu acht Jahren Zuchthaus verurteilt, wobei zur Strafverschärfung sehr viel seine stolze Haltung vor Gericht beigetragen hat.

Als er ins Zuchthaus überführt wurde, erhielt einer unserer Genossen einen Besuch des Gefängniswärters, der Leo Jogiches zu bewachen hatte. Durch sein Verständnis für Menschenbehandlung hatte er den Zuchthauswächter so weit gebracht, daß dieser es unternahm, an seiner Befreiung mitzuarbeiten. Es wurden die notwendigen Schlüssel fabriziert. Leo kriegte Kleider eines Gefängniswärters und entsprang aus dem Zuchthaus. Er hatte als erste Zufluchtsstätte die Wohnung eines mit der Partei sympathisierenden Arztes zugewiesen erhalten, als er aber sah, welch große Angst der Arzt hatte, schmiß er die Tür der Zufluchtsstätte hinter sich zu und kam unangemeldet in die konspirative Wohnung, in der sich die Redaktion des Zentralorgans der Partei, der ›Roten

Fahne‹ befand. Lachend sagte er uns, der Gedanke, der ihn von der Flucht zurückgehalten habe, sei nicht die Furcht davor gewesen, daß im Fall des Mißlingens sich seine Strafe mechanisch verdoppelte, sondern daß er unsere literarische Produktion von den vielen Monaten, komme er in Freiheit, durchzulesen haben werde. Wir freuten uns so, daß er frei war, daß wir ihm diese Schnoddrigkeit nicht übelnahmen. Es gelang ihm, über die Grenze nach Berlin zu entkommen...«

Leo hat in Rosas Wohnung in Berlin in der Cranachstraße noch ein Zimmer. Als er in Berlin mit Rosa zusammentrifft, erklärt sie ihm, ihre persönlichen Beziehungen müßten ein Ende haben. Sie sei in einen anderen verliebt. Als er ihr Vorwürfe macht und erklärt, er werde sie nie freigeben, erinnert sie ihn daran, daß sie ja in den letzten Jahren schon häufig an Trennung gedacht hätten, daß es noch häufiger zu nahezu unerträglichen Spannungen zwischen ihnen gekommen sei.

Leo denkt nicht daran, aufzugeben. Er behält das Zimmer in ihrer Wohnung. Er hat einen Schlüssel, kann die Wohnung bei Tag und Nacht jederzeit betreten. Immer wieder macht er ihr große Eifersuchtsszenen. Sie kauft sich einen kleinen Revolver, um ihn bei seinen Wutausbrüchen, bei denen er unberechenbar ist, in Schach halten zu können.

Gemeinsam müssen sie als Vorstandsmitglieder der SDKPiL beim Parteitag der russischen Sozialdemokraten in London auftreten. Wie früher nur sehr enge Freunde wußten oder merkten, daß sie ein Liebespaar waren, so merkt auch jetzt niemand etwas von den Spannungen und dem Bruch. Es fällt nur auf, daß Leo, als er mit Rosa bei derem Bruder zum Abendessen in London eingeladen ist, zwischen artiger Konversation ihr Drohungen zuzischt.

Wieder in Berlin, gelingt es ihm, einen unadressierten Brief von Rosa an den »anderen Mann« abzufangen. Der neue Geliebte ist Kostja Zektin, der damals 22jährige Sohn von Clara Zetkin. Er hat Medizin studiert, ist politisch interessiert und arbeitet eine Zeitlang als Redakteur an der »Gleichheit« mit. Rosa vergleicht das Verhältnis zu Kostja mit dem der älteren Frau zu dem jungen Helden in Stendhals Roman »Le Rouge et Noir«. Unerhört diskret wie sie ist, werden kaum nähere Einzelheiten bekannt. Sie sieht bald ein, daß es unmöglich wäre, Kostja an sich zu binden. Nach einer gemeinsamen Reise schickt sie ihn fort. Die Liebesbeziehung hört auf. Über ein paar Jahre hin sind sie noch befreundet. Aber das heißt nicht, daß sie mit Kostja bricht, um doch wieder zu Leo zurückzukehren. Daß sie Kostja »freigibt«, ist eines. Das hat nichts damit zu tun, daß sie den Bruch mit Leo als endgültig und unwiderruflich betrachtet. Die Abhängigkeit in Fragen der Gesinnung, des Urteilens und Denkens, die sie fünfzehn Jahre freiwillig, aber zum Schluß auch nur noch widerstrebend hingenommen hat, soll ein Ende haben. Ohne Liebe wäre sie erst recht unerträglich.

Es ärgert sie jetzt, daß Leo nicht bereit ist, die Wohnungsangelegenheit vernünftig zu regeln. Noch im September 1908 klagt sie: »Ich kann dieses ständige Schulterreiben nicht ertragen.«

Leo hat angedroht, sie und Kostja zu töten. Er spioniert ihr auf Reisen im In- und Ausland nach. Sie muß in Angelegenheiten der polnischen Partei weiter mit Leo verkehren. Das geschieht in rein sachlich gehaltenen Briefen, ohne Gruß, ohne Anrede. Andererseits lassen sich fünfzehn Jahre einer Bindung, die eigentlich eine Ehe ohne offizielle Beglaubigung war, nicht so ohne weiteres fortwischen. Wie sehr diese Situation an Rosas Nerven zerrt, machen Stoßseufzer wie dieser klar: »Ich bin entschlossen, noch mehr Strenge, Klarheit und Keuschheit in mein Leben zu bringen.«

Sie ist noch skeptischer geworden, nicht nur gegenüber anderen, auch gegenüber sich selbst, denn etwas in ihr mag gewiß die Affäre mit Kostja mißbilligt haben, wie sehr ihr diese Liebe andererseits wohl half, in der schwierigen Situation nach der Rückkehr aus Polen, wieder Boden unter die Füße zu bekommen und Mut und Selbstvertrauen zu gewinnen.

»Deshalb glaube ich auch nie ein Wort niemandem«, dies ist ein anderer Satz aus diesen Jahren, in denen es, was die Liebe angeht, Verehrer, aber keine Vertrauten gibt. Es sind die Jahre, in denen sie ihre Zuneigung auf eine Katze konzentriert. Liebe zu Katzen – immer ein Anzeichen schwieriger Gefühlsstrukturen, Vorliebe für das Eigenwillige, aber auch für sehr viel Einsamkeit!

Versuch, einen Krieg zu verhindern

Wir sind der Auffassung, daß Kriege nur dann und so lange geführt werden können, als die arbeitenden Massen sie entweder begeistert mitmachen, weil sie sie für eine gerechte und notwendige Sache halten oder wenigstens duldend ertragen.

Rosa Luxemburg vor Gericht

Im August 1907 nimmt Rosa an dem Internationalen Sozialistenkongreß in Stuttgart teil.
Auf Lenins* Vorschlag erhält sie eines der russischen Mandate in der Unterkommission zur Kriegsfrage.
Die Gefahr eines großen, weltweiten Krieges zeichnet sich immer deutlicher ab. Die Sozialisten aus den verschiedenen Ländern versuchen sich darüber klar werden, was sie in einem solchen Fall tun sollen.

---

* Unter dem bürgerlichen Namen Wladimir Iljitsch Uljanow wird Lenin 1870 in Simbirsk geboren.
Aufgebracht über das tragische Schicksal seines um vier Jahre älteren Bruders Alexander, der wegen Teilnahme an einer Verschwörung 1887 hingerichtet wurde, schließt sich Lenin nach dem Abitur einem marxistischen Zirkel in Petersburg an und versucht, eine Zeitung für Arbeiter herauszugeben. Er wird verhaftet und schließlich nach Sibirien deportiert. Dort entsteht in der Einsamkeit des Dorfes Schuschenskoje das Manuskript »Die Entwicklung des Kapitalismus in Rußland«. Im März 1898 wird von Delegierten verschiedener Gruppen und Grüppchen in Minsk die »Russische Sozialdemokratische Arbeiterpartei« (RSDRP) gegründet, der Lenin 1899 beitritt. Nach Ende seiner Verbannungszeit geht er nach Westeuropa und versucht von dort aus und mit Hilfe der Zeitschrift »Iskra« (Funke) die Partei nach seinen Vorstellungen auszurichten. 1902 erscheint die Schrift »Was tun?« 1903: Diskussion auf dem Parteikongreß in Brüssel und London über die Organisationsfrage: Massenpartei oder Elitepartei mit Berufsrevolutionären.
Lenin plädiert für Letzteres und setzt sich mit seinen Anhängern durch (Mehrheit = bolsinstvo, davon Bolschewiken im Gegensatz zu Menschewiken = Minderheit). 1912 spalten sich die Bolschwiken als eigene Partei von den Menschewiken ab.
Rosa Luxemburg und Lenin standen sich in der Frage der Parteiorganisation und -führung eher kritisch gegenüber. Als jemand, der in den Massen eine spontan wirksam werdende Kraft sah (freilich bestritt sie nie, daß Massen geführt werden müssen!), sah Rosa in Lenins zentralistischen Vorstellungen, die ihre Ursachen nicht zuletzt in der besonderen Situation in Rußland und in seinen dort gemachten Erfahrungen hatten, Gefahren. Die Skepsis und gewisse kritische Vorbehalte waren wechselseitig. Doch werden die Gegensätze im Licht der Entwicklung, die nach dem Tod beider eintrat, häufig überspitzt dargestellt.

Einerseits muß die Internationale zu dieser aktuellen Frage Stellung nehmen, andererseits fürchten vor allem die deutschen Sozialdemokraten, eine Resolution, in der zu scharfe und zu radikale Maßnahmen vorgeschlagen werden, könne wieder zum Verbot ihrer Partei führen.

Die Formel, die schließlich verabschiedet wird, ist offizielles Programm der Internationalen. Wenn dieser Zusammenschluß überhaupt einen Sinn haben soll, müßten sich alle sozialistischen Parteien an sie halten – unter Umständen auch unter Hintanstellung der nationalen Interessen:

»Droht der Ausbruch eines Krieges, so sind in den beteiligten Ländern die Arbeiter und ihre parlamentarischen Vertreter verpflichtet, alles aufzubieten, um den Ausbruch des Krieges durch Anwendung entsprechender Mittel zu verhindern, die sich nach der Verschärfung des Klassenkampfes und der allgemeinen politischen Situation naturgemäß ändern und steigern. Falls der Krieg dennoch ausbrechen sollte, sind sie verpflichtet, für dessen rasche Beendigung einzutreten und die durch den Krieg herbeigeführte wirtschaftliche und politische Krise zur politischen Aufrüttelung der Volksschichten und zur Beschleunigung des Sturzes der kapitalistischen Klassenherrschaft auszunutzen.«

Für Rosa werden diese Sätze tatsächlich zur Richtschnur ihres politischen Handelns in den kommenden Jahren werden. Sie ist von der Macht internationaler Solidarität felsenfest überzeugt.

Seit 1906 besteht in Berlin eine Parteischule der SPD, an der über sechs Monate hin jeweils dreißig von den Bezirksorganisationen der Partei und der Gewerkschaft vorgeschlagene Mitglieder in Sozialwissenschaften, praktischen Arbeiten und Agitation ausgebildet werden.

Von ihrer Organisation her ist diese Bildungsstätte eine sehr fortschrittliche Einrichtung. Die Leitung liegt bei dem gesamten Kollegium, Teilnehmer und Parteivorstand sind mit je einer beratenden Stimme vertreten.

Reformen gehen von den Schülern selbst aus. So liest man in den Hausmitteilungen:

»Um mehreren Klagen der Schüler wegen Überlastung abzuhelfen, soll bei dem neuen Kurs wöchentlich außer den bisherigen

Parteischule der SPD, 1908 (von links nach rechts stehend die Lehrer Kurt Rosenfeld, Rosa Luxemburg, August Bebel, Arthur Stadthagen, Heinrich Cunow, Franz Mehring, Emanuel Wurm; auf der zweiten Bank links Wilhelm Pieck)

beiden Nachmittagen noch ein dritter Nachmittag vom Unterricht freigehalten werden.«

Als im Winter 1907 zwei Dozenten von der politischen Polizei aus Preußen ausgewiesen werden, übernimmt Rosa auf Kautskys Empfehlung die Dozentenstelle für Nationalökonomie.

Über ihren Unterrichtsstil berichtet ihre Schülerin Rosi Wolfstein:

»Wie sie uns zur eigenen Auseinandersetzung, zur Selbstverständigung mit den nationalökonomischen Fragen zwang? Durch Fragen! Durch Fragen und immer erneute Frage und Forschen holte sie aus der Klasse heraus, was nur an Erkenntnis über das, was es festzustellen galt, in ihr steckte. Durch Fragen beklopfte sie die Antworten und ließ uns selbst hören, wo und wie es sehr hohl klang, durch Fragen tastete sie die Argumente ab und ließ uns selbst sehen, ob sie schief oder gerade waren, durch Fragen zwang sie uns über die Erkenntnisse des eigenen Irrtums hin zum eigenen Finden einer hieb- und stichfeste Lösung ... bis zur letzten Stunde, wo sie uns entließ mit der eindringlichen Mahnung, nichts ohne Nachprüfung anzunehmen, alles immer erneut nachzuprüfen, mit allen Problemen Fangball spielen, das ist's, was sein muß.«

An den sieben Kursen, in denen Rosa bis 1914 unterrichtet, haben insgesamt zweihundert Frauen und Männer teilgenommen, die als Multiplikatoren des hier vermittelten Wissens in die Parteiorganisationen der verschiedenen Teile des Reiches zurückkehrten.

Neben der Lehrtätigkeit aber geht für Rosa die kritische Auseinandersetzung mit den revisionistischen Bestrebungen in der SPD weiter.

Ein Diskussionspunkt dieser Jahre ist das Dreiklassenwahlrecht in Preußen. Je nach Höhe des Einkommens hat danach der einzelne mehr oder weniger politische Macht. Das System soll eingestandenermaßen die Vorherrschaft der Besitzenden sichern. Bezeichnend für die absurden Wahlergebnisse, die so zustande kommen, sind zwei Zahlen aus der Wahl des Jahres 1908:

Während es mit 600000 Stimmen die Sozialdemokraten nur auf sechs Abgeordnete bringen, können die Konservativen mit 418000 Stimmen zweihunderteinundzwanzig Sitze erringen!

Nach immer lauter werdenden Protesten und Demonstrationen verspricht Wilhelm II. in seiner Thronrede eine Wahlrechtsreform, die jedoch immer wieder verschleppt wird.

1910 macht der Reichskanzler Bethmann-Hollweg den nahezu zynisch klingenden Vorschlag, Akademiker, verabschiedete Offiziere und höhere Beamte eine Wählerklasse aufrücken zu lassen. Die Demonstrationen der Arbeiterschaft gegen das ungerechte Wahlsystem weiten sich immer mehr aus.

Im Frühjahr 1909 läßt Karl Kautsky seine Schrift »Der Weg zur Macht« erscheinen. Seine Thesen: Nächste Aufgaben des Proletariats sind die Erringung der Demokratie und der Kampf gegen Militarismus und Imperialismus.

Der Parteivorstand der SPD nimmt Anstoß an einigen »revolutionären Formulierungen«. Kautsky unterwirft sich und ändert die entsprechenden Stellen in seiner Schrift ab.
Rosa versucht in der Parteipresse zwei Überlegungen Gehör zu verschaffen: Wäre jetzt, da viele Arbeiter gegen niedrige Löhne und gegen das ungerechte Wahlsystem demonstrieren, nicht die Zeit für eine Aktion auf Massenbasis, für den Generalstreik?
Und weiter: Sollte nicht endlich auf den Sturz der Monarchie und die Einführung einer republikanischen Staatsform in Deutschland hingearbeitet werden?
Den meisten Funktionären in der SPD und in den Gewerkschaften sind solche Überlegungen viel zu radikal.
Anfang März 1910 spricht sich die Generalkommission der Gewerkschaften gegen Streiks aus. Rosa polemisiert gegen die beschwichtigende Haltung. »Vorwärts« lehnt es ab, ihren Artikel zu drucken.
Auch Kautsky will den Beitrag in seiner Theorie-Zeitschrift »Neue Zeit« nicht veröffentlichen.
War er noch 1909 der Meinung, man sei jetzt in eine Periode der Kämpfe um die Staatseinrichtungen und die Staatsmacht eingetreten, so plädiert er 1910 für Defensive und Ermattungsstrategie und erhofft sich dadurch für die SPD Gewinne bei den in zwei Jahren stattfindenden Reichstagswahlen.
Rosa empört sich über die Vorstellung, »alles auf den parlamentarischen Leisten zurückschrauben zu wollen«.
Immer deutlicher bricht die SPD in diesen Jahren in drei Blöcke auseinander. Die Reformisten neigen mehr und mehr der offiziellen Regierungspolitik zu. Das marxistische Zentrum, zu dem auch Kautsky gehört, verteidigt angeblich die reine Lehre, zu der allerdings mehr und mehr ein Revisionismus à la Bernstein erhoben wird. Im revolutionär-radikalen Flügel der Partei finden sich Rosa, Clara Zetkin, Hering und Radek zusammen.
1910, nachdem Kautsky einen Artikel erst »sehr schön und sehr wichtig« gefunden hat, dann vorschlug einen Passus über die Republik zu streichen, »denn in unserem Programm steht kein Wort von Republik«, um schließlich den Text gar nicht zu bringen, kommt es zum Bruch zwischen Rosa und dem Chefideologen:

»Diesem Feigling, der nur den Mut findet, anderen in den Rücken zu fallen, will ich's besorgen«, schreibt sie grimmig.
Der tiefe und dann letztlich unüberbrückbare Graben zwischen Rosa und Kautsky wird nirgends besser sichtbar als in einem Brief, den sie ihm schon 1900, als sie noch befreundet sind, von einer Urlaubsreise an den Rheinfall von Schaffhausen geschrieben hat:

Jedesmal, wenn ich ... das furchtbare Schauspiel, die spritzende Gischt, die weiße kochende Wasserhölle sehe und das betäubende Geräusch höre, schnürt sich mir das Herz zusammen und in mir sagt etwas: dort steht der Feind. Sie staunen? Freilich ist es der Feind der menschlichen Eitelkeit, die sich sonst etwas dünkt und so plötzlich zusammenbricht.

Die Eitelkeit, die Vorsicht, um ja die Rolle als Starinterpret und Papst nicht zu verlieren – das sind Sünden, für die es in Rosas Augen kein Pardon gibt.
Und weiter steht in diesem die unterschiedlichen Grundhaltungen so klar umreißenden Brief:

Ähnlich wirkt übrigens eine Weltauffassung, bei der es von allen Begebenheiten heißt wie bei Ben Akiba, es war immer so, es wird schon von selbst gehen und dgl. und der Mensch mit seinem Wollen, Können und Wissen so überflüssig scheint. Deshalb hasse ich eine solche Philosophie, mon cher Charlesmagnes, und bleibe dabei, daß man sich lieber in den Rheinfall stürzen und in ihm wie eine Nußschale untergehen muß, als ihn mit weisem Kopfnicken weiter rauschen zu lassen, wie er zu unser Urväter Zeiten gerauscht und nach uns rauschen wird.

Es ist der Unterschied zwischen dem Mann, der vernünftig genug ist, unter Umständen einzusehen, daß man seinen Frieden mit dem Gang der Dinge zu schließen habe und einer Frau, die unerbittlich darauf pocht, daß der Kampf weiter vorangetrieben werden muß.
Rosa – die unermüdliche Partisanin der Veränderung. Rosa – die Kämpferin gegen alles, was Anpassung, Stehenbleiben auf halbem Weg, Bequemlichkeit, Lauheit, faule Kompromisse bedeutet.
Rosa – die Unbedingte. Das ist es, was nicht nur zum Bruch mit Kautsky, sondern überhaupt mit der neuen Führungsspitze führt,

was den Unterschied zwischen ihr und der Mehrheit in der Partei ausmacht.

1911 ist Paul Singer gestorben. 1912 stirbt der große alte Mann August Bebel. Die alte Garde, die von den harten Gründerjahren der Partei, von der Zeit des Verbots geprägt war, tritt ab.

Nachfolger im Parteivorstand werden der Rechtsanwalt Hugo Haase und der konservative Parteifunktionär Friedrich Ebert. Je mehr Sitze im Reichstag die SPD gewinnt, desto mehr Verständnis zeigen ihre Führer für die Interessen des bürgerlichen Lagers. Man wird selbst langsam zum Bürger, zum staatstragenden Element.

Ende März 1913 wird im Reichstag eine Militärvorlage eingebracht, die die größte Heeresverstärkung seit Bestehen des Deutschen Reiches vorsieht. Ein Teil der zusätzlichen finanziellen Mittel soll durch einen außerordentlichen Wehrbeitrag und durch Besteuerung aller Vermögen über zehntausend Mark aufgebracht werden, der übrige Teil aber geht zu Lasten auch des Proletariats.

Am 30. Juni 1913 wird die Militärvorlage im Reichstag angenommen. Die SPD-Fraktion hat die Militärvorlage zwar abgelehnt, stimmt aber einer einmaligen Vermögensabgabe (dem Wehrbeitrag) und einer Vermögenszuwachssteuer zur Finanzierung der Heeresausgaben zu. Der Abstimmung sind scharfe Auseinandersetzungen in der Fraktion vorausgegangen. Siebenunddreißig Abgeordnete, die die Vorlage ablehnen wollten, werden durch Fraktionsdisziplin auf die revisionistische Linie festgelegt. Die Zustimmung zu den Gesetzen bedeutet das Abgehen von dem Grundsatz: »Diesem System keinen Mann und keinen Groschen!«

Schon im März 1913 sind die Redaktionen der Parteizeitungen verpflichtet worden, von nun an keine Kritik an der SPD-Reichstagsfraktion und dem Parteivorstand zu üben. Der Beschluß wird zunächst bei den einzelnen Blättern recht lax gehandhabt. Aber als im Sommer 1913 Hans Block die Leitung der »Leipziger Volkszeitung« übernimmt, in der bisher die radikale Opposition immer noch zu Wort gekommen ist, wird Rosa aus diesem Blatt gedrängt, für das sie fünfzehn Jahre geschrieben hat. Mehring, Marchlewski und Clara Zetkin erklären sich mit Rosa solidarisch.

Im Dezember 1913 gründet diese Gruppe ein eigenes Mitteilungsblatt, die »Sozialdemokratische Korrespondenz«. In ihm nimmt Rosa neben taktischen Fragen vor allem zum Problem des Militarismus Stellung.
Es ist nicht zufällig, daß sie in diesen Jahren mit solcher Entschiedenheit gegen die wachsenden Rüstungsausgaben und das Militär zu Felde zieht.
Bei ihrer Theoriearbeit an der Schrift »Die Akkumulation des Kapitals« dürfte sich ihr als düstere Ahnung die Gefahr eines Weltkrieges als logische Folgerung aus der Konkurrenzsituation der imperialistischen Großmächte aufgedrängt haben.
Ihre Strategie: Aufklärung der Massen, welchen Interessen ein solcher Krieg dienen würde, Entlarvung der Unmenschlichkeit des Militärs in einer Gesellschaft, in der der Offizier als erster Mann im Staate gilt, und jenseits der Grenzen des Deutschen Reiches Stärkung der internationalen Solidarität.
Am 24. September 1913 spricht Rosa in Hanau, am 26. in der Liederhalle in Frankfurt am Main-Bockenheim und am 28. September in Frankfurt-Fechenheim. Thema aller drei Referate: »Gegen Militarismus und imperialistischen Krieg!«
Am 20. Februar 1914 um neun Uhr beginnt vor der 2. Strafkammer des Landgerichts Frankfurt am Main ein Prozeß gegen Rosa. Die Anklage wirft ihr ein Vergehen gegen § 110 und 111 des Strafgesetzbuches vor. Sie soll bei den Versammlungen im Herbst 1913 eine Menschenmenge zum Ungehorsam gegen die Obrigkeit aufgewiegelt haben.
Als erster Zeuge in dem Frankfurter Prozeß wird der ehemalige Schreiner Henrici vernommen. Er ist auf der Versammlung in Bockenheim gewesen. Erst hat er sich kurze Notizen gemacht, später hat er ganze Sätze mitstenographiert. An Hand dieser Notizen gibt er eine Inhaltsangabe des Vortrags.
Die Rednerin habe die Frage aufgeworfen, ob die Arbeiter sich einen Krieg ungestraft gefallen lassen sollten. Als hierauf aus der Versammlung »niemals« gerufen worden sei, habe sie erklärt:

Wenn uns zugemutet wird, die Mordwaffe gegen unsre französischen oder anderen Brüder zu erheben, dann rufen wir: Das tun wir nicht.

Der Militarismus auf der Anklagebank
Karikatur aus der »Wahre Jacob« zum Frankfurter Prozeß, 25. Juli 1914

Auf diese Sätze stützt sich die ganze Anklage. Der Zeuge Henrici erklärt, daß er die Sätze wörtlich aufgenommen habe. Er bekennt sich als Verfasser eines Artikels in der »Frankfurter Warte«, durch den die Strafverfolgung ausgelöst wurde. Er habe den Artikel nicht selbst an den Staatsanwalt geschickt, wisse aber, wer

es getan habe. Die Frage, ob der Zeuge veranlaßt habe, daß der Artikel an den Staatsanwalt geschickt wurde, die der Verteidiger Dr. Rosenfeld stellt, wird durch Gerichtsbeschluß abgelehnt. Der Staatsanwalt fordert eine Strafe von einem Jahr Gefängnis und beantragt im Fall der Verurteilung der Angeklagten deren Verhaftung. In seinem Plädoyer sagt er unter anderem:
»Die Angeklagte ist wiederholt vorbestraft. Immerhin liegen die Strafen weit zurück, die letzte über acht Jahre. Es ist erstaunlich, daß die Angeklagte seitdem zwar eine große Anzahl der schlimmsten Brandreden gehalten, es aber verstanden hat, sich nicht strafbar zu machen. Das ist ein Beweis für ihre außerordentliche Intelligenz, für ihre Überlegenheit im Handeln. Die Angeklagte überlegt sich genau, was sie sagt. Ihre ganze Persönlichkeit ist nicht geeignet, eine milde Auffassung hervorzurufen. Sie gehört der extremsten Gruppe des radikalsten Flügels der Sozialdemokratie an. Sie ist bekannt durch ihre außerordentlich scharfen Reden. Sie trägt den Beinamen ›die rote Rosa‹ nicht zu Unrecht. Die Frankfurter Reden zeigen, was sie in ihrem Kopf denkt, was sie in ihrer Brust fühlt. Sie spielt mit dem Massenstreik, sie animiert zum Mord, sie fordert zur Meuterei auf. Das läßt erkennen, von welcher Todfeindschaft die Angeklagte gegen die bestehende Staatsordnung erfüllt ist.«
Der Verteidiger Dr. Kurt Rosenfeld versucht in längeren Ausführungen nachzuweisen, daß die §§ 111 und 112 nur die Aufforderung zum Ungehorsam im Auge haben, denen die Tat gleich folgt. Er führt noch aus, daß die Auslobung* von zehn Mark für jeden erstochenen »Wackes« viel eher eine Aufforderung zum Ungehorsam enthalte als die Ausführungen der Genossin Luxemburg. Er spielt dabei auf die sogenannte Zabern-Affäre an. In der kleinen elsässischen Stadt war es im November 1913 zu Unruhen gekommen, nachdem der Leutnant Freiherr von Forstner vor Rekruten die Bevölkerung beschimpft und demjenigen eine Belohnung von zehn Mark versprochen hatte, der im Streit einen Elsässer niedersteche.

* Belohnung durch öffentliche Bekanntmachung aussetzen

Rosa sagt in ihrer Verteidigungsrede:

Herr Staatsanwalt, wir Sozialdemokraten hetzen überhaupt nicht! Denn was heißt »hetzen«? Habe ich etwa den Versammelten einzuschärfen versucht: Wenn ihr im Krieg als Deutsche in Feindesland, zum Beispiel nach China, kommt, dann haust so, daß kein Chinese nach hundert Jahren wagt, einen Deutschen mit scheelen Blicken anzusehen?* Hätte ich so gesprochen, dann wäre das allerdings eine Aufhetzung. Oder habe ich vielleicht in den versammelten Massen den nationalen Dünkel, den Chauvinismus, die Verachtung und den Haß für andere Rassen und Völker aufzustacheln gesucht? Das wäre allerdings eine Aufhetzung gewesen. Aber so sprach ich nicht, und so spricht nie ein geschulter Sozialdemokrat...

Das Urteil im Frankfurter Prozeß lautet:
»Die Angeklagte wird wegen zwei Vergehen gegen § 110 des Strafgesetzbuches zu einer Gefängnisstrafe von einem Jahr verurteilt. Der Haftantrag wird abgelehnt.«
Die Angeklagte legt gegen das Urteil Berufung ein. Überall in Deutschland protestieren Arbeiter gegen ihre Verurteilung.
Rosa setzt unbeirrt ihre Agitation gegen den Militarismus auf Versammlungen in Stuttgart, Berlin, Freiburg, Karlsruhe, Pforzheim, München, Heilbronn, Göppingen und Gmünden fort.
Aus einem Geheimschreiben des Ministers des Inneren an den Herrn Regierungspräsidenten in Wiesbaden:

Geheim! Eigenhändig!
Berlin, den 4. März 1914
In dem mir abschriftlich überreichten Bericht des Polizeipräsidenten in Frankfurt am Main vom 25. November v. Js. betreffend die von der Agitatorin Luxemburg am 26. September im Stadtteil Bockenheim gehaltenden Rede, ist mir aufgefallen, daß keine polizeiliche Überwachung dieser Versammlung stattgefunden, die Polizeibehörde sich vielmehr damit begnügt hat, eine Privatperson zur Beobachtung des Verlaufs der Versammlung in diese zu entsenden...

---

* Anspielung auf die Rede des deutschen Kaisers am 27. 7. 1900. Siehe Kapitel 3, Wie Hunnen...

Ich bitte den Polizeipräsidenten gefälligst darauf hinzuweisen, daß in Zukunft solche Versammlungen, wie die hier in Rede stehenden durch einen Beamten zu überwachen sind, was selbstverständlich nicht die Beobachtung der Vorgänge durch eine Privatperson ausschließt...

»Vorwärts« Nr. 91 vom 2. April 1914:
»Die nationalliberale Ortsgruppe Lorch, Württemberg, entrüstet über die Untätigkeit der Behörden gegenüber dem skandalösen Auftreten der Rosa Luxemburg, welche in Versammlungen die aufwiegelnden Reden, wegen derer sie zu einem Jahr Gefängnis verurteilt worden ist, unentwegt wiederholt und sich über ihre Verurteilung auch noch lustig macht, spricht die Erwartung aus, daß im Reichstag der Reichskanzler hierüber interpelliert oder in entsprechender Weise befragt werde. Es wird im deutschen Volk, soweit es nicht im sozialdemokratischen Fahrwasser segelt, nicht verstanden, daß man dem frechen Gebaren dieses Frauenzimmers nicht ein Ende macht.«
»Vorwärts« Nr. 130 vom 14. Mai 1914:
»Soeben hat der Kriegsminister von Falkenhayn einen neuen Strafantrag gegen die Genossin Luxemburg gestellt, und zwar wegen einer Äußerung, die sie in der Freiburger Riesenversammlung vom 7. März getan hat. Der Herr Kriegsminister fühlt sich im Namen des gesamten Offiziers- und Unteroffizierskorps der deutschen Armee beleidigt durch die Behauptung unserer Genossin, daß in der deutschen Armee Soldatenmißhandlungen auf der Tagesordnung stehen.«

Brief von Rosa Luxemburg an Franz Mehring vom 22. Mai 1914:

Ich kann Ihnen nicht sagen, welche Freude mir die Sache macht. Wieder also ein Prozeß, in dem nicht etwa ein lapsus linguae* ... zu Gericht steht, sondern elementare Wahrhaftigkeiten, notwendige Bestandteile unserer politischen Aufklärung.

Rosas Verteidiger, Dr. Rosenfeld und Dr. Levi, können in dem zweiten Prozeß, der am 29. Juni 1914, einen Tag nach dem

* Sichversprechen.

Attentat in Sarajewo, vor dem Landgericht II in Berlin beginnt, mit Zeugenmaterial für dreißigtausend Soldatenmißhandlungen aufwarten. Dies ist das Ergebnis von Aufrufen in der sozialdemokratischen Presse.

Schon am ersten Tag erscheinen einhundert Zeugen der Verteidigung.

»Der Zeuge Diefenbach, der 1902 bis 1903 als Einjähriger-Freiwilliger in einem westfälischen Artillerie-Regiment gedient hat, soll bekunden, daß die Soldaten von Unteroffizieren häufig mißhandelt wurden. Ohrfeigen, Püffe, Säbelstöße und auch Schläge mit der Reitgerte geschahen täglich. Ein Sergeant prügelte systematisch, ein Leutnant hat öfter, ein Major einmal einem Soldaten eine Ohrfeige gegeben. Beschwerden unterblieben aus Angst.

Der Zeuge Dr. Rosenthal soll bekunden, daß bei einer Übung 1895 in Breisach kein Tag ohne Mißhandlungen verging. Der Zeuge bot dem Unteroffizier Reichle an, ihm eine Woche hindurch allen Schnaps zu bezahlen, den er trank – das war nicht wenig – wenn er einen Tag nicht prügle. Reichle lehnte das ab mit der Begründung, er müsse sich erst jeden Morgen munter prügeln. Auch die anderen Unteroffiziere haben durchweg geprügelt.

Der Zeuge Jaeckel, der 1886 gedient hat, wird schwere Mißhandlungen, die Blutungen zur Folge hatten, Anspucken von Soldaten durch Vorgesetzte, Schemelstrecken bei glühendem Ofen bekunden, weiter ordinäre Schimpfereien von Offizieren, von denen einer einem körperlich und geistig schwachen Soldaten den Kopf bis zum Hals in den Schnee stecken und diese Prozedur zu seiner Freude durch zwei Soldaten ausführen ließ. Dieser Leutnant habe auch den Säbel zwischen den auf den Rücken gebundenen Händen des Soldaten so durchgesteckt, daß sich die Spitze in die Kniekehlen einbohren mußte, und dann kommandierte er langsam Schritt.

Musketier Hempel kam eines Tages zu spät in die Kaserne, der Feldwebel erklärte der Kompanie von einer Weitermeldung dieses Schweines an den Hauptmann Abstand zu nehmen, aber man solle ihm die ›Kompanieliebe‹ (nächtliche Mißhandlung im Schlafsaal) geben. Als der Dienst beendet war, erschoß sich

Hempel mit dem Dienstgewehr. Der hinzugerufene Oberstabsarzt sagte: ›Mein Sohn, du hast gut getroffen!‹«

Und so weiter, und so weiter...
»Leipziger Volkszeitung« Nr. 150 vom 3. Juli 1914:
»Die am Freitag wieder aufgenommene Verhandlung in dem Prozeß gegen die Genossin Luxemburg endete mit der Vertagung des Prozesses auf unbestimmte Zeit.
Der Staatsanwalt begründet den Vertagungsantrag mit einer Erklärung des Kriegsministers, daß es ihm in der kurzen Zeit nicht möglich sei, die Zeugenaussagen prüfen zu lassen. Eine ähnliche Erklärung gab der Staatsanwalt für sich ab. Die Angeklagte und die Verteidigung wehrten sich gegen die Vertagung, die auf eine Verschleppung hinauslaufe und nur dazu dienen solle, den Prozeß dem Zivilgericht zu entziehen, zu dem man kein Vertrauen habe, und ihn vor ein Kriegsgericht zu bringen. Nach langer Beratung gab jedoch das Gericht dem Vertagungsantrag statt.«

Rosas Genugtuung über ihren Erfolg bei der Aufdeckung unmenschlicher Zustände in der deutschen Armee wird getrübt durch die kritische politische Situation in Europa.
Am 25. Juli 1914 erklärt nach der Ermordung des österreichischen Thronfolgers in Sarajewo Österreich Serbien den Krieg. Am 29. Juli mobilisiert Rußland einen Teil seiner Truppen. Die entscheidende Frage war, würde das Deutsche Reich in den Konflikt hineingezogen werden oder in ihn eingreifen? Dann war durch das System der Militärbündnisse der beiden Großmachtblöcke ein europäischer Krieg, ein Weltkrieg unvermeidbar.
Rosa ist noch optimistisch. Sie glaubt nicht daran, daß der deutsche Kaiser zu diesem Zeitpunkt den Krieg wünscht. Und sie hofft, die Sozialistische Internationale werde in der Lage sein, die Kriegspolitik der Regierung abzublocken.
Am 29. Juli 1914 trifft sich das Büro der Internationale in Brüssel, um zur Kriegsgefahr Stellung zu nehmen.
Das Deutsche Reich ist durch Haase und Kautsky vertreten, Frankreich durch Jaurès, Guesde und Vaillant, Österreich durch Victor und Friedrich Adler, Rußland durch Axelrod. Lenin selbst

ist nicht erschienen, sondern läßt sich durch seine Freundin Angelica Balabanow vertreten. Aus Großbritannien ist Keir Hardie gekommen, die belgischen Sozialisten vertreten Emile Vandervelde und Camille Huysmans, die Schweizer Sozialdemokraten Karl Moor und Robert Grimm.

Als erster spricht Victor Adler. Er stellt die Lage der Sozialdemokraten in Österreich sehr pessimistisch dar. Das Volk, die Massen, wollen den Krieg. Man demonstriere in den Straßen für den Krieg. Wenn sich die Sozialisten gegen den Krieg aussprechen sollten, würden sie sich völlig isolieren. Auch sei es unmöglich, einen für den Herbst in Wien geplanten Antikriegskongreß in der österreichischen Hauptstadt abzuhalten.

Während Adlers Rede ins Französische übersetzt wird, unterhält sich Rosa mit dem spanischen Delegierten Fabra-Ribas. Sie ist empört. Wo bleibt jetzt, da wirklich alles auf dem Spiel steht, die internationale Solidarität! Ja, man ist gegen den Krieg. Das ist das Ideal, die Sonntagsgesinnung. Aber wenn die Vaterländer in Gefahr sind, wird man trotzdem für sie in den Krieg ziehen. Das ist die bittere Wirklichkeit, die Alltagsgesinnung.

Zornig sagt Rosa zu dem Spanier: »Die Sitzung kann nicht in einer solchen Atmosphäre fortgesetzt werden...«

Immerhin, noch nicht in allen Ländern scheinen die Massen so kriegsfreudig wie in Österreich.

Der deutsche Delegierte Hugo Haase verliest ein Telegramm, aus dem hervorgeht, daß noch gestern in Berlin Tausende von Arbeitern in siebenundzwanzig überfüllten Versammlungen und auf der Straße gegen den Krieg und für den Frieden demonstriert haben. Was er hingegen nicht erwähnt, ist, daß im Parteivorstand der SPD nach einem oder mehreren Gesprächen mit dem Reichskanzler Bethmann-Hollweg schon die Weichen für eine Politik des Burgfriedens zwischen Regierung und Opposition gestellt worden sind. Damit hat die SPD, statt die Regierung und den Kaiser in ihrem Kriegskurs zu bremsen, diesen noch den Rücken gestärkt.

In Berlin schreibt Wilhelm II. am 29. Juli an den Rand eines Telegramms des russischen Zaren, Nikolaus II.:

»Die Sozen machen antimilit. Umtriebe in den Straßen, das darf nicht geduldet werden. Jetzt auf keinen Fall. Im Wiederholungsfalle werde ich den Belagerungszustand proklamieren und die Führer samt und sonders tutti quanti einsperren lassen. Wir können jetzt keine soz. Propaganda mehr dulden.«

Am 30. Juli versichert der Reichskanzler auf einer Sitzung des preußischen Staatsministeriums, daß von der Sozialdemokratie und dem sozialdemokratischen Parteivorstand, falls der Krieg ausbreche, nichts Besonderes zu befürchten sei.

Bei der Nachmittagssitzung am 29. Juli in Brüssel überkommt Rosa Resignation und lähmende Trauer.

Die Beschlüsse, zu denen sich das höchste Gremium der europäischen Sozialisten aufrafft, fallen höchst mager aus.

Man verlegt den Kongreß, der für Ende August nach Wien einberufen ist, und auf dem dem Krieg der Krieg erklärt werden soll, auf den 9. August nach Paris. Aber auf konkrete Maßnahmen – beispielsweise auf die Ausrufung des Generalstreiks in allen Ländern – kann man sich nicht einigen. Ja, man streitet sich sogar, ob in Paris überhaupt das Mittel des Generalstreiks diskutiert werden soll. Die nationale Befangenheit der Politiker und damit die Lähmung und das zwangsläufige Versagen der II. Internationale muß als Wirklichkeit anerkannt werden.

Ein schwerer Schlag für eine Frau, für die internationale Solidarität nie ein bloßes Lippenbekenntnis gewesen ist.

Am Abend des 29. Juli findet im Cirque Royal ein großes Antikriegsmeeting der belgischen Arbeiter statt. Der Riesenbau ist bis auf den letzten Platz gefüllt.

Als die Delegierten der Internationale die Versammlung betreten, schlägt ihnen Sympathie entgegen. Wenn die Stimmung dieses Massentreffens repräsentativ wäre, dürfte es keinen Krieg in Europa geben. Für Stunden kommt bei manchen Delegierten die Illusion auf, noch sei nicht alles verloren. Vandervelde und Hugo Haase sprechen zur Menge. Jaurès ruft aus:

»Wir Franzosen haben die Pflicht, darauf zu bestehen, daß die französische Regierung energisch mit Rußland spricht, damit es sich dem Konflikt fernhält. Und tut Rußland das nicht, dann ist es unsere Pflicht zu sagen: Wir kennen nur einen Vertrag, den Vertrag, der uns an die Menschheit bindet.«

Darauf bittet er »die kühne Frau, die das Herz des deutschen Proletariats mit der Flamme ihres Gedankens erfüllt hat«, das Wort zu nehmen.
Aber Rosa spricht nicht. Sie sitzt da, die Hände vors Gesicht geschlagen. Zwei andere Delegierte kommen, drängen sie. Niemand begreift, warum sie es jetzt ablehnt zu sprechen.
Der Vorsitzende Vandervelde sagt: »Ich hätte gern Rosa Luxemburg das Wort gegeben, doch ich möchte ihr die Anstrengungen ersparen.«
Jaurès ruft knurrend dazwischen: »Sie wird sich im Gefängnis ausruhen.«

Jean Jaurès

Rosa bleibt regungslos, starr. Sie weiß, daß auch eine leidenschaftliche Rede jetzt nichts mehr ändern würde. Ist sie denn die einzige, der es ernst gewesen ist mit der internationalen Solidarität der Sozialisten? Am 30. Juli vormittags kommt man im Internationalen Sozialistischen Büro noch einmal zusammen.

Es wird eine Resolution verabschiedet:
»Die Proletarier aller betroffenen Länder verpflichten sich, ihre Demonstrationen gegen den Krieg nicht nur fortzusetzen, sondern sie noch zu verstärken. Die deutschen und die französischen Proletarier werden mit all ihren Kräften auf ihre Regierungen einwirken, so wie sie es jetzt getan haben, damit diese auf ihre Verbündeten Österreich und Rußland Druck ausüben, daß die beiden Länder davon ablassen, den Weltfrieden zu gefährden.«
Das ist alles.
Niedergeschlagen wartet Rosa auf die Abfahrt ihres Zuges. Ihre letzten Stunden in Brüssel hat sie später in einem Brief an Hans Diefenbach geschildert:

Sie haben doch wohl auf dem Kopenhagener Kongreß Camille Huysmans gesehen, den großen Jungen mit den dunklen Locken und dem typischen Vlamengesicht? ... Zehn Jahre lang gehörten wir beide dem Internationalen Bureau an und zehn Jahre lang haßten wir einander, sofern mein »Taubenherz« eines solchen Gefühls überhaupt fähig ist. Weshalb – ist schwer zu sagen. Ich glaube, er kann politisch tätige Frauen nicht leiden, mir fiel wohl sein impertinentes Gesicht auf die Nerven. Es fügte sich nun bei der letzten Sitzung in Brüssel ... daß wir zum Schluß einige Stunden zusammen waren. Ich saß gerade – es war in einem eleganten Restaurant – bei einem Strauß Gladiolen, die auf dem Tisch standen und in deren Anblick ich mich ganz vertiefte, ohne mich an dem politischen Gespräch zu beteiligen. Dann kam die Rede auf meine Abreise, wobei meine Hilflosigkeit in »irdischen Dingen« zum Vorschein kam, mein ewiges Bedürfnis nach einem Vormund, der mir das Billet besorgt, mich in den richtigen Zug steckt, meine verlorenen Handtaschen einsammelt – kurz meine ganze blamable Schwäche, die Ihnen schon so viele frohe Augenblicke bereitet hat. Huysmans beobachtete mich schweigend die ganze Zeit, und der zehnjährige Haß wandelte sich in einer Stunde in glühende Freundschaft. Es war zum Lachen. Er hatte mich endlich schwach gesehen und war in seinem Element. Nun nahm er sofort mein Schicksal in die Hand, schleppte mich zusammen mit Anseele, dem reizenden kleinen Wallonen, zu sich zu einem Souper, brachte mir eine kleine Katze, spielte und sang mir Mozart und Schubert vor. Er besitzt ein gutes Klavier und einen hübschen Tenor, es war ihm eine Offenbarung, daß mir die musikalische Kultur Lebensluft ist ... Dann brachte

Friedenstreffen am 13. 7. 1914 in Brüssel

er mich natürlich zum Zug, trug selbst meinen Koffer, saß dann noch im Coupé mit mir und beschloß plötzlich: »Mais il est impossible, de vous laisser voyager seule!«* Als ob ich wirklich ein Säugling wäre. Kaum habe ich ihm ausgeredet, daß er mich wenigstens bis zur deutschen Grenze begleitete, er sprang hinaus, erst als der Zug in Bewegung war, und rief noch »Au revoir â Paris!«

Nach 14stündiger Nachtfahrt kommt Rosa zusammen mit Haase und Kautsky in Berlin an.
Dort hört sie die Nachricht: Jean Jaurès ist von einem Fanatiker ermordet worden.
Tot, der einzige, der vielleicht, wenn überhaupt jemand, in der Lage gewesen wäre, die Sozialistische Partei und die Gewerkschaften im Fall des Kriegsausbruchs zu einem Generalstreik zu bewegen. Eine Hoffnung weniger, ach was: sie weiß, daß es gar keine Hoffnung mehr gibt.

---

* Aber es ist unmöglich, daß Sie allein reisen!

Am 31. Juli, nach den Antikriegsdemonstrationen der Vortage, hat der Parteivorstand der SPD die Parteimitglieder aufgerufen, keine Unbesonnenheit zu begehen.
Während im »Vorwärts« immer noch Artikel gegen den Krieg erscheinen, während noch einmal eine Delegation der SPD nach Paris reist, um mit den französischen Sozialisten zu sprechen, finden in der Reichstagsfraktion der Partei schon Besprechungen statt, wie man sich bei der anstehenden Abstimmung über die Kriegskredite verhalten soll. Immer mehr setzt sich angesichts des allgemeinen Hurra-Patriotismus im Land in der Parteiführung die Meinung durch, wenn es hart auf hart komme, müsse man zu Kaiser und Reich stehen. Die Motive für diese Haltung sind unterschiedlich. Die einen sind tatsächlich vom patriotischen Fieber angesteckt, die anderen argumentieren: Widersetze man sich der Regierungspolitik, so werde man sich der Basis entfremden, eventuell damit sogar dem Kaiser den Vorwand liefern, in Deutschland eine Militärdiktatur zu errichten und alle Sozialdemokraten einsperren zu lassen. Daß bei den Militärs dererlei Pläne erwogen werden, hatte sich 1910 schon herausgestellt.
Es kommen finstere Zeiten.

Durch die Gefängnisse

Wenn die Unterdrückung
zunimmt,
werden viele entmutigt,
aber sein Mut wächst…
Wo immer geschwiegen wird,
dort wird er sprechen.
Und wo Unterdrückung herrscht
und von Schicksal die Rede ist,
wird er Namen nennen.

Bert Brecht, Lob des Revolutionärs

Rausch. Der patriotische Lärm in den Straßen, die Jagd auf Goldautomobile, die einander jagenden falschen Telegramme, die mit Cholerabazillen vergifteten Brunnen, die auf jede Eisenbahnbrücke Berlins bombenwerfenden russischen Studenten, die über Nürnberg fliegenden Franzosen, die Straßenexzesse des spionewitternden Publikums, das wogende Menschengedränge in den Konditoreien, wo ohrenbetäubende Musik und patriotische Gesänge die höchsten Wellen schlagen; ganze Stadtbevölkerungen in Pöbel verwandelt, bereit zu denunzieren, Frauen zu mißhandeln, Hurra zu schreien und sich selbst durch wilde Gerüchte ins Delirium zu steigern, eine Ritualmordatmosphäre, in der der Schutzmann an der Straßenecke der einzige Repräsentant der Menschenwürde ist. Die Reservistenzüge werden vom lauten Jubel der nachstürzenden Jungfrauen begleitet…

So erlebt Rosa Luxemburg den Ausbruch des I. Weltkrieges.
Ein 18jähriger Arbeiter in einer Berliner Schuhfabrik erlebt ihn so:
»Die Kriegsereignisse unterbrachen den täglichen Trott in der Fabrik nicht. Der Abteilungsleiter war so übellaunig-pedantisch wie immer, er kujonierte besonders die Heimarbeiterinnen nach wie vor, er ließ sie stundenlang warten, ehe er ihnen neue Arbeit gab, obwohl ich für jede das Material fertig zur Ausgabe auf den

Tisch gelegt hatte. Man sprach über den Krieg wie etwa über ein Erdbeben, man nahm ihn hin wie ein Naturereignis. Unpolitischen Menschen mangelte es an Phantasie und an Wissen, um das Ausmaß des Geschehens aufnehmen zu können. Auch in der Zeit, in der es täglich um Tod und Leben von Tausenden Einzelpersonen und ganzen Völkern geht, gehen die kleinen täglichen Sorgen der eigenen Existenz vor. So diskutierten die Kollegen um diese Zeit mehr über Betriebsfragen als über den Krieg. Die Fabrikleitung hatte neuartige Zwickmaschinen gekauft. Monteure der Maschinenfabrik und ausgebildete Maschinenarbeiter waren mit dem Einbau beschäftigt; mehr als ein Drittel der Belegschaft fürchtete Arbeitslosigkeit ... alle atmeten auf, als Heeresaufträge hereinkamen.

Ich weiß nicht, ob unter meinen Arbeitskollegen Mitglieder der SPD waren. Ich habe auch niemals gesehen, daß ein Kollege das Parteiorgan, den ›Vorwärts‹ las. Trotzdem war damals die Arbeiterschaft weit mehr mit der Sozialdemokratie verbunden als heute. Man wählte nicht nur sozialdemokratisch, man wollte es auch sein.

Ich kann mich nicht entsinnen, daß jemals ein Kollege die Beschlüsse der Sozialistischen Internationale gegen den Krieg erwähnte. Aber der Ausspruch Bebels, daß er, wenn es gegen den russischen Zaren gehe, auch das Gewehr ergreifen werde, war beinahe allgemein bekannt.

So war es eine richtige Annahme der deutschen Regierung, daß die erste ihrer Kriegserklärungen gegen den »blutbefleckten Zarismus«, Zustimmung in der SPD und damit auch in der Arbeiterschaft finden werde. Die Regierung und die Generäle hatten sich ebenfalls den Ausspruch Bebels wohl gemerkt, und sie hatten nicht versäumt, sich von dem sozialdemokratischen Reichstagsabgeordneten Südekum bestätigen zu lassen, daß dieser Bebelausspruch weiterhin galt.«

28. Juli 1914: Österreich erklärt Serbien den Krieg. 31. Juli 1914: Russische Mobilmachung. 1. August 1914: Das Deutsche Reich erklärt Rußland und Frankreich den Krieg. Der deutsche Kaiser Wilhelm II. verkündet: »Ich kenne keine Parteien mehr, ich kenne nur Deutsche.« 2. August 1914: Die Vorständekonfe-

renz der deutschen Gewerkschaften beschließt, alle Lohnkämpfe zu unterlassen. 3. August 1914: In der Fraktionssitzung der SPD-Reichstagsfraktion stimmen vierzehn Abgeordnete, darunter der Partei- und Fraktionsvorsitzende H. Haase sowie G. Ledebour und Karl Liebknecht gegen die Bewilligung der Kriegskredite. 4. August 1914: Großbritannien erklärt Deutschland den Krieg. Der Reichstag tritt zur Bewilligung des ersten Kriegskredites zusammen. Die SPD einstimmig für die Kredite. Fraktionszwang hat auch die Gegner der Vorlage verpflichtet, so zu stimmen. Der Fraktionsvorsitzende, am Vortag noch ganz anderer Meinung, begründet die Entscheidung unter anderem mit den Worten: »...es gilt, Gefahr abzuwenden, die Kultur und die Unabhängigkeit unseres eigenen Landes sicherzustellen. Da machen wir wahr, was wir immer betont haben. Wir lassen in der Stunde der Gefahr das eigene Vaterland nicht im Stich.«
Als Lenin in der Schweiz die Meldung vom Abstimmungsverhalten der SPD hört, hält er sie für eine Propagandalüge.

1.

Rosa ist von tiefer Verzweiflung gepackt. Sie hat schwere Depressionen, Selbstmordgedanken.
Sie ist entsetzt, mit welcher Selbstverständlichkeit jetzt auch die kritischen Köpfe in der Partei sich von der allgemeinen Hurra-Stimmung anstecken lassen, Leute, die noch vor ein paar Monaten, ja vor einer Woche auf internationalen Kongressen für eine internationale Solidarität der europäischen Arbeiterschaft und gegen den Krieg, der in ihren Augen ein Krieg der Kapitalisten ist, getönt haben.
Scheidemann spricht mit patriotischem Pathos. Konrad Haenisch singt sich heiser an dem Lied »Deutschland, Deutschland über alles«, Südekum erklärt und entschuldigt im neutralen Ausland die Waffenhilfe der SPD für den Imperialismus. Gewerkschaftsführer verbünden sich mit Konzernherren.
Der große Taumel in den Patriotismus bleibt nicht auf das Deutsche Reich beschränkt. Plechanow, der einmal zur revolutionären Erhebung gegen den Krieg aufgerufen hat, verteidigt jetzt

den Zaren gegen preußische Unkultur. Französische Sozialisten wie Guesde treten in ein Kriegskabinett ein und schwelgen in nationalistischen Tönen. Ein alter Freund Rosas, Parvus, hat schon als Parteigänger der Türken in den Balkankriegen gut verdient. Jetzt wird er Berater des Auswärtigen Amtes. Aber am unverzeihlichsten ist für Rosa die Sünde der SPD, gerade weil sie die wichtigste Partei in der II. Internationalen gewesen ist. Rosa schreibt:

Gestellt vor die größte historische Probe, die sie (die SPD) obendrein mit der Sicherheit eines Naturforschers vorhergesehen und in allen wesentlichen Punkten vorausgesagt hat, versagt ihr völlig das zweite Lebenselement der Arbeiterbewegung: Geschichte nicht nur zu verstehen, sondern sie auch zu machen.

Sie empört sich über die doppelte Moral, die aus der Haltung der Partei bei der Abstimmung über die Kriegskredite spricht:

Im Frieden gelte im Inneren jedes Landes Klassenkampf, nach außen die internationale Solidarität, im Krieg gelte im Innern die Klassensolidarität, nach außen der Kampf zwischen den Arbeitern verschiedener Länder.

Am Tag nach der Abstimmung im Reichstag trifft sie sich mit Mehring, Marchlewski, Ernst Meyer, Hermann Duncker, Wilhelm Pieck und Leo Jogiches.
Die Gruppe verschickt dreihundert Telegramme, um dem »charakter- und überzeugungsfressenden Götzen der Partei« zu trotzen. Die Botschaften enthalten die Bitte, gegen das Verhalten der Reichstagsfraktion Stellung zu nehmen und zu einer Besprechung nach Berlin zu kommen. Das Ergebnis ist zunächst katastrophal. Lediglich Clara Zetkin aus Stuttgart antwortet zustimmend.
Die Gruppe um Rosa in Berlin diskutiert darüber, ob man zum Zeichen sichtbaren Protests aus der Partei austreten solle. Rosa lehnt das ab. Eine Begründung ihres Standpunktes ergibt sich aus dem Brief, den sie in diesen Tagen an Kostja Zetkin schreibt:

Über Dein »Austreten aus der Partei« habe ich gelacht. Du großes Kind, willst Du vielleicht aus der Menschheit austreten? Über geschichtliche Erscheinungen von diesem Ausmaß vergeht einem jeder Ärger und es bleibt nur Platz für kühle Überlegungen und hartnäckiges Handeln. In einigen Monaten, wenn Hunger kommt, wird sich das Blatt schon wenden.

Im Oktober gelingt es ihr, eine Erklärung ins Ausland zu schmuggeln, die dort signalisieren soll, daß es im Deutschen Reich auch noch andere Sozialisten gibt als jene, die für die Kriegskredite gestimmt haben:

> Die Genossen Dr. Südekum und Richard Fischer haben in der Parteipresse des Auslandes (in Schweden, Italien und der Schweiz) den Versuch unternommen, die Haltung der deutschen Sozialdemokratie im gegenwärtigen Kriege im Licht ihrer Auffassungen darzustellen. Wir sehen uns deshalb gezwungen, den ausländischen Genossen zu versichern, daß wir und sicherlich viele andere deutsche Sozialdemokraten den Krieg, seine Ursachen, seinen Charakter, sowie die Rolle der Sozialdemokratie in der gegenwärtigen Lage von einem Standpunkt betrachten, der demjenigen der Genossen Südekum und Fischer nicht entspricht. Der Belagerungszustand macht es uns vorläufig unmöglich, unsere Auffassungen öffentlich zu vertreten.
>
> Karl Liebknecht
> Dr. Franz Mehring
> Rosa Luxemburg
> Clara Zetkin

Auf der Suche nach Bundesgenossen gegen die offizielle Politik sind Rosa und Karl Liebknecht miteinander bekannt geworden. Liebknecht wurde am 13. 8. 1871 in Leipzig geboren. Er ist der Sohn des aus einer alten lutherischen Pfarrersfamilie stammenden Revolutionärs des Jahres 1848 und Mitbegründers der Sozialdemokratie, Wilhelm Liebknecht. Schon als Kind hat Karl erfahren, wie Politik das Leben der Menschen bestimmt. Die Familie ist in der Zeit der Sozialistengesetze isoliert, der Vater oft von der Mutter und den Kindern getrennt.

Nach dem Studium der Rechtswissenschaften hat Karl zusammen mit seinem älteren Bruder Theodor in Berlin eine Anwaltskanzlei eröffnet. Als Verteidiger in politischen Strafprozessen gerät er notwendigerweise in Konflikt mit den herrschenden Gewalten. Die aktuellen Probleme aus der praktischen Arbeit nimmt Liebknecht zum Anlaß, nicht nur in seinen Plädoyers, sondern auch auf den zahllosen Versammlungen, in Zeitungsartikeln auf das Unrecht der Klassenjustiz gegen Landarbeiter, streikende Bergleute, mißhandelte Gefangene und Soldaten hinzuweisen. in der SPD hat er eine Verstärkung der Jugendarbeit und der antimilitärischen Propaganda nach dem Motto gefordert: Wer die Jugend hat, hat die Armee.
In seinem 1906 erschienenen »Rekrutenabschied« stellt Liebknecht fest, daß der Proletarier in der Armee nicht dem Schutz des Vaterlandes dient, sondern dem Schutz einer Klasse, die dem Proletarier Feindschaft geschworen habe, und daß beim Einsatz gegen Streikbrecher und politische Demonstranten die Arbeiter im bunten Rock zum Kampf gegen ihresgleichen gezwungen seien. Diese Gedanken vertieft Liebknecht in seiner Schrift »Militarismus und Antimilitarismus«, die ihm 1907 eine Anklage wegen Hochverrats und eine Verurteilung zu eineinhalb Jahren Festungshaft einbringt.
Von der Sache her wird dieser aufregende Prozeß und Liebknechts Verurteilung vor dem höchsten deutschen Gericht ein voller Erfolg. Sein mutiges und geschicktes Auftreten, das ihn vom Angeklagten zum Ankläger werden läßt, gibt Liebknecht große Popularität.
Bei seinem Strafantritt kommt es unter der Berliner Arbeiterschaft zu einer Sympathiekundgebung, und noch während seiner Festungshaft wird er 1907 ins Preußische Abgeordnetenhaus gewählt. 1912 zieht Liebknecht in den Reichstag ein und eröffnet dort den Kampf gegen die Heeresvorlage von 1913 mit einem Angriff auf das internationale Rüstungskapital, das er der Vaterlandslosigkeit bezichtigt. Trotz aller patriotischen Beteuerungen scheue sich die Rüstungsindustrie nämlich nicht, mit möglichen Gegnern Waffenlieferungen zu vereinbaren und Militärgeheimnisse auszutauschen. Liebknechts Enthüllungen über

die Beamtenbestechung durch die Firma Krupp haben einen Prozeß gegen Angestellte von Krupp zur Folge.

Am 4. August hat sich Liebknecht dem Fraktionszwang noch gebeugt. Nun, Ende August 1914, will er den Berliner Zentralvorstand der SPD gegen die Kriegskredite, die im Dezember im Reichstag wieder zur Abstimmung anstehen werden, mobilisieren und plant, Protestversammlungen abzuhalten. Zu einer Besprechung über solche Aktionen lädt er Leusch, den Redakteur der »Leipziger Volkszeitung«, den SPD-Abgeordneten Ledebour und Rosa in seine Wohnung ein. Ledebour zeigt sich sehr zurückhaltend. Liebknechts Vorschlag, Protestversammlungen zu veranstalten, weist er energisch zurück. Über den Vorstoß beim Berliner Zentralvorstand zeigt er sich ausgesprochen verärgert. Auch Leusch ist für so etwas nicht zu haben.

Da beschließen Rosa und Liebknecht, allein etwas zu unternehmen. Sie brechen zu einer Agitationsreise durch West- und Süddeutschland auf.

Als nächsten Schritt versucht die Gruppe um Rosa durch persönliche Kontakte auf die SPD-Abgeordneten einzuwirken. An Kostja Zetkin schreibt sie:

Am 2. 12. wird sich natürlich die Geschichte vom 4. August wiederholen. Für ein Separatvotum *(nämlich anders zu stimmen als die Mehrheit der Fraktion)* ist Ledebour schon nicht zu haben und von den anderen wird jeder eine andere Ausrede gebrauchen. Die Mutter muß gleich an Geyer, Henke und Bock schreiben, daß jetzt für sie eine letzte Gelegenheit gegeben ist, durch eine offene Erklärung der Minderheit die Ehre zu retten. Das ist sehr wichtig, denn die Fraktion kommt hier schon am nächsten Sonntag zusammen. Bitte die Mutter unbedingt, diese Briefe zu schreiben. Karl und ich tun hier natürlich, was möglich...

Sie versuchen, in unzähligen Besprechungen Abgeordnete zu einem »Nein« zu den Kriegskrediten zu bewegen. Ohne Erfolg. »Die Ausflüchte gingen bis zum platten Eingeständnis persönlicher Feigheit.«

Am 2. Dezember 1914 stimmt Karl Liebknecht als einziger gegen die Kriegskredite. Er durchbricht damit den sogenannten »Burgfrieden«, das Stillhalteabkommen, zu dem sich die Parteien nach

dem Kaiserwort bereiterklärt haben. Sein Verhalten wird als Disziplinbruch von der SPD-Fraktion scharf verurteilt. Zum Thema »Disziplin« hat Rosa sich kurz zuvor kritisch geäußert: »Die Disziplin der Gesamtpartei, d.h. ihrem Programm gegenüber, geht vor aller Körperschaftsdisziplin.«
Sie will damit sagen: es kommt darauf an, dem Sinn, dem Gedanken des Programms treu zu bleiben und keinen Kadavergehorsam gegenüber der Partei als Organisation zu üben. Ganz ähnlich argumentiert Liebknecht am 3. Februar 1915 in einem Schreiben an den »Vorwärts«. Als Begründung seines »Nein« zu den Kriegskrediten gibt er an, daß die Bewilligung nicht nur den Interessen der Arbeiter, sondern auch dem Parteiprogramm und den Beschlüssen internationaler Kongresse der Sozialisten schroff widerspreche.
Am 7. Februar wird Karl Liebknecht als Armierungssoldat zum Landsturm einberufen. Kurz zuvor haben Rosa und er noch eine Zeitschrift ins Leben gerufen, die als Sprachrohr der innerparteilichen Opposition in der SPD dienen soll. Sie heißt »Die Internationale«. Es ist schwierig, das Geld für ein solches Unternehmen zusammenzukratzen und einen Drucker zu finden. Um all das kümmert sich Leo Jogiches, der wie gewöhnlich aus dem Hintergrund viel von der praktischen Arbeit erledigt. Rosa verbüßt zu dieser Zeit ihre Haftstrafe aus dem Frankfurter Prozeß. Ihre Artikel werden mit Hilfe ihrer Sekretärin Mathilde Jacob und einer sympathisierenden Gefängnisbeamtin herausgeschmuggelt.

2.

Mathilde Jacob ist zwei Jahre jünger als Rosa. Sie stammt aus einer in bescheidenen Verhältnissen lebenden jüdischen Familie und wohnt zu dieser Zeit mit ihrer Mutter in Berlin Moabit, in der Altonaer Straße 11, im Gartenhaus, zweiter Stock. Dort betreibt sie mit einer jungen Angestellten ein kleines Büro für Schreibarbeiten und Vervielfältigungen. Zu ihren Kunden gehörte auch Franz Mehring, der sie empfohlen hat, als er zusammen mit dem nach Berlin übersiedelten Julian Marchlewski und Rosa zwischen

Dezember 1913 und Dezember 1914 die »Sozialdemokratische Korrespondenz«, ein Informationsblatt der Linken in der SPD, herausgegeben hat. Daneben hat Mathilde häufig Schreibarbeiten für Rosa erledigt.
Ihre Begeisterung für Rosa spricht aus ihrem Bericht über die erste Begegnung der beiden Frauen:

»Als Rosa das erste Mal zu mir kam, machte sie sofort einen tiefen Eindruck auf mich. Ihre großen leuchtenden Augen, die alles zu verstehen schienen, ihre Bescheidenheit und Güte, ihre fast kindliche Freude an allem Schönen ließen mein Herz für sie höher schlagen.
So oft ich auch später Rosa zu Versammlungen, Konferenzen oder Demonstrationen begleitete, der erste Eindruck blieb bestehen: Sie sah so bescheiden und anspruchslos aus, daß Menschen, die sie noch nicht gesehen hatten, verwundert ausriefen: ›Das ist Rosa Luxemburg?‹ «

Mathilde Jacob wird in den Jahren der Gefängnisaufenthalte Rosas guter Geist, die nicht nur ihre geliebte Katze Mimi hütet, Korrespondenz und Artikel in die Gefängnisse und andere Schriftstücke wieder herausschmuggelt, sondern auch aus Rosas Wohnung bestimmte Bücher holt, Kleider beschafft, ihr Blumen schickt.

Über Rosas Verhaftung unterrichtet Karl Liebknecht die sozialdemokratische Presse mit einer kurzen Notiz:
»Donnerstag Mittag (den 18. Februar 1915) ist die Genossin Rosa Luxemburg in ihrer Wohnung von zwei Kriminalbeamten plötzlich verhaftet worden. Sie wurde zunächst im Automobil nach dem Berliner Polizeipräsidium Abteilung VII (politische Polizei) und von dort im grünen Wagen nach dem Weibergefängnis in der Barnimstraße transportiert. Es handelt sich um die Verbüßung der einjährigen Gefängnisstrafe, die der Genossin Luxemburg im vergangenem Jahr in Frankfurt am Main zudiktiert wurde; auf höheren Befehl ist jetzt die bis zum 31. März erteilt gewesene Strafaufschubbewilligung *(Rosa war krank gewesen und hatte im Dezember 1914 im Krankenhaus gelegen)* aufgehoben und die sofortige Strafvollstreckung telegrafisch angeordnet worden.«

An Mathilde Jacob schreibt Rosa über ihren Haftantritt:

Seien Sie um mich ruhig, es geht mir gesundheitlich und »gemütlich« ganz gut. Auch der Transport im grünen Wagen hat mir keinen Choc verursacht, hab ich doch schon genau die gleiche Fahrt in Warschau durchgemacht. Ach, es war so frappant ähnlich, daß ich auf verschiedene heitere Gedanken kam. Freilich war auch ein Unterschied dabei: die russischen Gendarmen haben mich als »Politischen« mit großem Respekt eskortiert, die Berliner Schutzleute hingegen erklärten mir, es sei schnuppe, wer ich sei und steckten mich mit 9 »Kolleginnen« in einen Wagen. Na, das sind alles Lappalien schließlich, und vergessen Sie nicht, was auch kommen mag, daß das Leben in Gemütsruhe und Heiterkeit zu nehmen ist. Diese besitze ich nun auch hier im nötigen Maße. Damit Sie übrigens keine übertriebenen Vorstellungen von meinem Heldenmut bekommen, will ich reumütig bekennen, daß ich in dem Augenblick, wo ich zum zweiten Mal an jenem Tag mich aufs Hemd ausziehen und betasten lassen mußte, mit knapper Mühe die Tränen zurückhalten konnte.

Sehr am Herzen liegt Rosa ihre Katze Mimi. Sie hat sie seinerzeit im Klassenzimmer der Parteischule, wo sie Vorlesungen hielt, gefunden. Das Tier war durch einen umgefallenen Besen verletzt und von ihr gesund gepflegt worden.

Liebes Fräulein Jacob, ich erweise Ihnen die höchste Ehre, die ich einem Sterblichen antun kann, ich werde Ihnen meine Mimi anvertrauen! Sie müssen aber noch auf bestimmte Nachrichten warten, die Sie von meinem Rechtsanwalt bekommen. Dann werden Sie sie in Ihren Armen (nicht etwa im Körbchen oder Sack!!!) im Auto entführen müssen. Mit Hilfe meiner Wirtschafterin, die Sie mitnehmen am besten (ich meine nur für die Fahrt, nicht fürs Leben) und die alle sieben Sachen der Mimi (ihr Kistchen, Torfmull, Schüsselchen, Unterlage und – bitte, bitte! – einen roten Plüschsessel, an den sie gewöhnt ist) mit verpacken wird. Das alles kann doch im Auto verstaut werden.

Ende März erscheint die erste Nummer der Zeitschrift »Internationale«. Kaum ist sie in die Öffentlichkeit gelangt, da werden Rosa, Hering, Clara Zetkin und der Drucker und Verleger des Hochverrats angeklagt; zwar wird das Verfahren später einge-

Lore Agnes, Clara Zetkin, Mathilde Wurm

stellt, aber das ändert nichts daran, daß die Zensur einschreitet und schon die erste Nummer, soweit sie noch nicht verschickt ist, konfisziert.

1915 ist ein Jahr, in dem es um das schmale Häufchen der Oppositon nicht gut aussieht. Clara Zetkin wird im Juli verhaftet. In Berlin wandern Wilhelm Pieck, Ernst Meyer und Hugo Eberlein ins Gefängnis.

In der Zelle 219 des Weibergefängnisses entsteht die Schrift »Die Krise der Sozialdemokratie«, die später unter dem Titel »Juniusbroschüre« bekannt wird: einhundertdreißig Druckseiten, von Mathilde Jacob getreulich nach draußen geschmuggelt.

Daneben bleibt Rosa Zeit für ihr Hobby, die Beschäftigung mit der Botanik:

Für die Blumen einen ganz besonderen Dank. Sie wissen gar nicht, welche Wohltat Sie mir damit erweisen. Ich kann nämlich wieder botanisieren, was meine Leidenschaft und beste Erholung nach der Arbeit ist. Ich weiß nicht, ob ich Ihnen meine Botanisierhefte schon gezeigt habe, in denen ich vom Mai 1913 ab etwa 250 Pflanzen eingetragen habe – alle prächtig erhalten. Ich habe sie alle hier ebenso wie meine verschiedenen Atlanten und nun kann ich ein neues Heft anlegen, speziell für die Barnimstraße.

In ihren Briefen an Mathilde Jacob berichtet Rosa von Leseeindrücken und empfiehlt der Sekretärin, die immer mehr auch zur Vertrauten und Freundin wird, auch dieses oder jenes Buch. Als Mathilde nach Thüringen in Urlaub fährt, schreibt ihr Rosa:

Ich freue mich, daß Sie soviel sehen, für mich wäre das eine Strafe, wenn ich Museen und dergleichen besuchen müßte. Ich kriege dabei gleich Migräne und bin wie gerädert. Für mich besteht die einzige Erholung im Schlendern oder Liegen im Gras, in der Sonne, wobei ich winzige Käfer beobachte oder auf die Wolken gaffe.

Oder sie urteilt über die Frauen in Goethes Leben:

Zur Frau von Stein übrigens, bei aller Pietät für ihre Epheublätter: Gott straf mich, aber sie war eine Kuh. Sie hat sich nämlich, als Goethe ihr den Laufpaß gab, wie ein keifendes Waschweib benommen, und ich bleibe dabei, daß der Charakter einer Frau sich zeigt, nicht, wo die Liebe beginnt, sondern wo sie endet.

Nach sechs, acht Monaten Haft verschlechtert sich Rosas Gesundheitszustand so sehr, daß sie zeitweilig das Bett hüten muß. Einmal in der Woche darf Mathilde Jacob ihr Zusatznahrung bringen. Mathilde will Mimi, die von Rosa so heiß geliebte Katze, einmal zur Besuchszeit mitbringen, aber Rosa schreibt:

Die Idee mit Mimi zeigt mir, daß auch gute Geister, ja namentlich diese, die Schwäche und Gebrechlichkeit der irdischen Dinge nicht zu erfassen vermögen. Die Mimi im Korb tragen, für einen Tag mitgenommen und dann wieder abgeliefert! Wie wenn es sich um eine gewöhnliche Katze aus der Gattung felis domestica handelte.

Nun, wissen Sie, guter Geist, daß Mimi eine kleine Mimose, ein hypernervöses Prinzeßchen im Katzenfell ist, daß schon als ich, ihre eigene Mutter, sie einmal mit Gewalt aus dem Haus heraustragen wollte, Krämpfe gekriegt hat vor Aufregung und mir in den Armen steif geworden ist, mit brechenden Äuglein wieder in die Wohnung getragen werden mußte und nach Stunden zu sich kam. Ja, ja, Sie haben keine Ahnung, was mein Mutterherz schon durchgemacht hat. Also lassen wir Mimichen in der Wohnung.

Am 21. Dezember 1915 stimmen zwanzig Reichstagsabgeordnete der SPD gegen die erneute Kriegskreditvorlage, während zweiundzwanzig weitere der Abstimmung fernbleiben. Am 1. Januar 1916 kommt es in der Berliner Anwaltskanzlei von Karl Liebknecht, der für die Tagungszeit des Parlaments von der Armee beurlaubt ist, zu einem Treffen der radikalen Linken. Die Frauen und Männer beschließen, in der SPD einen oppositionellen Kern zu bilden und eine politische Korrespondenz mit Kommentaren zur Tagespolitik herauszugeben, zunächst in Schreibmaschinenschrift. Nach dem Anführer des römischen Sklavenaufstandes wird das Blatt »Spartacusbriefe« genannt. Von ihm leitet sich der nunmehr gebräuchliche Name »Spartakusgruppe« her.
Am 22. Januar 1916 wird Rosa aus dem Gefängnis entlassen. Noch acht Tage vorher hat der Berliner Polizeipräsident erwogen, sie sofort wieder in »Sicherheitshaft« nehmen und sie an das Oberkommando in den Marken überstellen zu lassen, weil verhindert werden müsse, daß »ihre ganze nicht zu unterschätzende Agitationskraft in Worten und Schrift dem äußersten radikalen Flügel der SPD zugute kommt«.
Der Polizeipräsident fürchtet »Friedensdemonstrationen«, die in Anbetracht der bevorstehenden Offensive gegen Verdun, bei der dann insgesamt siebenhunderttausend Menschen das Leben lassen werden, höchst unerwünscht sind. Dann aber hört die Polizei, daß Liebknecht von solchen Demonstrationen aus Sicherheitsgründen für Rosa abgeraten hat. Also unterbleibt vorläufig die Überstellung ins Militärgewahrsam.

Am 9. März 1916 schreibt Rosa an Clara Zetkin, der es nach mehrmonatiger Schutzhaft gesundheitlich sehr schlecht geht:

Wie mich die hiesigen Genossinnen empfangen haben, wirst Du wohl schon gehört haben. Über Tausend an der Zahl holten mich ab und dann kamen sie massenhaft zu mir in die Wohnung, um mir die Hand zu drücken. Meine Wohnung war und ist noch vollgestopft mit ihren Geschenken. Blumenkästen, Kuchen, Stollen, Konservenbüchsen, Teesäckchen, Seife, Kakao, Sardinen, feinste Gemüse – wie in einem Delikatessenladen, alles von diesen armen und herzlichen Frauen selbst gebacken, selbst eingemacht, selbst gebracht. Du wirst wissen, was ich empfinde, wenn ich das sehe. Ich möchte heulen vor Beschämung und tröste mich nur mit dem Gedanken, daß ich hier doch nur die Holzstange bin, an der sie die Fahne ihrer allgemeinen Kampfbegeisterung gehängt haben.

Rosa ist glücklich, einen Frühling in Freiheit genießen zu können. Sie lernt um diese Zeit die Frau Karl Liebknechts, Sonja, kennen, die von nun an neben Clara Zetkin und Luise Kautsky zum Kreis ihrer engeren Freundinnen gehört, an die viele Briefe aus den Gefängnissen gerichtet sind. An Sonja oder Sonitschka oder Sonjuschka schreibt sie ein Jahr später aus der Festung Wronke, sich zurückerinnernd:

Weißt Du noch im April letztes Jahr, wie ich Euch um zehn Uhr vormittags anrief und Euch in den Botanischen Garten bestellte, damit ihr die Nachtigall hören konntet, die dort regelmäßig ihr Konzert gab. Wir verbargen uns hinter den Büschen und saßen auf den Steinen neben dem kleinen Bach. Als die Nachtigall aufgehört hatte zu singen, vernahm man plötzlich einen durchdringenden monotonen Ruf, der sich etwa wie Gligligligliglick anhörte. Ich sagte, es müsse irgendein Sumpfvogel sein und Karl stimmte mir zu, aber wir fanden nie genau heraus, was für ein Vogel es war. Nun stell Dir vor, vor ein paar Tagen hörte ich ganz nahe bei mir denselben Vogelruf frühzeitig am Morgen. Ich brannte vor Ungeduld herauszufinden, was für ein Vogel es sei und es ließ mir keine Ruhe, bis ich es geschafft hatte. Es ist kein Sumpfvogel.
Es ist ein Wendehals, ein grauer Vogel, etwas größer als ein Spatz. Er hat seinen Namen von der Art und Weise, in der er, wenn ihm Gefahr droht, durch komische Gesten und Verdrehungen des Halses seine Feinde einzuschüchtern versucht...

In diesem Frühjahr unternimmt Rosa Reisen zu illegalen Zusammenkünften und Versammlungen. Sie knüpft wieder Kontakte zu

Parteifreunden. Sie besucht Paul Levi, der in Königstein zur Erholung ist. Die Juniusbroschüre ist endlich erschienen. In diesen Tagen, da die Schlacht von Verdun tobt, wirken gewisse Sätze, die schon vor einem Jahr geschrieben worden sind, fast prophetisch:

Das Geschäft gedeiht auf Trümmern, Städte werden zu Schutthaufen, Dörfer zu Friedhöfen, Länder zu Wüsteneien, Bevölkerungen zu Bettlerhaufen, Kirchen zu Pferdeställen, Völkerrecht, Staatsverträge, Bündnisse, heiligste Worte, höchste Autoritäten in Fetzen zerrissen, jeder Souverän von Gottesgnaden Vetter von der Gegenseite als Trottel und wortbrüchiger Wicht, jeder Diplomat den Kollegen von der anderen Partei als abgefeimten Schurken, jede Regierung die andere als das Verhängnis des eigenen Volkes der allgemeinen Verachtung preisgebend und Hungertumulte in Venetien, in Lissabon, in Moskau, in Singapur und Pest in Rußland und Elend und Verzweiflung überall. Geschändet, entehrt, im Blut watend, vor Schmutz triefend – so steht die bürgerliche Gesellschaft da, so ist sie. Nicht, wie geleckt und sittsam, Kultur, Philosophie und Ethik, Ordnung, Frieden und Rechtsstaat mimt – als reißende Bestie, als Hexensabbat der Anarchie, als Pesthauch für Kultur und Menschheit.

Die Junius-Broschüre – das Pseudonym spielt auf den unbekannten Autor an, der in Briefen im London Public Adviser zwischen 1769 und 1822 das Ministerium des Herzogs von Grafton in England kritisierte – ist eigentlich weniger, wie ihr Titel verheißt, eine Analyse der Krise der Sozialdemokratie als eine zusammenfassende Darstellung über die Ursachen und das ideologische Wurzelwerk des I. Weltkriegs aus der Sicht einer Marxistin. Die Broschüre ist eine wütende Anklage gegen eine brutale heuchlerische Moral, für die Menschenleben die billigste unter allen Waren sind. Sie geißelt in einer häufig überhöhten, an expressionistische Lyrik erinnernde Sprache den Verrat an der Solidarität der Sozialisten.

Maifeiern sind Veranstaltungen, die im Deutschen Reich im Zeichen des »Burgfriedens« unterbleiben sollen.

Als Rosa und Liebknecht Ende April mit Ledebour und Haase die Möglichkeiten erörtern, in diesem Jahr wieder eine Kundgebung

zum 1. Mai zu organisieren, erhalten sie zur Antwort, das sei zwecklos, es herrsche keine revolutionäre Stimmung unter den Massen, man werde sich nur lächerlich machen.
Wieder einmal beschließen Rosa, Karl und ein kleines Grüppchen politischer Freunde auf eigene Faust zu handeln. Sie vervielfältigen Handzettel und verteilen sie in den Berliner Fabriken: »1. Mai-Demonstration 8 Uhr abends auf dem Potsdamer Platz.« Fast zehntausend Menschen kommen. Das Gelände ist schon vorher von der Polizei umstellt worden. Als Liebknecht ausruft: »Nieder mit dem Krieg! Nieder mit der Regierung!« werfen sich Polizisten auf ihn. Rosa versucht, ihrem Freund beizuspringen, wird aber zur Seite geschleudert. Die Demonstranten auf dem Platz werden unter Einsatz von Berittenen verstreut, liefern sich aber noch Stunden danach in angrenzenden Straßen Kämpfe mit der Polizei.
Das Erste-Mai-Flugblatt wird im ganzen Deutschen Reich verbreitet und macht auf das Bestehen der Antikriegs-Opposition aufmerksam.
Am 28. Juni 1916 wird Liebknecht zu zweieinhalb Jahren Zuchthaus verurteilt. An diesem Tag kommt es in Berlin zu einem Streik von fünfundfünfzigtausend Munitionsarbeitern. Der Streik greift auf Braunschweig und Bremen über. Ein Oberkriegsgericht erhöht Liebknechts Strafe auf vier Jahre und einen Monat. Am 6. Dezember 1916 wird er in das Zuchthaus Luckau in Sachsen eingeliefert. Verbunden mit der Strafe sind der Verlust der bürgerlichen Ehrenrechte auf sechs Jahre. In dieser Zeit kann Karl weder seinen Anwaltsberuf ausüben, noch wählen, noch selbst für eine parlamentarische Körperschaft kandidieren.
In den ersten Tagen des Juli hält sich Rosa in Leipzig auf, um dort an Besprechungen teilzunehmen und politische Referate zu halten.
Als Mathilde Jacob am Vormittag eines Tages die Treppen zu Rosas Wohnung hinaufsteigt, stehen plötzlich zwei Männer neben ihr. Sie stellen sich als Genossen aus Neukölln vor und bitten, in die Wohnung eingelassen zu werden. Angeblich wollen sie ein Flugblatt in Auftrag geben. Sie beharren darauf, persönlich mit Rosa zu verhandeln und erkundigen sich, wann Mathilde Jacob sie

zurückerwartet. Am Nachmittag kommt Rosa. Sie bringt den Redakteur des »Vorwärts«, Ernst Meyer und den Kunsthistoriker Eduard Fuchs zum Kaffee mit. Mathilde erzählt, was sie am Vormittag erlebt hat. Meyer findet den Vorfall seltsam. Am anderen Morgen, Rosa liegt noch im Bett, klingeln eben die zwei Männer vom Vortag wieder an der Wohnungstür. Als Mathilde Jacob öffnet, weisen sie sich als Kriminalbeamte aus. Sie sind gekommen, um Rosa in Sicherheitshaft zu nehmen.
»Theoretisch«, erklärt Paul Frölich zu dieser Einrichtung, »hatte der Staatsgefangene als Ehrengast alle persönlichen Freiheiten innerhalb des Gefängnisses, nur nicht das erste Recht jedes Gefangenen, nämlich zu wissen, wann seine Haft ablaufen werde. Mit preußischer Pünktlichkeit trafen die Haftbefehle ein, echte *lettres de cachet,* die das Schicksal für weitere drei Monate bestimmten.
Die Gefangene durfte sich mit allem beschäftigen, was sie mochte, nur nicht mit dem, was sie wollte, mit Politik. Sie durfte mit der Außenwelt ungehindert verkehren, brieflich, die Briefe wurden zensiert; persönlich: monatlich einmal mit einem Menschen, den das Generalkommando für würdig hielt. Der Aufenthalt in dieser gastlichen Stätte mußte bezahlt werden.«

3.

Eine Odyssee durch deutsche Gefängnisse. Erste Etappe: das Weibergefängnis in Berlin, neuerdings führt es den Namen »Militär-Frauengewahrsam Barnimstraße«. Dieser Aufenthalt endet mit folgender Szene; Mathilde Jacob erzählt:
»Ich hatte von der Kommandantur, der die Sicherheitsgefangenen unterstanden, generelle Erlaubnis bekommen, Rosa L. einmal in der Woche und zwar für eine Stunde zu besuchen. Diese Sprechstunde überwachte ein Kriminalbeamter, der aus dem Polizeipräsidium entsandt wurde. Eines Tages wurde er durch den unangenehmen Beamten abgelöst, der sich schon bei Rosas Verhaftung so übel benommen hatte, er solle hinfort die Sprechstunden überwachen. Gleich beim ersten Mal bemühte er sich, sie

uns zu verleiden. Unausgesetzt versuchte er, Rosa Luxemburg herauszufordern. Wir blieben äußerlich ruhig und besprachen während der uns zustehenden Stunde alles so gut wie möglich.
Da wir die Gegenwart dieses Überwachungsbeamten einfach nicht beachteten, sagte er bei einer der nächsten Sprechstunden nach Verlauf von etwa 10 Minuten, die Sprechstunde sei beendet. ›Oh nein‹, sagte Rosa, ›ich habe gerade Wichtiges zu besprechen. Ich führe das Gespräch zu Ende.‹ Das tat sie auch. Sie gab Punkt für Punkt ihrer Wünsche an …
Der Beamte machte immer wieder unverschämte Bemerkungen, so daß Rosa eine Tafel Schokolade gegen ihn schleuderte und dabei aufgeregt rief, von einem dreckigen Spitzel könne man kein besseres Benehmen verlangen.«
Sie wird ins Polizeipräsidium strafverlegt. Dort ist die Zelle ganze elf Kubikmeter groß, schmutzig, verwanzt, sehr primitiv eingerichtet, da diese Gelasse nur für Aufgegriffene gedacht sind, die normalerweise nach einer Nacht wieder entlassen werden.
Tag und Nacht donnern vor dem Fenster die S-Bahnzüge vorbei. Ein Hof für Spaziergänge ist nicht vorhanden. Licht fällt nur durch eine matte Oberscheibe über der Tür ein. Trotzdem schreibt Rosa Flugblätter und Artikel.
(Übrigens ist es zur »Schutzhaft« auf Veranlassung eines SPD-Abgeordneten gekommen.)
»Ich habe mich so trainiert in festem Gleichmut, daß ich alles mit der heitersten Miene schlucke, ohne mit der Wimper zu zucken«, heißt es in einem Brief an Luise Kautsky.
Aber manchmal gibt sie auch zu: »Ich bin in der Tat ein wenig ein Mensch ohne Haut geworden…«, oder: »Der anderthalbmonatige Aufenthalt dort hat auf meinem Kopf graue Haare und in meinen Nerven Risse zurückgelassen, die nie mehr verschwinden werden.«
Ende Oktober 1916 kommt Rosa auf die Festung Wronke, in einem entlegenen Winkel der Provinz Posen. Gegen das Polizeipräsidium in Berlin ist das fast eine Idylle. Die Zellen stehen den ganzen Tag offen. Es gibt Blumenbeete, Vogelgezwitscher.
Von Wronke aus setzt ein lebhafter Briefwechsel mit Hans Diefenbach ein. Rosa kennt den jungen Arzt, einen schüchternen,

literarisch und musikalisch interessierten jungen Mann aus der Zeit in Berlin Südende.
Jetzt haben ihre Briefe eindeutig erotische Untertöne, klingen immer spöttelnd, lockend, auch etwas erzieherisch. Noch in Berlin hat sie Hans Diefenbach ein Amateurporträt von sich geschenkt, das die Widmung trägt: ein Klumpen von Lumpen. Hans ist der Mann, der von sich selbst sagt: »Herr Gott, wenn ich nur von Ferne ahne, daß mich jemand nicht mag, dann flüchtet schon mein Gedanke seine Kreise wie ein verscheuchter Vogel, es scheint mir dann schon vermessen, ihn mit dem Blick zu streifen.« Als Diefenbach, der nun Militärarzt ist, und sehr unter dem Hurra-Patriotismus seiner Kameraden leidet, sie einmal nach Wronke besuchen kommen will, schreibt sie ihm:

Hänschen! Ich freue mich so furchtbar auf Ihren Besuch! Nur machen Sie mir keine Überraschungen. Telegrafieren Sie mir eventuell, wann Sie kommen. Und noch eines 1. kommen Sie in Uniform. 2. seien Sie hier ganz natürlich, wie wenn wir zu Hause wären, auch auf den üblichen Wiedersehenskuß verzichte ich nicht, sonst, wenn Sie steif und befangen sind, werde ich's noch mehr und dann haben wir beide nichts davon.

In den Briefen an Hans Diefenbach finden sich Sätze, in denen Rosa sich so vorbehaltlos wie sonst selten vor jemanden zu erkennen gibt:

In 5 Tagen sind eben volle 18 Monate des zweiten Jahres meiner Einsamkeit durch. Dann kommt sicher wieder, wie voriges Jahr eine Belebung von selbst, zumal es ja zum Frühling geht. Übrigens wäre alles viel leichter zu erleben, wenn ich bloß nicht das Grundverbot vergessen würde, das ich mir für's Leben gemacht habe: Gut zu sein ist die Hauptsache! Einfach und schlicht gut zu sein, das löst und bindet alles und ist besser als alle Klugheit und Rechthaberei. Aber wer soll mich daran hier erinnern, wenn nicht einmal Mimi da ist. Die wußte mich zu Hause so manches Mal durch ihren schweigenden langen Blick auf den richtigen Weg zu führen, daß ich sie (Ihnen zum Trotz!) immer wieder abküssen mußte und sagen: Du hast Recht, gut sein ist Hauptsache. Wenn Sie also aus meinem Schweigen oder Reden manchmal merken, daß ich traurig oder verbissen bin, mahnen Sie mich nur an den Wahrspruch der Mimi – gehen Sie mir mit dem Beispiel voran: Seien Sie gut, ob ichs auch nicht verdiene.

Oder, wenn Rosa nach der Lektüre von Gerhardt Hauptmanns »Emanuel Quint« schreibt:

Mich hat dort unter anderem ein Problem gepackt, das ich sonst noch nirgends dargestellt fand und das ich aus dem eigenen Leben so tief empfinde: die Tragik des Menschen, der der Menge predigt und fühlt, wie jedes Wort in demselben Augenblick, wo es seinen Mund verläßt, vergröbert und erstarrt und in den Ohren der Hörer zum Zerrbild wird; und auf dieses Zerrbild seiner selbst wird nun der Prediger festgenagelt.

Immer häufiger wird in diesen Briefen als Reaktion auf die Einsamkeit und Isolation die sich steigernde Fähigkeit sichtbar, durch intensive Erinnerung Erlebnisse und die Welt draußen verdichtet lebendig werden zu lassen.

4.

...was braucht's Bach und die Matthäipassion! Wenn ich an einem lauen Frühlingstag einfach in meinem Südende auf den Straßen schlendere – ich glaube, dort kennt mich schon jedermann an meinem verträumten Herumstrolchen – beide Hände in den Taschen des Jäckchens, ohne Ziel, nur um zu gaffen und das Leben einzusaugen – aus den Häusern tönt osterliches Matratzenklopfen, eine Henne gackert irgendwo laut, kleine Schulbuben balgen sich auf dem Nachhauseweg mitten auf dem Fahrdamm mit hellem Geschrei und Lachen, ein vorbeikeuchender Stadtbahnzug sendet seinen kurzen grüßenden Pfiff in die Luft, ein schwerer Bierwagen rattert die Straßen herunter und die Hufe seiner Pferde klopfen rhythmisch und kräftig auf der Eisenbahnbrücke, dazwischen schilpen lärmend Spatzen – so ergibt das alles in hellem Sonnenschein eine solche Symphonie, ein solches Lied an die Freude, wie sie kein Bach und kein Beethoven wiedergeben kann, und mein Herz jauchzt über alles, über jede nüchternste Kleinigkeit.
Ich stehe neben anderen Gaffern an dem kleinen Südende-Bahnhof, vor dem stets irgendwelche Grüppchen herumlungern. Wissen Sie noch? Links der Blumenladen, rechts der Zigarrenladen. Wie herrlich das Farbengewirr im Schaufenster des Blumenladens! Das hübsche Ladenfräulein lächelt mir von innen zu, über die Blumen hinweg, die sie einer Dame verkauft, sie kennt mich gut, da ich nie

vorbeigehe, ohne, sei es auch für die letzten 10 Pfennig, ein Sträußchen zu kaufen. Im Fenster des Zigarrenladens hängen Lotterie-Lose, sind sie nicht entzückend? Ich lächle beglückt über Pferde-Lotterie-Lose. Drinnen im Laden, dessen Tür breit offen steht, spricht jemand (für 5 Pfennig) laut in ein Telefon: »Ja? Wie? Ja! Ich komme also um 5 Uhr. Ja. Na schön. Dann auf Wiedersehen also. Um 5 Uhr. Auf Wiedersehen. Adieu...« Wie sympathisch diese speckige Stimme und dieses dumme Gespräch! Wie erfreulich scheint mir, daß dieser Herr um 5 Uhr irgendwohin kommen soll. Ich möchte ihm beinahe rufen: Grüßen Sie bitte von mir – was weiß ich, wen Sie wollen...

Hier stehen zwei alte Weiber mit Markttaschen am Arm und schwatzen mit dem üblichen geheimnisvoll-verbissenen Mienen. Ich finde sie lieblich ... An der Ecke trippelt der einäugige, hagere Zeitungsmensch, reibt sich die Hände und ruft wie ein Automat sein ewiges: Vossche Zeitung mit Zeitbilda... Wenn graues Wetter ist – ich muß ja hier zur Parteischule jeden Tag vorbei – bringt mich dieser Mensch mit seiner Aussprache zur Verzweiflung und ich verliere jedes Mal die Hoffnung, daß aus meinem Leben noch irgend etwas Vernünftiges wird. Jetzt, da er von oben bis unten in der Aprilsonne badet, finde ich seine Zeitbilda rührend, lächle ihn wie einen alten Freund an und suche ihm durch Kauf seiner »Vosschen« alle die grimmigen Blicke abzubitten, die ich ihm im Winter geschleudert habe.

Hänschen, ich glaube, Posen liegt östlicher als Wronke. Zu Ihnen kommt die Aprilsonne zuerst. Schicken Sie sie dann schleunigst zu mir, damit sie mir wieder die Wunder des Lebens zeigt, die überall auf der Straße liegen, und mich wieder gut, klar und ruhig macht.

Im Juli 1917 wird Rosa aus ihrer fast idyllischen Festung herausgerissen und in das Gefängnis nach Breslau verlegt. »Ein düsterer Bau. Sie ist immer eingeschlossen. Nur zu kurzen Spaziergängen darf sie aus der Zelle. In dem engen Gefängnishof streift sie an der Mauer entlang, wo ein bißchen Sonne hinkommt, und ihre farbenhungrigen Augen suchen nach dem Grün verkümmerter Grashalme, die sich zwischen den Pflastersteinen hindurchzwängen« (Paul Frölich). Sie beginnt wieder zu schreiben. Ein Verleger hat angefragt: Warum schreiben Sie nicht einmal etwas über Tolstoi? Der Vorschlag gefällt ihr nicht. Sie fragt zurück: »Für wen? Warum? Jeder kann Tolstois Bücher lesen, und wenn man dabei den starken Atem von Leben, der ihnen innewohnt, nicht merkt, kann man das auch durch keinen Kommentar erreichen.«

Stattdessen schlägt sie vor, das Buch des russischen Dichters Korolenko zu übersetzen und mit einer Einleitung zu versehen. In dieser Einleitung, die sie während ihrer ersten Monate in Breslau verfaßt, versucht sie herauszuarbeiten, was die russische Literatur des 19. Jahrhunderts von der des übrigen Europas unterschied, was an ihr außergewöhnlich, ja einmalig war. Ihrer Meinung nach wurde sie vor allem aus Opposition gegen das zaristische Regime geboren, aus dem Geist des Kampfes.

Russische Literatur unter dem Zarismus, das sei zu einer Macht im öffentlichen Leben geworden, wie in keinem anderen Land und zu keiner anderen Zeit zuvor.

Es ist eine Literatur, die sich durch die Ablehnung des gesellschaftlichen Status quo auszeichnet, nach Alternativen sucht und so zu einer mächtigen Kraft wurde, die langsam die ideologischen und moralischen Fundamente des Zarismus untergrub.

Rosas Ansichten und Vorstellungen haben nichts gemein mit den dogmatischen und bürokratischen Zwängen, denen heute die Kunst in den meisten sozialistischen Ländern ausgesetzt ist, wo Freiheit des Ausdrucks nur dann und nur solange erlaubt ist, wie sie die Macht der herrschenden Bürokratenkaste auf allen Gebieten des sozialen, politischen, wirtschaftlichen und künstlerischen Lebens abstützt.

Wenn sie den Oppositionsgeist gegen die herrschende Ordnung als das Hauptkennzeichen der russischen Literatur ihrer Zeit herausstellt, so gilt ihre Begeisterung keineswegs einer Literatur engstirniger Parteilichkeit:

Nichts irriger freilich, als sich danach die russische Literatur als Tendenzkunst in dem Sinn, schmetternde Freiheitsfanfare, Armeleutemalerei vorzustellen oder gar alle russischen Dichter für Revolutionäre oder mindestens für Fortschrittler zu halten. Schablonen wie »Reaktionär« oder »Fortschrittler« besagen an sich in der Kunst wenig. Gerade der Reaktionär Dostojewski ist der künstlerische Anwalt der Erniedrigten und Beleidigten, wie der Titel einer seiner Werke lautet ... beim wahren Künstler ist das soziale

Rezept, das er empfiehlt, Nebensache, die Quelle seiner Kunst, ihr lebendiger Geist, nicht das Ziel, das er sich bewußt steckt, ist das Ausschlaggebende.

5.

Was fasziniert sie an Korolenko? Sie gibt darauf selbst die Antwort:

Korolenko ist eben seiner Abstammung nach Pole, Ukrainer und Russe zugleich, und schon als Kind muß er dem Ansturm der drei Nationalismen standhalten, von denen jeder ihm zumutet, »irgendjemanden zu hassen und zu verfolgen«. An der gesunden Menschlichkeit des Knaben scheiterten frühzeitig alle derartigen Versuchungen. Die polnischen Traditionen wehten ihn nur als letzterer ersterbender Hauch einer geschichtlich überwundenen Vergangenheit an. Vom ukrainischen Nationalismus fühlte sein gerader Sinn sich durch das Gemisch von maskeradehaftem Geckentum und reaktionärer Romantik abgestoßen. Und die brutalen Methoden der offiziellen Russifizierungspolitik gegenüber den unterdrückten Polen wie in der Ukraine waren eine wirksame Warnung vor dem russischen Chauvinismus für ihn, den zarten Knaben, der sich instinktiv zu den Schwachen und Bedrückten, nicht zu den Starken und Triumphierenden hingezogen fühlte. Aus dem Widerstreit der drei Nationalitäten, dessen Feld seine wolhynische Heimat war, rettete er sich in die Humanität.

Korolenko, der Chronist der großen Cholera-Epidemie des Jahres 1893 und der ihr folgenden Volksunruhen, der Verteidiger der sieben wotjakischen Bauern des Dorfes Großer Multan im Gouvernement Wjatka, die des Ritualmordes beschuldigt und zu Zuchthaus verurteilt werden – das ist für Rosa eine Spiegelung ihrer selbst. Vieles, was sie beschäftigt, wird auch bei diesem Autor zur Diskussion gestellt.

6.

Im Herbst erhält Rosa die Nachricht: »In Ausübung seines Dienstes ist Dr. Hans Diefenbach in der Nacht vom 24. auf den 25. Oktober 1917 von einer Granate zerrissen worden.« Auf einen

Kondolenzbrief der Schwester des Gefallenen an sie antwortet Rosa:

Haben Sie vielen Dank für Ihre Zeilen. Wenn in einem solchen Schmerz von Trost gesprochen werden kann, so haben mir ihn Ihre Worte gewährt ... Sie haben recht: Hans übertraf alle Menschen, die ich kenne, an innerer Noblesse, Reinheit und Güte. Das ist bei mir nicht der übliche Drang, von einem Toten Gutes zu sagen. Erst neulich, aus meinem vorigen Gefängnis, schrieb ich aus einem besonderen Anlaß, der unsere gemeinsamen Freunde betraf, wie wohltuend und beruhigend für mich der Gedanke sei, er, Hans, sei nie und nimmer fähig, eine unnoble Handlung zu begehen, auch unbeobachtet, auch im Geheimfach nicht... Seine Schwächen – natürlich hatte er sie auch – waren die eines Kindes, das für das Reale im Leben, für den Kampf und all seine unvermeidliche Brutalität nicht ausgerüstet ist und mit ständiger innerer Angst vor dem Leben lebt. Ich fürchtete immer für ihn, er werde ein wenig ein Dilettant des Lebens bleiben, allen Stürmen des Lebens preisgegeben; ich suchte, soviel an mir lag, mit sanftem Druck ihn dahin zu bringen, sich doch in der Realität irgendwie zu verankern. Nun ist alles dahin. Ich habe zugleich den teuersten Freund verloren, der wie keiner jede meiner Stimmungen, jede Empfindung verstand und mitempfand.

In seinem Testament hat Hans Diefenbach die Verfügung getroffen, daß Rosa die Zinsen von fünfzigtausend Mark aus seinem Vermögen bis an ihr Lebensende erhalten soll. »Ich treffe diese Bestimmung, da meine ausgezeichnete Freundin in der Privatökonomie vielleicht keine so geniale Meisterin ist wie in der Nationalökonomie.«
Auch, daß die Summe festgelegt ist, hat seinen guten Grund. Diefenbach hat verhindern wollen, daß Rosa das Geld sofort für Parteizwecke ausgibt.

7.

Zwischen dem 6. und 9. 4. 1917 vollzieht sich die Gründung der Unabhängigen Sozialdemokratischen Partei Deutschlands (USPD) unter der Führung Karl Kautskys. Die Politiker, von

denen der Anstoß zu dieser Abspaltung ausgeht, unter ihnen Bernstein und Haase, verurteilen die Unterstützung des Krieges durch die Führer der Sozialdemokratie und ziehen mit diesem Programmpunkt einhundertsiebzigtausend Mitglieder in die neue Partei mit herüber, sie verlangen eine Amnestie für politische Gefangene, die Aufhebung der Zensur und uneingeschränktes Vereins-, Versammlungs- und Koalitionsrecht, den Achtstundentag und das allgemeine, gleiche, geheime und direkte Wahlrecht.
Von Anfang an ist dies nicht die Partei von Rosa, Liebknecht und Jogiches, wenngleich sich die Spartakusgruppe unter Wahrung eines eigenen Standpunktes der USPD anschließt. Mit den meisten der führenden USPD-Anhänger haben die Angehörigen der Spartakusgruppe in der Vergangenheit schwere ideologische Auseinandersetzungen gehabt. Rosa hat vor einer Spaltung der SPD noch Anfang 1917 mit den Worten »Flucht bleibt Flucht« gewarnt.
Nach der Verhaftung von Karl Liebknecht, Rosa Luxemburg und anderen wichtigen Mitgliedern der Spartakusgruppe hat Leo Jogiches ab 1916 die Herausgabe der »Briefe« übernommen. Praktisch liegt seit dieser Zeit die Leitung der Gruppe mit all ihren Stützpunkten in seinen Händen. Aus den Polizeiakten läßt sich ersehen, wie sich der Fahndungsapparat der deutschen Behörden immer mehr auf einen geheimnisvollen Mann konzentriert, der überall und nirgends zu sein scheint, bei dem offensichtlich alle Fäden der Spartakusbewegung zusammenlaufen. Bereits 1916 taucht in den Vernehmungen von Antikriegskämpfern durch die Polizei immer häufiger die Frage nach einem gewissen A. Krumbügel oder W. Kraft auf. Es ist Jogiches, der sich dieser beiden Decknamen bedient. Nur ganz wenige Mitglieder der Spartakusgruppe kennen ihn persönlich. An sie schickt er seine Anweisungen und Informationen, die mehrmals abgeschrieben und dann vernichtet werden, während die Abschriften weiter kursieren.
Jogiches tarnt seine Arbeit so geschickt, daß er nicht ein einziges Mal seine Wohnung zu wechseln braucht. In seiner Umgebung gilt er als wohlhabender Schweizer, der in Deutschland Schiebergeschäfte tätigt.

8.

Obwohl sie jetzt selbst häufig von Depressionen heimgesucht wird, die sie mit eiserner Selbstdisziplin zu überwinden trachtet, findet Rosa Kraft, aus dem Gefängnis anderen tröstende Briefe zu schicken: an Clara Zetkin, deren beide Söhne im Feld stehen, an Sonja Liebknecht, deren Mann unter noch härteren Bedingungen im Zuchthaus sitzt. Und immer wieder sind es Erlebnisse mit Pflanzen und Tieren, in deren Schilderungen sich Rosa ungeheure Gefühlsintensität entlädt: Sie kann, total betroffen, sich darüber ereifern, wenn Soldaten ein Büffelgespann mißhandeln:

Der begleitende Soldat, ein brutaler Kerl, fing an, derart auf die Tiere mit dem dicken Ende des Peitschenstiels loszuschlagen, daß die Aufseherin ihn empört zur Rede stellte, ob er denn kein Mitleid mit den Tieren hätte. »Mit uns Menschen hat auch niemand Mitleid«, antwortete er mit bösem Lächeln und hieb noch kräftiger ein... Die Tiere zogen schließlich an und kamen über den Berg, aber eines blutete... Sonitschka, die Büffelhaut ist sprichwörtlich an Dicke und Zähigkeit, und die war zerrissen. Die Tiere standen dann beim Abladen ganz still erschöpft, und eines, das welches blutete, schaute dabei vor sich hin mit einem Ausdruck in dem schwarzen Gesicht und den sanften schwarzen Augen, wie ein verweintes Kind. Es war direkt der Ausdruck eines Kindes, das hart bestraft worden ist und nicht weiß, wofür, weshalb, nicht weiß, wie es der Qual und der rohen Gewalt entgehen soll... ich stand davor, und das Tier blickte mich an, mir rannen die Tränen herunter – es waren seine Tränen, man kann um den liebsten Bruder nicht schmerzlicher zucken, als ich in meiner Ohnmacht um dieses stille Leid zuckte. Wie weit, wie unerreichbar verloren die freien, saftigen grünen Weiden Rumäniens! Wie anders schien dort die Sonne, blies der Wind, wie anders waren die schönen Laute der Vögel oder das melancholische Rufen der Hirten. Und hier – diese fremd-schaurige Stadt, der dumpfe Stall, das ekelerregende, muffige Heu, mit faulem Stroh gemischt, die fremden, furchtbaren Menschen und – die Schläge, das Blut, das aus der frischen Wunde rinnt ... Oh, mein armer Büffel, mein armer geliebter Bruder, wir stehen hier beide so ohnmächtig und stumpf und nur eines in Schmerz, in Ohnmacht, in Sehnsucht...

Das sind Sätze, aus denen die Überreizung der Nerven durch die lange Abgeschiedenheit nur zu deutlich spricht. Dagegen werden

Hungersnot im Ersten Weltkrieg

dann Proklamationen wie diese in dem Brief vom 26. Januar 1917 an Luise Kautsky gesetzt:

Dieses völlige Aufgehen im Jammer des Tages ist mir überhaupt unbegreiflich und unerträglich. Schau zum Beispiel wie ein Goethe mit kühler Gelassenheit über den Dingen stand. Denk doch, was er erleben mußte: die große Französische Revolution, die doch, aus der Nähe gesehen, sicher wie eine blutige und völlig zwecklose Farce sich ausnahm, und dann 1793 bis 1815, eine ununterbrochene Kette von Kriegen. Ich verlange nicht, daß Du wie Goethe dichtest, aber seine Lebensauffassung – den Universalismus der Interessen, die innere Harmonie kann sich jeder anschaffen oder wenigstens anstreben. Und wenn du etwa sagst: Goethe war eben kein politischer Kämpfer, so meine ich: ein Kämpfer muß erst recht über den Dingen stehen, sonst versinkt er mit der Nase in jedem Quark.

9.

Im Februar 1917 hat die immer weiter um sich greifende Unzufriedenheit der Bevölkerung mit dem Zarenregime (militäri-

sche Niederlagen, Hungersnot unter der Zivilbevölkerung) in Rußland zu Streiks, Zusammenstößen zwischen Demonstranten und der Polizei und schließlich zur Revolution geführt. Die sogenannte »Februarrevolution« ist eine bürgerliche Revolution. Der Zar dankt ab. Die Macht übernimmt eine von bürgerlich-liberalen Parteien geführte »Provisorische Regierung«. Plechanow, nun Menschewik, aber auch Lenin und Trotzki kehren aus dem Exil nach Petrograd (Petersburg) zurück. Die Bolschewiki gewinnen zusehends an politischer Macht. Nach dem sogenannten Juliputsch, einer Schießerei zwischen Bolschewiken und Soldaten, wird Lenin des Hochverrats angeklagt, Trotzki verhaftet. Aber die bürgerliche Regierung muß Trotzki bald wieder freilassen. Am 25. September 1917 wird er, wie schon 1905, Präsident des Petrograder Sowjets. Das Gerücht, die Stadt solle bei einem weiteren Vorstoß des Feindes kampflos an die Deutschen übergeben werden, macht die Unfähigkeit der Provisorischen Regierung deutlich und schafft eine günstige Ausgangssituation, die bürgerliche nun in eine proletarische Revolution zu überführen.
Am 6. November 1917 beginnen die Petrograder Arbeiter, Soldaten und Matrosen unter Führung der Bolschewiki den bewaffneten Aufstand zum Sturz der bürgerlichen Regierung. Innerhalb kurzer Zeit besetzen sie die wichtigsten strategischen Punkte in der Stadt. Am 7. November ist die Provisorische Regierung entmachtet. Tags darauf beschließt der II. Gesamtrussische Sowjetkongreß die Übernahme der Macht durch die Arbeiter-, Soldaten- und Bauerndeputierten. Mit dem Dekret über den Frieden und dem Dekret über Grund und Boden zeigen die Sowjets ihre Entschlossenheit, mit einer Revolution für die Grundinteressen der Arbeiterklasse ernst zu machen. Unter dem Vorsitz von Lenin wird der Rat der Volkskommissare gebildet. Der alte Staatsapparat wird zerschlagen. Großbetriebe, Banken und das Verkehrswesen werden in den folgenden Monaten sozialisiert.
Die Möglichkeiten des Sieges einer proletarischen Revolution in Rußland beurteilt Rosa vor allem deshalb zunächst skeptisch, weil ihr die internationale Unterstützung fehlt. Im November 1917

schreibt sie an Mathilde Wurm, der Frau des SPD-Reichstagsabgeordneten Emanuel Wurm:

Um die Russen bangt mein Herz sehr. Ich erhoffe leider keinen Sieg der Leninisten, aber immerhin – ein solcher Untergang ist mir doch lieber als »Lebenbleiben für das Vaterland«.

Und einige Tage später heißt es in einem Brief an Luise Kautsky:

Freust Du Dich über die Russen? Natürlich werden sie sich in diesem Hexensabbat nicht halten können – nicht weil die Statistik eine zu rückständige ökonomische Entwicklung in Rußland aufweist, wie Dein gescheiter Gatte ausgerechnet hat, sondern weil die Sozialdemokratie in dem hochentwickelten Westen aus hundsjämmerlichen Feiglingen besteht, und die Russen, ruhig zusehend, sich werden verbluten lassen ... ich erwarte noch viel Großes in den nächsten Jahren, nur möchte ich die Weltgeschichte nicht bloß durch das Gitter bewundern.

An Informationsmöglichkeiten verfügt Rosa im Gefängnis nur über bürgerliche Zeitungen und Unterlagen, die ihr von Besuchern eingeschmuggelt werden. Trotzdem, die russischen Ereignisse – bei einer überzeugten Marxistin müssen sie ein Herzklopfen vor Begeisterung ausgelöst haben – interessieren sie zu sehr, um nicht eine kritische Auseinandersetzung zu versuchen. Es entspricht Rosas Grundhaltung, auch Freunde und Gruppen, mit denen sie sympathisierte, stets kritisch zu betrachten, ja gerade da einen besonderen Maßstab anzulegen.
Mit diesem Wissen muß man ihre Äußerungen betrachten. Die Manuskripte, die später unter der Bezeichnung »Die Russische Revolution« oder »Zur Russischen Revolution« veröffentlicht worden sind, wurden zu ihren Lebzeiten nie gedruckt.
Ein kritischer Artikel, zunächst für die Spartakus-Briefe bestimmt, wird von der Redaktion mit dem Hinweis abgelehnt, er könnte von den Feinden der Oktoberrevolution gegen die Sowjets ausgeschlachtet werden.
Rosa, deren leidenschaftliche Zustimmung zu einer proletarischen Revolution in Rußland und für die Sowjets außer jedem Zweifel steht, beugt sich diesem Einwand, nachdem Paul Levi eigens zur Diskussion über diese Frage zu einem Gefängnisbesuch

Lenin, Kalinin und Stalin auf dem 8. Parteitag der Russ. Komm. Partei in Moskau, März 1919

nach Breslau gekommen ist. Sie schickt ihm aber später jenes umfangreichere, aber auch nie ganz abgeschlossene Manuskript mit der Bemerkung: »Ich schreibe diese Broschüre für Sie, und wenn ich nur Sie damit überzeugt haben werde, so habe ich diese Arbeit nicht vergeblich geleistet.«
Daß ein Manuskript von siebenunddreißig mit Bleistift und einundsiebzig mit Federhalter beschriebene Schulheftseiten nur so als private Lektüre für einen Genossen gedacht gewesen sein soll, läßt sich wohl bezweifeln. Andererseits muß man gewiß davon ausgehen, daß der im Manuskript eingenommene Standpunkt noch provisorisch ist. In einigen Fragen, aber nicht in allen, hat sich zweifellos ihre Meinung durch die praktischen Erfahrungen während der deutschen Revolution in den Wochen nach dem 9. November 1918 geändert.

10.

Es sind drei Punkte, in denen Rosa die bolschewistische Politik in den ersten Monaten nach der Oktoberrevolution kritisiert. Die Sowjets haben sofort mit der Aufteilung des Großgrundbesitzes unter die Bauern begonnen. Sie findet, das führe zur Bildung einer neuen Dorfbourgeoisie. (Tatsächlich ist so eine sich an Privatbesitz klammernde Bauernschaft entstanden, gegen die bei der Durchsetzung der Kollektivierung mit erschreckender Grausamkeit vorgegangen werden mußte.)

Im zweiten Punkt ihrer Kritik erklärt Rosa, es sei ein Fehler, allen nationalen Gruppen im russischen Reich das Selbstbestimmungsrecht einzuräumen.

Dieser Punkt scheint am wenigsten überzeugend. Ihre Haltung erklärt sich aus den Erfahrungen mit einem übersteigerten Nationalismus, wie sie ihn aus Polen kannte. Nur durch die Proklamation des Selbstbestimmungsrechts war es zunächst für die Sowjets möglich, den Zerfall Rußlands zu verhindern und wenigstens einen Teil des im Krieg verlorenen Gebietes zurückzugewinnen. (Daß das Selbstbestimmungsrecht später nur auf dem Papier stand, daß ganze Völkergruppen umgesiedelt und unterdrückt wurden, ist eine ganz andere Frage, die damals nicht zur Diskussion stand.)

Der dritte Punkt der Kritik betrifft schließlich die Frage, ob die neue Gesellschaft nur von Räten oder von Räten und einem Parlament regiert werden solle. Im Gegensatz zur Haltung, die Rosa später in Deutschland einnehmen wird, ist sie, was Rußland angeht, für Räte und Parlament, während die Bolschewiki, entgegen ihren eigenen Forderungen aus früheren Jahren, nun das Parlament (Konstituierende Versammlung) aufgelöst hatten. Dahinter steht bei Rosa eine Auffassung, die Paul Frölich so umschreibt:

»Wie sie *(Rosa)* sich 1904 gegen Lenins Idee eines Überzentralismus der Parteiorganisationen gewandt hatte, bei dem alle Initiative, alle Weisheit und alle Macht in den Händen eines Zentralkomitees liegt, so wendet sie sich im Herbst 1918 gegen die Konzentration der Macht in der Regierung und Parteispitze und gegen die Ausschaltung der Initiative und Kontrolle durch die Volksmassen.«

Hier wird es nötig, Rosas Demokratiebegriff genauer zu erklären. Schon 1914 hat sie geschrieben:

Hat die Sozialdemokratie nicht stets behauptet, daß volle, nicht formelle, sondern wirkliche und wirksame Demokratie erst dann denkbar ist, wenn ökonomische und soziale Gleichheit d.h. auch eine sozialistische Wirtschaftsordnung verwirklicht wird, daß die Demokratie des bürgerlichen Nationalstaates stets mehr oder minder Humbug ist?

Jetzt diskutiert sie die Frage, die sich auch den Bolschewiki gestellt hat: Demokratie oder Diktatur? Und hier fällt ihre Antwort anders aus als die Lenins oder Trotzkis.

Rosas Standpunkt ist:

Jawohl Diktatur! Aber diese Diktatur besteht in der Art der Verwendung der Demokratie, nicht in ihrer Abschaffung, in energischen, entschlossenen Eingriffen in die wohlerworbenen Rechte und wirtschaftlichen Verhältnisse der bürgerlichen Gesellschaft, ohne welche sich die sozialistische Umwälzung nicht verwirklichen läßt. Das Proletariat kann, wenn es die Macht ergreift, nimmermehr nach dem guten Rat Kautskys unter dem Vorwand der Unreife des Landes auf die sozialistische Umwälzung verzichten ... es soll und muß eben sofort sozialistische Maßnahmen in energischster, unnachgiebigster, rücksichtslosester Weise in Angriff nehmen, also Diktatur ausüben, aber Diktatur der Klasse, nicht einer Partei oder einer Clique, Diktatur der Klasse d.h. in breiter Öffentlichkeit unter tätiger und ungehemmter Teilnahme der Volksmassen in unbeschränkter Demokratie.

Es geht Rosa also nicht um Einschränkung, sondern um Erweiterung der Demokratie. Es geht ihr um eine Demokratie von höherem Typus, die sich nicht in der Teilnahme an gelegentlichen Wahlen erschöpft, sondern im direkten Mithandeln der Massen bestehen würde.

Wie weit sich diese Vorstellungen in der Realität tatsächlich durchführen lassen, steht dahin. Aber als Wegweiser für den Sozialismus im Sinne von »hier graben«, »hier weiter denken«, »hier weiter suchen« sind diese Überlegungen höchst wertvoll.

Rosa will »rücksichtslose Niederwerfung des gegenrevolutionären Widerstandes«, aber um die Erstarrung des staatlichen Apparates in Bürokratismus und Willkür zu verhindern, will sie auch ungehemmte Kritik in dieser neuen Gesellschaft. Deswegen das Beharren auf öffentlicher Kontrolle durch Presse- und Versammlungsfreiheit – eine Forderung übrigens, die bestimmt nicht zu jenen Ansichten gehört hat, die sich bis zu ihrem Lebensende änderten, selbst wenn der entsprechende Hinweis im Original des bewußten Manuskriptes nur als Randglosse auftaucht:

Freiheit für die Anhänger der Regierung, nur für die Mitglieder einer Partei – mögen sie noch so zahlreich sein – ist keine Freiheit. Freiheit ist immer die Freiheit der Andersdenkenden. Nicht wegen des Fanatismus der »Gerechtigkeit«, sondern weil all das Belebende, Heilsame und Reinigende der politischen Freiheit an diesem Wesen hängt und seine Wirkung versagt, wenn die »Freiheit« zum Privilegium wird.

11.

1918. Immer noch im Gefängnis in Breslau. Aus Briefen: »Meine Nerven, meine Nerven. Ich kann nicht mehr schlafen.«
Eine Haftbeschwerde wird abgewiesen: »...all diese Tatsachen zusammengenommen rechtfertigen den dringenden Verdacht, daß die Beschwerdeführerin gewillt ist, für die Verwirklichung ihrer politischen Anschauungen und Ziele, insbesondere für die Erzwingung eines Friedens durch Aufreizung der Volksmassen, tatkräftig mit allen ihr zu Gebote stehenden Mitteln einzutreten.« So heißt es wörtlich im Beschluß des Reichsmilitärgerichts vom 22. Januar 1918.
Mitte März 1918 wird Leo Jogiches verhaftet. Jetzt verbittet sich Rosa jegliche Lebensmittelsendungen von Mathilde Jacob. Sie sei in Breslau noch ganz gut dran, jetzt müsse man Leo helfen. »Du weißt doch«, sagt sie zu Mathilde, »daß das Essen in den Gefängnissen ungenießbar ist und Leo fast ausschließlich von dem lebt, was du hineingibst. Bitte sag mir, was du ihm bringst.«
Und als Mathilde Rechenschaft ablegt, antwortet Rosa: »Ich merke schon, du machst deine Sache gut. Habe ich auch nicht anders von dir erwartet.«

Bilder ohne Worte.

Rosa Luxemburg im Weibergefängnis Berlin [Barnimstraße]

Clara Zetkin im Untersuchungsgefängnis in Karlsruhe

Scheidemann David Ebert Schöpflin

Vier sozialdemokratische Abgeordnete als Gäste im kaiserlichen Hauptquartier im besetzten Belgien.

Mathilde muß ihre Sache noch über sieben Monate hin gut machen. Für den Fall, daß Leo neue Unterwäsche brauche, ordnet Rosa an, möge man ihre Bettwäsche zerschneiden und ihm daraus etwas nähen.

12.

Gefängniskalender. Eintragungen teils mit Tinte, teils mit Bleistift, alles in allem drei Soennecken-Umschlag-Kalender, die Mathilde besorgt hat:

16. März. Um 9 Uhr früh Wendehals lange gerufen. Nachmittags 4 wieder. Krähen sind fort. 17. März: Buchfink gesungen. Pirol ist da, Wendehals um $^1/_2$ 5 und $^1/_2$ 6 abends gerufen. 18. März: Um 10 Uhr Buchfink. Nr. 7 Brief von Mathilde. Brief von Martha. Haubenlerchen liefen im Hof. 20. März: Paket an Kostja, Gewitterwolke und Donner um 5 Uhr nachmittags. 29. März: 51 Kilo. 1. April: Den kleinen Fuchs gesehen. Star singt immerzu bis 7 Uhr abends. 2. April: 22 Grad C. im Schatten um 4 Uhr.

13.

Und draußen? 28. Januar bis 4. Februar 1918. In Berlin führen etwa fünfhunderttausend Arbeiter einen politischen Massenstreik durch. Zum Streikprogramm gehören die Forderungen: sofortiger Friedensschluß ohne Annexion*, Freilassung der politischen Gefangenen, bessere Lebensmittelversorgung, Einführung des allgemeinen, gleichen, direkten und geheimen Wahlrechts in Preußen. Die Streikbewegung breitet sich über das ganze Deutsche Reich aus. Schließlich streiken mehr als eine Million Arbeiter. Es werden außerordentliche Kriegsgerichte eingesetzt. Es gelingt der Regierung, den Streik niederzuschlagen. Fünftausend Arbeiter werden zum Militärdienst eingezogen, Tausende zu hohen Zuchthausstrafen verurteilt.
Dem Aktionsausschuß, der den Streik in Berlin organisieren und koordinieren soll, gehören die Abgeordneten Haase, Ledebour

* (gewaltsame) Aneignung

und Dittmann von der USDP, die Vorstandsmitglieder Ebert, Scheidemann und Braun von der SPD an.
1925 sagt Ebert, dem vorgeworfen wird, zu diesem Zeitpunkt Landesverrat getrieben zu haben, über seine Motive folgendes aus:
»Ich bin mit der bestimmten Absicht in die Streikleitung eingetreten, den Streik zum schnellsten Abschluß zu bringen und eine Schädigung des Landes zu verhüten ... Ich kann auf das bestimmteste erklären, daß die Leitung der SPD in Fragen der Munitionsarbeiterstreiks in ihrem Inneren den Standpunkt gehabt hat, den sie äußerlich vertreten hat, daß sie diesen Streik also verurteilt hat.«
Am 13. Juli 1918 bewilligt der Reichstag gegen die Stimmen der USPD die 12. Kriegskreditvorlage in Höhe von fünfzehn Millionen Mark. An den Litfaßsäulen verkünden Plakate: »Die beste Sparkasse – Kriegsanleihe!«
Die Lebensmittelversorgung der Bevölkerung in der Heimat wird immer schwieriger.
Zwischen dem 15. und 17. Juli 1918 kommt die letzte deutsche Offensive an der Marne und bei Reims nach schweren Verlusten zum Stehen. Durch vier große Offensiven der Alliierten im Westen gerät Deutschland an den Rand des militärischen Zusammenbruchs. Am 8. August 1918 sagt der deutsche Kaiser nach einem Vortrag hoher Generalstabsoffiziere:
»Ich sehe ein, wir müssen Bilanz ziehen ... Der Krieg muß beendet werden...«
Am 9. September 1918 spricht der Kaiser zu den Arbeitern der Krupp Werke. Seine Rede beginnt mit dem Satz:
»Schon lange hat es mich in diesem Krieg zu Ihnen hingezogen...«
Sie schließt:
»Werdet stark wie Stahl, und der deutsche Volksblock, zu Stahl zusammengeschweißt, der soll dem Feind seine Kraft zeigen. Wer also von Euch entschlossen ist, dieser meiner Aufforderung nachzukommen, wer das Herz auf dem rechten Fleck hat, wer die Treue halten will, der stehe jetzt auf und verspreche mir an Stelle der gesamten deutschen Arbeiterschaft: wir wollen kämpfen und durchhalten bis zum Letzten. Dazu helfe uns Gott. Und wer das

will, der antworte mit Ja!« (Die Versammelten antworten mit lautem Ja.) »Ich danke Euch. Mit diesem Ja gehe ich jetzt zum Feldmarschall!«

14.

Ende Oktober 1918 läßt Paul Levi durch Mathilde Jacob folgenden Kassiber* Rosa ins Gefängnis schmuggeln:

»Ich gebe Ihnen einige Nachrichten ohne weiteren Zusammenhang, nur in der Reihenfolge, in der ich sie notiert habe: 1. Zum Zeichen der Stimmung in den Heeresteilen ist von Bedeutung die Nachricht: Am Freitag sollte von der Flotte ein großer Schlag gegen England geführt werden. Die Flotte fuhr aus, aber nach einiger Zeit unverrichteter Dinge wieder zurück, da die gesamte Flotte meuterte...«

Bei den Ereignissen, über die Levi berichtet, handelt es sich um den Aufstand der Matrosen in Kiel, bei dem am 27. Oktober Soldatenräte gebildet werden. Diese geben das Signal zur Revolution. Am 3. November 1918 demonstrieren dreitausend Kieler Matrosen und Arbeiter für die Freilassung verhafteter Kameraden und für den Frieden. Während die meisten der gegen die Meuterer eingesetzten Verbände den Gehorsam verweigern, schießt eine Patrouille unter dem Befehl des Leutnants Steinhäuser an der Ecke Brunswicker- und Karlstraße, nach der Aufforderung, auseinanderzugehen, in die Menge. Es gibt neun Tote und neunundzwanzig Verletzte. Als sich die Demonstranten verstreuen, tritt ein Matrose vor und schießt Leutnant Steinhäuser nieder. Die Revolution hat begonnen. Am 5. November treten die Kieler Arbeiter in den Streik. In Lübeck und Brunsbüttel werden Arbeiter- und Soldatenräte gebildet. Die revolutionären Ereignisse greifen auf viele andere Städte des Deutschen Reiches über.

Rosa ist immer noch in Haft. Die am 12. Oktober von der Regierung Preußens verkündete Amnestie** politischer Hälftlinge hat sich auf sie nicht ausgewirkt. Sie fiebert der Stunde

* heimliches Schreiben von Gefangenen und an Gefangene
** Begnadigung

entgegen, in der sie endlich frei sein wird. Am 18. Oktober hat sie an Sonja Liebknecht geschrieben:

Meine Stimmung ist schon derart, daß mir ein Besuch meiner Freunde unter Aufsicht zur Unmöglichkeit geworden ist. Ich ertrug alles ganz geduldig die Jahre hindurch und wäre unter anderen Umständen noch weitere Jahre genauso geduldig geblieben. Nachdem aber der allgemeine Umschwung in der Lage kam, gab es auch in meiner Psychologie einen Knick. Die Unterredung unter Aufsicht, die Unmöglichkeit darüber zu reden, was mich wirklich interessiert, sind mir schon lange so lästig, daß ich lieber auf jeden Besuch verzichte, bis wir uns als freie Menschen sehen.

Eine deutsche Revolution

Ich selbst bin so im Trubel, daß ich keine Zeit habe, zu denken, wie es mir geht. C'est la révolution!

Rosa Luxemburg in einem Brief Ende 1918

Es ist der 8. November 1918, zehn Uhr abends, als Rosa von der Gefängnisdirektion in Breslau mitgeteilt wird, daß sie frei ist. Da sie ihre Sachen nicht vollständig gepackt hat und so spät abends nicht weiß, wohin sie gehen soll, bleibt sie während der Nacht vom 8. auf den 9. November noch im Gefängnis.

Nach großen Arbeiterdemonstrationen ist Karl Liebknecht am 23. Oktober aus dem Zuchthaus entlassen worden. Seither ist er rastlos in Berlin unterwegs. Er verhandelt mit den Revolutionären Obleuten, einer linksradikalen Gruppe, die sich bei der Organisation von Streiks in Berliner Großbetrieben gebildet hat.

Liebknecht drängt, man solle endlich losschlagen.

Als am 4. November die ersten Nachrichten von der Matrosenrevolte in Kiel eintreffen, verlangen die Obleute immer noch eine Woche Zeit, um die Revolution mit deutscher Gründlichkeit in allen technischen Einzelheiten vorzubereiten.

Liebknecht warnt. Die Mehrheitssozialdemokraten könnten ihnen zuvorkommen und dann ihre Revolution machen. Wenn irgendwo, so sei in Berlin durch die Kontakte zwischen den Obleuten und Spartakus die Situation besonders günstig, die Revolution über eine bloße Machtablösung hinaus zu einer sozialen Umwälzung werden zu lassen. Aber er dringt mit seiner Aufforderung zu raschem Handeln nicht durch.

Am 6. November, als die Revolutionären Obleute endlich als Termin für Aktionen in Berlin den 11. November festgelegt haben, treffen die sozialdemokratischen Reichstagsabgeordneten Ebert, Scheidemann und Südekum und die Gewerkschaftsführer Legien, Bauer und Schmidt mit General Groener zusammen, der seit Ludendorffs Rücktritt bei der Obersten Heeresleitung den Posten des Ersten Quartiermeisters bekleidet. Anwesend ist auch noch Groeners Adjudant, Oberst von Haeften.

Der Parteivorsitzende der SPD Friedrich Ebert fordert die rasche Abdankung des Kaisers. Nur so sei der Übergang der Massen in das Lager der Revolutionäre und damit die Revolution zu verhindern.

Groener erwidert, von einer Abdankung des Kaisers könne keine Rede sein. Man dürfe der in schweren Abwehrkämpfen stehenden Armee nicht »ihren autoritären Halt« nehmen.

Die SPD-Abgeordneten versichern Groener, sie seien durchaus nicht grundsätzlich gegen die Monarchie. Das letzte Mittel, sie zu retten, bestehe aber eben unter Umständen gerade darin, daß man schleunigst einen der kaiserlichen Prinzen mit der Regentschaft beauftrage.

Scheidemann wird zum Telefon gerufen und kommt nach einer Weile mit den neuesten Nachrichten aus Kiel und Hannover zurück. Er sagt: »Meine Herren, es gibt nichts mehr zu diskutieren. Wir wissen nicht, ob wir morgen noch auf diesen Stühlen sitzen werden.«

Ebert erklärt: »Noch ist nichts entschieden. Was die Frage der Monarchie anbetrifft, so bin ich wie der Genosse Scheidemann im Gegensatz zu den übrigen Herren zwar überzeugter Republikaner, doch die Frage ›Monarchie oder Republik‹ hat für uns nur theoretische Bedeutung. In der Praxis würden wir uns auch mit der Monarchie mit parlamentarischem System abfinden. Ich rate deshalb Eurer Exzellenz dringend, die letzte Gelegenheit zur Rettung der Monarchie zu ergreifen und die schleunige Beauftragung eines der kaiserlichen Prinzen mit der Regentschaft zu veranlassen.«

Der Abgeordnete Südekum bestürmt General Groener mit Tränen in den Augen, auf diesen Vorschlag einzugehen.

Groener aber antwortet: »Der Vorschlag ist für mich indiskutabel. Ich bin autorisiert, den Herren zu eröffnen, daß sämtliche Prinzen sich mit ihrem Vater solidarisch erklärt haben und daß, falls ihr Vater gezwungen würde, gegen seinen Willen abzudanken, keiner bereit wäre, die Regentschaft zu übernehmen.«

Revolution 1918 in Berlin

Darauf Ebert: »Unter diesen Umständen erübrigt sich jede weitere Erörterung. Jetzt müssen die Dinge ihren Lauf nehmen. Wir danken Ihnen, Exzellenz für die Aussprache und werden uns stets gern der Zusammenarbeit mit Ihnen während des Krieges erinnern. Von nun an trennen sich unsere Wege. Wer weiß, ob wir uns je wiedersehen.«
Man verabschiedet sich mit Händedruck.
Im Hinausgehen sagt von Haeften zu Groener:
»Das bedeutet die Revolution. Diese Führer haben die Massen nicht mehr in der Hand. Wenn sie deren Willen nicht tun, sind die Generäle ohne Truppen.«

1.

Am 8. November (noch ist Rosa im Gefängnis und ärgert sich über die private Mitteilung von Mathilde Jacob, daß die Hauswirtin in Berlin die Miete für ihre Wohnung um zehn Mark erhöht hat) wird Ernst Däumig, ein Mitglied der USPD und einer der Führer der Revolutionären Obleute auf der Straße verhaftet. Er trägt

sämtliche Pläne für den auf den 11. November festgesetzten Aufstand bei sich, die nun dem Oberkommando in den Marken bekannt werden. Mitglieder des Vollzugsausschusses der Obleute, der Spartakusgruppe und der USPD beschließen daraufhin, daß nun schon am nächsten Tag losgeschlagen werden soll. Sie stellen dazu folgenden Aktionsplan auf:
Generalstreik. Von den Großbetrieben Berlins rücken die Arbeiter in elf großen Kolonnen ins Stadtzentrum von Berlin vor und besetzen dort die öffentlichen Gebäude. Die in Berlin stationierten Soldaten sollen gewonnen werden, mit den Arbeitern gemeinsame Sache zu machen.
Die Beschlüsse werden durch Boten den einzelnen Betrieben übermittelt. Es wird eiligst ein Flugblatt gedruckt, das Arbeiter und Soldaten zum Kampf für eine sozialistische Republik aufruft.

2.

Am 8. November gegen zehn Uhr vormittags trifft der Reichstagsabgeordnete Matthias Erzberger mit drei Begleitern und einem Dolmetscheroffizier in einem Eisenbahnwagen im Wald von Compiègne mit dem französischen Marschall Foch, dessen Generalstabschef Weygand und drei englischen Marineoffizieren zu Waffenstillstandsverhandlungen zusammen.
Die Deutschen weisen ihre Vollmachten vor, die überprüft werden. Dann kommt es zu folgendem Gespräch:
Marschall Foch: »Was führt die Herren hierher? Was wünschen Sie von mir?«
Erzberger: »Ich sehe Ihren Vorschlägen über die Herbeiführung eines Waffenstillstandes zu Wasser, zu Lande und in der Luft und an allen Fronten entgegen.«
Marschall Foch: »Ich habe keine Vorschläge zu machen.«
Er befiehlt seinem Generalstabschef, die Bedingungen für den Waffenstillstand vorzulesen. Es wird eine Bedenkfrist von zweiundsiebzig Stunden eingeräumt.
Darauf wieder Foch: »Verhandlungen über die Bedingungen werden unter keinen Umständen zugelassen. Deutschland kann annehmen oder ablehnen, ein Drittes gibt es nicht.«

Die deutsche Delegation bewertet die Situation so:
»Die Bedingungen sind undurchführbar. Sie machen Deutschland nicht nur wehrlos, sondern liefern es auch an den Bolschewismus aus. Anarchie und Hungersnot müssen die unmittelbaren Begleiterscheinungen dieser Waffenstillstandsbedingungen sein.«
Der Dolmetscheroffizier reist mit allen Unterlagen zum Vortrag bei der Reichsregierung nach Berlin.
Die eingeräumte Bedenkfrist wird am 11. November vormittags gegen elf Uhr abgelaufen sein.

3.

In Berlin trifft man von zwei Seiten her Vorkehrungen gegen eine Revolte der Arbeiterschaft.
Die SPD-Führung warnt ihre Anhänger vor Unbesonnenheiten und läßt durchblicken, die Abdankung des Kaisers sei nur noch eine Frage von Stunden.
Die Vertrauensleute der Partei in den Betrieben werden angewiesen, die Arbeiter zu beruhigen. Einer von ihnen sagt bei einer Besprechung in der Parteizentrale:
»Wir können hier beschließen, was wir wollen. Zurückzuhalten sind die Arbeiter nicht mehr.«
Die Reichsregierung unter Kanzler Prinz Max von Baden und mit drei SPD-Staatssekretären, gibt Befehl, daß das als zuverlässig geltende 4. Jägerbataillon in die Alexanderkaserne im Stadtzentrum von Berlin verlegt wird.
Ein Gefreiter, der eine aufsässige Bemerkung macht, wird sofort unter Arrest gestellt. Als Handgranaten ausgegeben werden, fragen die Soldaten mißtrauisch: »Gegen wen sollen wir werfen? Gegen wen sollen wir eingesetzt werden?«
Die Offiziere geben ausweichende Antworten. Die Soldaten sind müde von dem langen Transport. Sie legen sich kopfschüttelnd schlafen.
Der Eisenbahnverkehr von und nach Berlin wird eingestellt.
Zwischen dem Reichskanzler in Berlin und dem kaiserlichen Hauptquartier in Spa, Belgien, finden aufgeregte Telefongespräche statt. Der Kaiser weist weiterhin den Gedanken an einen Rücktritt

weit von sich. Er erklärt, er halte es für seine Pflicht, auf seinem Posten zu bleiben. Er berät sich mit seinen höchsten Offizieren darüber, ob man nicht eine Operation gegen die Heimat einleiten könne.

Könnte Generalfeldmarschall von Hindenburg den Gefühlen in seinem preußischen Soldatenherzen folgen, so würde er ein solches Vorgehen befürworten. Sein Verstand sagt ihm, das Risiko ist zu groß. Dies dem Kaiser ins Gesicht zu sagen, bringt er aber auch nicht über sich. Wieder ruft der Reichskanzler an und verlangt den Kaiser zu sprechen. Diesmal dauert die telefonische Unterhaltung etwa zwanzig Minuten.

Prinz Max von Baden sagt unter anderem: »Die Abdankung ist nötig geworden, um den Bürgerkrieg zu vermeiden, um also die Mission des Friedenskaisers bis zum Schluß durchzuführen. Gelingt dies, so wird Euer Majestät Name in der Geschichte gesegnet werden. Erfolgt nichts, so wird die Forderung im Reichstag gestellt und bewilligt werden. Die Truppe ist nicht mehr sicher. Köln ist in den Händen der Arbeiter- und Soldatenräte, auf dem Braunschweiger Schloß Eurer Majestät Tochter weht eine rote Fahne. München ist Republik, in Schwerin tagt ein Soldatenrat...«

Der Kaiser: »Unsinn! Die Truppe steht zu mir. Morgen marschieren wir gegen die Heimat.«

Am 9. November morgens verläßt Rosa das Gefängnis und geht zu Parteifreunden, der Familie Schlich. Von dort aus ruft sie Mathilde Jacob in Berlin an. Die Heimreise nach Berlin muß Rosa verschieben, da vorerst keine Züge verkehren. Abends zieht Rosa mit Parteifreunden durch die Straßen von Breslau. Dort ist inzwischen die Revolution ausgerufen worden. Auf dem Domplatz spricht sie zur Menge. Leo Jogiches, der in Berlin wieder in Freiheit ist, trifft Vorkehrungen, Rosa auch dann in die Hauptstadt zu holen, wenn die Eisenbahn weiterhin nicht verkehren sollte. Rosa ruft mehrmals an diesem Tag in Berlin an, um sich bei Mathilde und Leo über die politische Entwicklung zu erkundigen.

An jenem 9. November diskutieren die Berliner Arbeiter, die zur Frühschicht gekommen sind, über das Flugblatt der Revolutionären Obleute und der Spartakusgruppe, die zu Massenstreiks und

Demonstrationen aufrufen. Sechs Forderungen sollen durchgesetzt werden:

1. Befreiung aller zivilen und militärischen Gefangenen, sofern sie aus politischen Gründen in Haft sind.
2. Wahl von Arbeiter- und Soldatenräten in allen Fabriken und Truppenteilen.
3. Aufhebung aller Einzelstaaten und Beseitigung aller Dynastien.
4. Sofortige Aufnahme der Beziehungen zu den übrigen deutschen Arbeiter- und Soldatenräten.
5. Übernahme der Regierung durch die Beauftragten der Arbeiter- und Soldatenräte.
6. Sofortige Verbindung mit dem internationalen Proletariat, insbesondere mit der russischen Arbeiterrepublik.

Der Gouverneur von Berlin meldet telefonisch nach Spa:
»Alle Truppen sind zu den Aufständischen übergegangen. Ich habe keinen Mann mehr in der Hand.«
In den Kasernen der Berliner Innenstadt kommt es zur Verbrüderung zwischen den Arbeiterkolonnen und dem Militär. Beim Eindringen der Demonstranten in die Maikäferkaserne in der Chausseestraße wird der Führer der Berliner Arbeiterjugend, Erich Habersaath, von einem Offizier erschossen.
In Spa spielt der Kaiser mit dem Gedanken, als Kaiser zurückzutreten, aber König von Preußen zu bleiben. Hindenburg und der Kronprinz finden das eine ausgezeichnete Idee.
Wieder wird aus Berlin angerufen. Der Reichskanzler:
»Ich muß meine Entlassung nehmen. Die Monarchie ist nicht mehr zu retten, wenn die Abdankung nicht im Augenblick eintrifft.«
Der Kaiser ist zu einer halben Abdankung bereit, aber seine Offiziere raten ihm, die entsprechende Erklärung sorgfältig zu formulieren. Spa bittet noch um eine halbe Stunde.
Gleichzeitig hört der Reichskanzler, daß die Demonstranten – Soldaten und Arbeiter – nun schon in unmittelbarer Nähe des Reichskanzlerpalais stehen. Jetzt entschließt sich der Prinz von Baden, auf eigene Faust zu handeln. An das Wolffsche Telegra-

fenbüro gibt er die Nachricht, der Kaiser habe abgedankt, der Kronprinz auf die Nachfolge verzichtet. Er beabsichtige zurückzutreten, dem Abgeordneten Friedrich Ebert die Reichskanzlerschaft und die Ausarbeitung eines Gesetzentwurfes über die sofortige Ausschreibung allgemeiner Wahlen zu einer verfassungsgebenden deutschen Nationalversammlung vorzuschlagen. Die Nationalversammlung habe dann über die künftige Staatsform des deutschen Volkes zu entscheiden.

Der Inhalt dieser Depesche wird um die Mittagszeit in den Straßen Berlins bekannt.

Kurz nach zwölf empfängt der Prinz von Baden Friedrich Ebert, Scheidemann und andere SPD-Abgeordnete.

Ebert erklärt sich bereit, die Regierung zu übernehmen. Er will auch mit der USPD über deren Eintritt in die Regierung verhandeln und unter Umständen Politiker bürgerlicher Parteien aufnehmen. Auf jeden Fall aber müsse die SPD die Mehrheit behalten. Nach der Übergabe der Amtsgeschäfte erläßt Ebert eine Proklamation, die die Bürger Berlins über diese Vorgänge unterrichtet. Sie schließt mit dem Satz:

»Mitbürger! Ich bitte Euch dringend. Verlaßt die Straßen. Sorgt für Ruhe und Ordnung.«

Aber die Demonstranten weichen nicht aus der Innenstadt. Zwischen Wilhelmsstraße und dem Reichstagsgebäude drängen sich Tausende von Menschen. Die Atmosphäre ist spannungsgeladen. Gerüchte schwirren herum. Noch ist nicht entschieden, welche Staatsform Deutschland in Zukunft haben wird. Man spricht davon, daß Liebknecht vom Balkon des Schlosses die »Sozialistische Republik« ausrufen wolle.

Als der SPD-Abgeordnete Scheidemann im Reichstagsrestaurant eine wäßrige Kartoffelsuppe löffelt, drängen sich Arbeiter und Soldaten an seinen Tisch. Sie sagen:

»Scheidemann, kommen Sie gleich mit.« »Philipp, du mußt herauskommen und reden!«

Zuerst wehrt er ab, aber sie schieben ihn gestikulierend durch das Restaurant, die Wandelhalle und den Lesesaal. Dort öffnet man die Balkontür. Ein bayerischer Hauptmann reicht Scheidemann die Hand und hilft ihm auf die Brüstung. Improvisierend beginnt

Das erste Hoch auf die Republik

der Abgeordnete zu den Menschen, die vor dem Gebäude stehen, zu reden. Seine Ansprache endet mit dem Satz:
»Alles für das Volk! Nichts darf geschehen, was der Arbeiterbewegung zur Unehre gereicht. Seid einig, treu und pflichtbewußt. Das Alte und Morsche, die Monarchie, ist zusammengebrochen. Es lebe das Neue. Es lebe die Deutsche Republik!«
Die Menschen unten brechen in Jubel aus.
Als Scheidemann wieder ins Zimmer tritt, kommt Ebert auf ihn zu. Mit hochrotem Kopf schimpft er:
»Du hast kein Recht, die Republik auszurufen. Was aus Deutschland wird, ob Republik oder was sonst, das entscheidet eine Konstituante*.«
Am Nachmittag öffnen Arbeiter die Zellen des Militärgefängnisses in der Lehrterstraße und der Strafanstalt in Tegel.
Friedrich Ebert, Otto Wels, Eugen Ernst, Otto Braun und zwölf

* Konstituante: verfassungsgebende Versammlung

sozialdemokratische Vertrauensleute aus den Betrieben bilden einen eigenen »Arbeiter- und Soldatenrat«, mit der Vorstellung, so besser Einfluß auf die Massen nehmen zu können.
Das Polizeipräsidium wird von Tausenden von Demonstranten gestürmt. Die Schutzleute und Polizeioffiziere brauchen nicht entwaffnet zu werden. Aufgeregt und eingeschüchtert werfen sie ihre Säbel und Revolver von sich. Ein Mitglied der USPD, der Arbeiter Ernst Eichhorn, wird von den Demonstranten als Polizeipräsident von Berlin eingesetzt.
Mitglieder der Spartakusgruppe unter Hermann Duncker besetzen das Gebäude des »Berliner Lokalanzeigers«. Jogiches hat darauf gedrungen, man müsse unbedingt eine eigene Zeitung haben. Er beruft sich auf seine Erfahrungen bei der Revolution 1905 in Warschau.
Dem Redakteur erklärt Duncker:
»Das Blatt hat sich gewendet. Ihr Blatt muß sich auch wenden. Sie werden verstehen, daß eine siegreiche Revolution eine konterrevolutionäre Presse nicht dulden kann.«
Noch am selben Abend erscheint, redigiert von Hermann Dunkker und Ernst Meyer, die erste Nummer der Zeitung »Die Rote Fahne«.
Friedrich Ebert führt erste Gespräche um die Regierungsbildung. Auf die Frage eines Mitglieds der USPD, ob er auch bereit sei, Liebknecht in sein Kabinett aufzunehmen, antwortet er: »Wenn Sie wollen auch Liebknecht. Er soll uns angenehm sein.«
Liebknecht aber fordert: »Alle Exekutive, alle Legislative, alle richterliche Gewalt bei den Arbeiter- und Soldatenräten!«
Gegen siebzehn Uhr zieht Liebknecht an der Spitze eines Demonstrationszuges revolutionärer Arbeiter auf das Schloß zu. Vom Verdeck eines kleines Lastwagens ruft er aus: »Der Tag der Revolution ist gekommen. Wir haben den Frieden erzwungen. Der Friede ist in diesem Augenblick geschlossen. Das Alte ist nicht mehr. Die Herrschaft der Hohenzollern, die in diesem Schloß jahrhundertelang gewohnt haben, ist vorüber. In dieser Stunde proklamieren wir die freie sozialistische Republik Deutschland!«
Die Demonstranten dringen in das Schloß ein. Die Wache

haltenden Soldaten ergeben sich kampflos. Noch ein zweites Mal spricht Liebknecht, diesmal vom Balkon des Kaiserschlosses. Er fordert die Massen auf, die Hand zum Schwur auf die freie sozialistische Republik Deutschlands zu erheben. Am Mast geht die rote Fahne hoch.

Der ereignisreiche Tag endet mit einer Verlautbarung der SPD, sie habe der USPD bei voller Gleichberechtigung die Bildung einer gemeinsamen Regierung angeboten. Die USPD jedoch stellt Bedingungen, zu denen die SPD in einem Antwortschreiben Stellung nimmt.

Die wichtigsten Streitpunkte sind:

Forderung der USPD –

Deutschland soll eine sozialistische Republik werden.

Antwort der SPD –

Diese Forderung ist das Ziel unserer eigenen Politik. Indessen hat darüber das Volk und die verfassungsgebende Versammlung zu entscheiden.

Forderung der USPD –

In dieser Republik soll die ausführende, die gesetzgebende und die richterliche Macht ausschließlich in den Händen von gewählten Vertrauensmännern der gesamten werktätigen Bevölkerung und der Soldaten liegen.

Antwort der SPD –

Ist mit diesem Verlangen die Diktatur eines Teils einer Klasse gemeint, hinter dem nicht die Volksmehrheit steht, so müssen wir die Forderung ablehnen, weil sie unseren demokratischen Grundsätzen widerspricht.

Forderung der USPD –

Ausschluß aller bürgerlichen Mitglieder aus der Regierung.

Antwort der SPD –

Diese Forderung müssen wir zurückweisen, weil ihre Erfüllung die Volksernährung erheblich gefährden würde.

Unter diesen Umständen lehnt es Karl Liebknecht für seine Person ab, ein Ministeramt zu übernehmen. Die Mehrheit der USPD-Führer ist bereit, die Vorschläge der SPD anzunehmen, betont aber, die politische Gewalt müsse bei den Arbeiter- und Soldatenräten liegen.

Schließlich tritt eine provisorische Regierung mit der Bezeichnung »Rat der Volksbeauftragten« zusammen. Ihr gehören von der SPD Ebert, Landsberg und Scheidemann, von der USPD Barth, Dittmann und Haase an.
Immer noch ziehen Menschenmassen durch das Regierungsviertel. Fast alle öffentlichen Gebäude sind besetzt. Im Plenarsal des Reichstages, der mit roten Tüchern ausgeschlagen ist, versammeln sich die Revolutionären Obleute. Ihr Vorsitzender, der ehemalige Metallarbeiter Emil Barth, begrüßt den siegreichen Aufstand der Berliner Garnison, die sich auf die Seite des Volkes gestellt und so den fast unblutigen Sieg der Revolution herbeigeführt hat.
Später wird eine Proklamation erlassen. In ihr heißt es:

> »Soldaten, Brüder, tretet am Sonntag, 10. November, spätestens 10 Uhr in den Kasernen und Lazaretten zusammen und wählt eure Vertreter. Auf jedes Bataillon fällt ein Delegierter, ebenso auf jede kleine selbständige Formation und jedes Lazarett.
> Arbeiter! Arbeiterinnen! Brüder, Schwestern, tretet auch ihr am Sonntag, 10. November um 10 Uhr in euren Betrieben zusammen. Auf je 1000 Beschäftigte, Männer oder Frauen, fällt 1 Delegierter, kleinere Betriebe schließen sich zusammen. Am Sonntag um 5 Uhr treten die so gewählten im Zirkus Busch zusammen. Arbeiter! Soldaten! Sorgt für die Ausführung dieser Anordnung. Bewahrt Ruhe und Ordnung.
> Berlin, 9. November Der provisorische Arbeiter- und Soldatenrat.«

4.

Rosa in Breslau. Anruf bei Mathilde in Berlin. Jetzt verkehren Züge bis Frankfurt an der Oder von Breslau aus. »Kommt mich dort abholen.«
Jogiches beschafft einen Wagen. Die Fahrt beginnt mit einer Panne. Eduard Fuchs, der Mathilde Jacob begleitet, fordert zweimal in Militärdepots Wagen an, die sich auch als unbrauchbar

erweisen. Schließlich ist man mit fünfzehn Soldaten auf einem Lastwagen unterwegs. Die Soldaten haben keine Ahnung, wen sie da holen sollen. Sie kutschieren fünf Stunden durch die Stadt. An einem Vorortbahnhof wird es Mathilde und Eduard Fuchs zu dumm. Sie überlassen Auto und Begleitmannschaft ihrem Schicksal und fahren mit der Bahn, die jetzt wieder verkehrt, in die Stadt zurück. Jogiches verständigt Rosa telefonisch, daß das Abholunternehmen nicht geklappt hat. Inzwischen fahren auch die Züge von Breslau nach Berlin wieder. Rosa will am Sonntag abend gegen zweiundzwanzig Uhr auf dem Anhalter Bahnhof eintreffen.

5.

Bei der Wahl der Delegierten für die große Versammlung im Zirkus Busch am Sonntagvormittag gelingt es der SPD in der Mehrzahl der Betriebe »ihre Leute« durchzubringen.
In den Kasernen agitiert Otto Wels und schwört die Vertreter der Militäreinheiten auf den Kurs der SPD ein: Paritätische* Besetzung der Regierung durch Vertreter von SPD und USPD, wobei Leuten vom rechten Flügel der USPD der Vorrang zu geben ist. Hinarbeiten auf Wahlen zu einer Nationalversammlung.
Die Regierung, von den Räten noch nicht bestätigt, hat einen schweren Entschluß zu fassen. Sie muß zu dem Waffenstillstandsultimatum Stellung nehmen. Die Oberste Heeresleitung hat schon am 29. September erklärt, Deutschland könne nicht weiterkämpfen. Von den Generälen kommen immer besorgtere Meldungen, die Front werde nicht mehr lange zu halten sein. Man müsse zum Waffenstillstand kommen. Andererseits fordert die Oberste Heeresleitung, noch günstigere Bedingungen auszuhandeln. Die Darstellungen des Dolmetscheroffiziers lassen keinen Zweifel, daß die Alliierten zu keinen Diskussionen bereit sind. Also schickt man schließlich das Telegramm an Erzberger und seine Begleiter. Er wird ermächtigt zu unterzeichnen.
Die Revolutionären Obleute sind zusammengekommen, um ihre Taktik für die Versammlung im Zirkus Busch festzulegen. Sie

---

* gleichgestellt, gleichberechtigt

wissen, daß die Wahlen zu den Arbeiter- und Soldatenräten für sie ungünstig ausgefallen sind. Richard Müller erklärt:
»Eine Regierung ohne Rechtssozialisten ist nicht zu erreichen. Das muß man als Tatsache hinnehmen. Die Rechtssozialisten werden alles versuchen, um zur Nationalversammlung und damit zur bürgerlich-demokratischen Republik zu kommen.«
In der Debatte wird der Vorschlag gemacht, als Kontrolle einer zu stark nach rechts tendierenden Regierung einen »Aktionsausschuß der Arbeiter- und Soldatenräte« zu verlangen, dessen Kompetenzen und Aufgaben zunächst nicht genau festgelegt werden sollen.
In Breslau schreibt Rosa an einem Artikel, der einige Tage später in der »Roten Fahne« erscheinen wird.

Ihr müßt in der Durchführung eines sozialistisch-revolutionären Programms ganze Arbeit machen. Mit der Abdankung von ein paar Hohenzollern ist es nicht getan.
Noch viel weniger ist es getan damit, daß ein paar Regierungssozialisten mehr an die Spitze treten. Sie haben vier Jahre die Bourgeoisie unterstützt, sie können nichts anderes, als dies weiter tun. Mißtraut denen, die von Reichskanzler- und Ministerstellen herunter glauben, Eure Geschicke lenken zu dürfen. Nicht Neubesetzung der Posten von oben herunter, sondern Neuorganisation der Gewalt von unten herauf. Sorget, daß die Macht, die ihr errungen habt, nicht euren Händen entgleitet und daß ihr sie gebraucht für eure Ziele.

6.

Um siebzehn Uhr am Sonntag beginnt im Zirkus Busch die Vollversammlung der Arbeiter- und Soldatenräte. Dreitausend Menschen, unter ihnen etwa fünfzig Frauen sind anwesend. Die Arbeiter und Soldaten sitzen auf den aufsteigenden Rängen. Unten in der Manege haben an Holztischen die Führer der verschiedenen sozialistischen Gruppen Platz genommen. Den Vorsitz führt Emil Barth von den Revolutionären Obleuten. In seiner Eröffnungsrede stellt Friedrich Ebert heraus, daß es zu einer Einigung zwischen SPD und USPD gekommen ist. Begeistert klatschen die Delegierten. Eine Stimmung allgemeiner

Verbrüderung breitet sich aus. Die Gegensätze scheinen vergessen. Da springt Liebknecht auf und ruft:
»Ich muß Wasser in den Wein Eurer Begeisterung schütten. Die Gegenrevolution ist bereits auf dem Marsch. Sie ist bereits in Aktion. Sie ist bereits hier unter uns. Die Revolution, die gestern gesiegt hat, ist heute nicht nur von den Militaristen und Monopolherren bedroht, sondern auch von jenen, die heute mit der Revolution gehen, sie vorgestern aber noch bekämpft haben.«
Das ist eine deutliche Anspielung auf die SPD, vor allem auf Ebert, von dem erzählt wird, er habe noch vor einer Woche gesagt, eigentlich hasse er die Revolution wie die Pest.
Immer häufiger wird Liebknecht bei seiner Rede durch Zwischenrufer unterbrochen. Er kann noch für jeden verständlich erklären, »laßt Sorgfalt walten bei der Auswahl der Männer, die ihr in die Regierung und an die Spitze der Räte stellt«, dann sind aus den einzelnen Zwischenrufen Sprechchöre geworden, die »Einig-keit! Einig-keit« skandieren, und er muß aufhören.
Die Auseinandersetzungen verschärfen sich, als Barth eine Kandidatenliste für den Vollzugsrat verliest, auf der nur Unabhängige und Spartakisten stehen. Auch Rosas und Liebknechts Namen sind darunter.
Soldaten mit entsicherten Gewehren oder mit gezogenem Säbel stürmen zum Präsidiumstisch und brüllen: »Einig-keit! Einig-keit!«
Barth droht, er werde sein Amt niederlegen und ruft pathetisch aus: »Lieber schieße ich mir eine Kugel durch den Kopf, als daß ich je mit einem Regierungssozialisten zusammenarbeite.«
Immer mehr Soldaten springen von den Rängen herab in die Manege. Es kommt zu einem Handgemenge. Liebknecht ruft: »Unter Druck verhandeln wir nicht.« Mit den übrigen Spartakisten verläßt er den Zirkusbau. Die Soldaten fordern jetzt im Vollzugsrat nicht nur Parität zwischen SPD und USPD, sondern auch zwischen Arbeitern und Soldaten.
Nach längeren Tumulten kann man endlich zur Wahl schreiten. Dem Vollzugsrat gehören sieben Unabhängige, sieben Regierungssozialisten und vierzehn Soldatenvertreter an. Die Mehrheit des Vollzugsrats besteht aus Gegnern der Revolutionären Obleu-

te. Dann wird das Kabinett bestätigt und ein Aufruf »An das werktätige Volk« verabschiedet. In ihm stehen die Sätze:
»Deutschland ist Republik geworden, eine Sozialistische Republik ... Träger der politischen Macht sind jetzt Arbeiter- und Soldatenräte ... die rasche und konsequente Vergesellschaftung der kapitalistischen Produktionsmittel ist nach der sozialen Struktur Deutschlands und dem Reifegrad seiner wirtschaftlichen und politischen Organisation durchführbar.«
Auch dieser Aufruf erhält die stürmische Zustimmung der Versammlung. Die Revolutionären Obleute sagen später, die Delegierten könnten sich unmöglich genau darüber im klaren gewesen sein, welchen Festlegungen sie da zugestimmt hätten.
Man singt zusammen die Internationale. Dann begeben sich die Delegierten zu ihren Wählern. Die Regierung konstituiert sich endgültig als Rat der Volksbeauftragten. Später ist Ebert allein in seinem Zimmer in der Reichskanzlei.
Das Telefon klingelt. Es meldet sich General Groener aus dem Hauptquartier in Spa.
Groener sagt: »Herr Reichskanzler, ich darf Ihnen mitteilen, daß das Heer sich Ihrer Regierung zur Verfügung stellt. Wir erwarten dafür Unterstützung bei der Aufrechterhaltung von Ordnung und Disziplin im Heere. Das Offizierskorps verlangt außerdem von der Regierung die Bekämpfung des Bolschewismus.«
Ebert antwortet: »Auf diesen Bündnisvorschlag gehe ich gern ein.«
Groener: »Vielleicht sollten wir uns täglich über Entschlüsse, die notwendig werden könnten, absprechen.«
Ebert: »Ich halte das für einen guten Vorschlag. Wir werden uns für unsere Gespräche der Geheimleitung bedienen, die zwischen dem Hauptquartier und der Reichskanzlei geschaltet ist.«
Groener schreibt später zu diesen Gesprächen in seinen »Lebenserinnerungen«:
»Wir (*die Offiziere der Obersten Heeresleitung*) hofften, durch unsere Tätigkeit einen Teil der Macht im neuen Staat an Heer und Offizierskorps zu bringen, gelang das, so war der Revolution zum Trotze das beste und stärkste Element des alten Preußentums in das neue Deutschland hinübergerettet.«

7.

Der Zug, mit dem Rosa nach Berlin fährt, ist überfüllt mit Soldaten. Soldaten, die sich selbst entlassen haben und heim zu ihren Familien fahren. Fast wie bei der Fahrt in jene erste Revolution. Die körperlich abgezehrte Frau mit dem grauen Haar, die zwischen den Soldaten sitzt, hält niemand für eine Revolutionärin.

Auf dem Anhalter Bahnhof wird Rosa von Liebknecht und Jogiches begrüßt. Um hinaus in ihre Wohnung in Südende zu fahren, ist keine Zeit. Sie nimmt ein Hotelzimmer im Bahnhofsviertel. Dann Gespräche, Diskussionen. Zweierlei halten die Freunde jetzt vor allem für wichtig: Rosa soll die Herausgeberschaft und die Redaktion der »Roten Fahne« übernehmen. Das Blatt wird als Konkurrenzorgan des von der SPD kontrollierten »Vorwärts« den Vorstellungen des Spartakus bei den Massen Gehör verschaffen.

Auch scheint es jetzt wichtig, sich eine nach außen klar erkennbare Organisationsform zu geben. Noch am nächsten Tag konstituiert sich die lose Gruppe Spartakus als Spartakusbund. Der »Zentrale«, also der Führung, gehören neben Rosa und Karl Liebknecht, Willi Budich, Käthe und Hermann Duncker, Franz Mehring, Hugo Eberlein, Leo Jogiches, Paul Lange, Paul Levi, Ernst Meyer, Wilhelm Pieck und August Thalheimer an. Der Spartakusbund versteht sich als »eine geschlossene Propagandavereinigung« innerhalb der USPD mit dem Ziel, den Kurs dieser Partei zu bestimmen.

Noch in der Nacht nach ihrer Ankunft fährt Rosa in den Scherl-Verlag, in die Redaktionsräume des »Berliner Lokalanzeigers«, wo seit gestern »Die Rote Fahne« erscheint. Mit unerhörter Energie stürzt sich Rosa in die Aufgabe, eine Zeitung zu machen, die der Berliner Arbeiterschaft ein marxistisch-revolutionäres Bewußtsein geben soll. Sie wird vor den Winkelzügen der Konterrevolution warnen, über den erkämpften Errungenschaften wachen, zeigen, wo ein Weg wäre, um zu einer grundsätzlichen sozialen Umwälzung zu kommen. Sie wird Fehler nicht beschönigen. Die Zeitung wird Rosas Kontakt zu den Massen sein.

In den Reihen der SPD kennt man aus vergangenen Tagen Rosas polemische Fähigkeiten gut genug, um zu wissen, welche Gefahr diese Frau auf diesem Posten darstellt. Noch ist der »Vorwärts« die Zeitung, an der sich die Arbeiter angesichts der manchmal reichlich verwirrenden Ereignisse orientieren. Aber wie lange noch?

Am 11. November hält das Setzer- und Druckerpersonal des von den Spartakisten besetzten Verlages eine Betriebsversammlung ab, auf der Rosa und Liebknecht als Gangster und vaterlandslose Gesellen beschimpft werden. Sie hätten, so wird behauptet, nichts anderes im Sinn, als das deutsche Volk an die Sowjetmacht auszuliefern.

Rosa erlebt, wie die Arbeiter bedingungslose Loyalität gegenüber der Geschäftsleitung üben. Auf ihren Hinweis, daß sie damit gegen ihre eigenen Interessen verstießen, erntet sie nur Hohngelächter.

Die Arbeiter weigern sich, die »Rote Fahne« zu setzen und zu drucken. Liebknecht und Wilhelm Pieck suchen den Vollzugsrat auf, der im Reichskanzlerpalais tagt und eine Verfügung erläßt, daß die »Rote Fahne« im Scherl-Verlag weiter erscheinen soll.

Die Geschäftsleitung von Scherl protestiert bei Friedrich Ebert gegen die Spartakisten. Ebert schreibt an den Rand: »Durch Rücksprache mit dem Vorsitzenden des Arbeiter- und Soldatenrates erledigt. Der Befehl gegen Scherl wird nicht ausgeführt, weitere Befehle dieser Art werden nicht erlassen.«

Der Verleger, die früheren Redakteure und regierungstreue Soldaten erscheinen in der Redaktion.

Die angetrunkenen Soldaten sperren die Spartakusleute in einen engen Raum. Freundlich spricht Rosa auf den Posten ein, der vor der Tür steht. Später, als jemand der Eingesperrten auf die Türklinke drückt, merkt man, daß nicht mehr abgeschlossen ist. Der betrunkene Soldat, der als Wache ausgestellt war, ist verschwunden. Die Spartakusredakteure verlassen das Scherlhaus. Später erfahren sie, daß an alle Arbeiter, die sich weigerten, mit ihnen zusammenzuarbeiten, eine Summe von sechzehntausend Mark ausgezahlt worden ist. Die Arbeiter, die zur Zusammenarbeit mit Spartakus bereit waren, sind entlassen worden. Es

dauert bis zum 18. November, ehe es den Spartakusleuten gelingt, eine Druckerei und Papier für ihre Zeitung zu finden. Es ist die Firma Lehmann in der Königgrätzerstraße. Die Redaktion aber quartiert sich in der Wilhelmsstraße 114, in den Räumen der ehemaligen russischen Telegrafenagentur ein.
Am 18. November berichtet Rosa an Clara Zetkin:

Liebste, in aller Eile nur zwei Zeilen, Ich bin, seitdem ich aus dem Zug gestiegen bin, noch nicht mit einem Fuß in meiner Wohnung gewesen. Die ganze Zeit bis gestern war die Jagd hinter der »Roten Fahne« her. Erscheint sie, erscheint sie nicht? Darum dreht sich der Kampf von früh bis spät. Endlich ist sie da. Du mußt Geduld mit ihr haben, sie ist technisch noch nicht auf der Höhe, das kommt alles nach und nach. Vor allem aber will ich Dein Urteil zum Inhalt hören. Ich habe das Gefühl, daß wir völlig konform gehen werden, und das macht mich glücklich...

Rosa bewältigt ein Arbeitspensum, das erstaunlich ist. Bis gegen Mitternacht ist sie in der Redaktion. Kommt Karl Liebknecht von einer Kundgebung, wird sofort die Lage beraten, mehr als einmal der Leitartikel wieder umgeschrieben, der Umbruch umgestoßen, um Platz für eine wichtige Nachricht zu schaffen.
Es ist Leo Jogiches, der darauf sieht, daß Rosa vor rastloser Arbeit die Mahlzeiten nicht vergißt. Überhaupt wacht er aus dem Hintergrund vorsichtig über sie, was nötig ist, denn seit Anfang Dezember ist sie persönlich immer in Gefahr. In dem Ausmaß, in dem die »Rote Fahne« bekannt wird und Einfluß auf die öffentliche Meinungsbildung gewinnt, wächst der Haß der Rechten gegen Spartakus, gegen Rosa und Liebknecht. Dabei kann nicht verschwiegen werden, daß der höhnisch-sarkastische Ton von Rosas Artikeln, gewisse Karikaturen über Ebert als »Volkskaiser« und persönliche Angriffe gegen die SPD-Führung die Wut erst recht wachrufen.
Aus einem Brief vom 29. November an Clara Zetkin:

Wenn Du wüßtest, wieviel ich Dir zu sagen hätte und wie ich hier lebe – wie im Hexenkessel. Gestern, nachts um 12 Uhr, bin ich zum ersten Mal in meine Wohnung gekommen, und zwar nur deshalb, weil wir beide – Karl und ich – aus sämtlichen Hotels dieser Gegend um den Potsdamer und Anhalter Bahnhof ausgewiesen worden sind.

Sie würde die Zeitung gern auf sechs Seiten erweitern, aber die Volksbeauftragten bewilligen ihr unter Berufung auf ein noch aus dem Krieg herrührendes Gesetz kein zusätzliches Papier. Die wichtigsten Nachrichten treffen in den turbulenten Zeiten meist erst zwischen zehn und elf Uhr abends ein und müssen dann noch für die Ausgabe des nächsten Tages bearbeitet und kommentiert werden. Andererseits finden schon am frühen Morgen wieder Konferenzen, Besprechungen und Versammlungen statt. In einem Brief erzählt sie Clara:

Alle paar Tage erhielten wir die dringende Warnung von amtlichen Stellen, daß Karl und mir von Mordbuben aufgelauert wird, so daß wir nicht zu Hause schlafen sollten, sondern jede Nacht anderswo Obdach suchen müssen, bis mir die Sache zu dumm wird, und ich einfach wieder nach Südende zurückkehre.

Fragt man nach der politischen Konzeption und den Zielen, für die Rosa in ihren Artikeln eintritt, so sind es Forderungen, die später im Spartakusprogramm und im ersten Programm der KPD wiederkehren werden:

Wiederwahl und Ausbau der lokalen Arbeiter- und Soldatenräte, Einberufung des Reichsparlaments der Arbeiter- und Soldaten, die Bildung einer Rote Garde, die Säuberung der Verwaltung und der Justiz, die sofortige Einziehung der dynastischen Vermögen und Besitzungen, sowie des Grundbesitzes.

Der Regierung Ebert-Haase wirft sie vor:

Sie behält den Staat als Verwaltungsorganismus von oben bis unten weiter in den Händen der gestrigen Stützen des Hohenzollerschen Absolutismus und der morgigen Werkzeuge der Gegenrevolution; sie beruft die konstituierende Nationalversammlung ein, schafft damit ein bürgerliches Gegengewicht zur Arbeiter- und Soldatenvertretung.

8.

Schon damals wird immer wieder der Vorwurf laut: Rosa und Spartakus wollen einen Sowjetstaat russischer Prägung in Deutschland herstellen. Stimmt dieser Vorwurf?

Er stimmt nicht, wenn man achtlos unter Sowjetstaat russischer Prägung das versteht; was heute als gesellschaftliches System in der Sowjetunion entstanden ist.
Er stimmt, wenn man sich darunter eine radikale soziale Umwälzung in Deutschland vorstellt, den Versuch nicht einer bürgerlichen, sondern einer sozialistischen Demokratie.
Das Rätewesen erschien Rosa dabei als das A und O einer sozialistischen Gesellschaftsordnung. Sie sah darin die direkteste Form, den Willen breitester Bevölkerungsschichten in die Gestaltung der Gesellschaft einzubringen. In der Sowjetunion wurde später die Macht der Räte eingeschränkt oder abgeschafft bzw. sie wurden zu reinen Erfüllungsgehilfen des Zentralkomitees der Partei degradiert.
Andererseits kann niemand sagen, wie sich das Rätesystem in einem Land wie Deutschland entwickelt haben würde, das bis zu diesem Zeitpunkt nicht einmal hinreichend Erfahrungen mit einer bürgerlichen Demokratie besaß.
Rosa selbst hat wiederholt in ihren Schriften darauf hingewiesen, daß zur Durchsetzung eines politischen Systems dieser Art die Voraussetzung ein entsprechend fortschrittliches Bewußtsein der Massen ist. Genau dieses Bewußtsein war nicht vorhanden, konnte sich auch nicht entwickeln, so unermüdlich auch die Anstrengungen waren, die sie und ihre Freunde in dieser Richtung unternahmen. Immerhin sollte man sich klar machen, wie sich der Rätegedanke entwickelte.
Er taucht zum ersten Mal in der Pariser Commune 1871 auf. Mit den Revolutionen in Rußland 1905 und 1917 dringt er langsam in Deutschland ein. Die Rätebewegung in Deutschland ist also nicht ausschließlich eine Folge des Bolschewismus. Sie ist aber ohne ihn nicht denkbar. Arbeiterräte entstehen in Deutschland bei den großen Massenstreiks im I. Weltkrieg. Da die Gewerkschaften für die Kriegszeit auf Streiks verzichten, fehlt den Streikenden ein Organ, daß die Aktionen leiten und ihre Forderungen vertreten kann. Der erste Arbeiterrat bildet sich am 8. April 1917 in Leipzig, als dort und in mehreren anderen Städten ein Massenstreik, veranlaßt durch die Verkürzung der Brotration, ausbricht. Zu den wirtschaftlichen Forderungen kommen zum ersten Mal

auch politische: gleiches Wahlrecht, Friedensbereitschaft. Auf einer Versammlung von zehntausend Streikenden wird ein Rat bestehend aus zwei Metallarbeitern und drei USPD-Funktionären gewählt, der mit den Regierungsvertretern verhandeln soll. Er hatte eine zeitlich und sachlich begrenzte Aufgabe und gab sein Mandat nach dem Streik wieder zurück. Die Abberufbarkeit der Räte nach relativ kurzer Zeit wird später ein wichtiges Prinzip, das das Rätewesen gegenüber der bürgerlich-parlamentarischen Demokratie attraktiv macht. Von Spartakus wurden übrigens die Streikziele dieses ersten Arbeiterrates in Deutschland stark kritisiert, da sie nicht revolutionär genug erschienen. Jedenfalls lernte ein Teil der Arbeiter durch die Bildung der Streikkomitees die Arbeiterräte als neue Organisationsform des Klassenkampfes kennen.

9.

Rosa erlebt, wie die Errungenschaften der Novemberrevolution langsam mehr und mehr unterhöhlt werden. Am 23. November verzichtet der Vollzugsrat der Berliner Arbeiter- und Soldatenräte auf seine Exekutivgewalt zu Gunsten des Rates der Volksbeauftragten. Am 30. November veröffentlicht Karl Kautsky eine Artikelserie zur Frage »Nationalversammlung und Räteversammlung« mit der These, die Räte seien ein Kampforgan des Proletariats und dürften deshalb nicht zur proletarischen Staatsorganisation werden. Das Wahlsystem zur Nationalversammlung weise größere Klarheit auf als das undurchsichtige der Räte und besitze infolgedessen eine unzweideutige Autorität.
Der Sprecher der ostelbischen Großgrundbesitzer, Herr von Heydebrand, der den Beinamen »ungekrönter König von Preußen« trägt, gibt Ebert zu verstehen, daß man sich schon werde arrangieren können.
Am 1. Dezember wird ein Sekretariat zum Studium und zur Bekämpfung des Bolschewismus und eine »Antibolschewistische Liga« gegründet. Die Großindustrie stellt erhebliche Summen zur Anwerbung von Freiwilligenverbänden, den Freikorps und zur Propaganda gegen Spartakus zur Verfügung. In den Straßen von

Berlin erscheint ein Plakat mit dem Bild einer bluttriefenden Bestie und der Inschrift:

ARBEITER! BÜRGER!
DAS VATERLAND IST DEM UNTERGANG NAHE.
RETTET ES!
ES WIRD NICHT BEDROHT VON AUSSEN, SONDERN VON INNEN:
VON DER SPARTAKUSGRUPPE.
SCHLAGT IHRE FÜHRER TOT!
TÖTET LIEBKNECHT!
DANN WERDET IHR FRIEDEN, ARBEIT UND BROT HABEN!

DIE FRONTSOLDATEN

Am 14. Dezember veröffentlicht Rosa in der »Roten Fahne« den Artikel »Was will der Spartakusbund«. Sie geht darin von dem Satz aus, der I. Weltkrieg habe bewiesen, daß die bürgerliche Klasse ihr Daseinsrecht verwirkt habe. Als Voraussetzung für eine vollständige Umwälzung der Gesellschaft wird betrachtet, daß die bürgerlichen und staatlichen Organe durch proletarische Klassenorgane ersetzt werden: durch Arbeiter- und Soldatenräte, die auf eine ständige Wechselwirkung mit den Volksmassen im Interesse der Entfaltung sozialistischer Demokratie bedacht sein müßten. Im einzelnen werden folgende acht Forderungen erhoben:

1. Abschaffung aller Einzelstaaten – eine einheitliche deutsche sozialistische Republik.
2. Beseitigung aller Parlamente und Gemeinderäte und Übernahme ihrer Funktionen durch Arbeiter- und Soldatenräte.
3. Wahl von Arbeiterräten über ganz Deutschland durch die gesamte erwachsene Arbeiterschaft beider Geschlechter in Stadt und Land, nach Betrieben, sowie von Soldatenräten durch die Mannschaften, unter Ausschluß der Offiziere, Rechte der Arbeiter und Soldaten zur jeweiligen Rückberufung ihrer Vertreter.
4. Wahl von Delegierten der Arbeiter- und Soldatenräte im ganzen Reich für den Zentralrat, der den Vollzugsrat als das

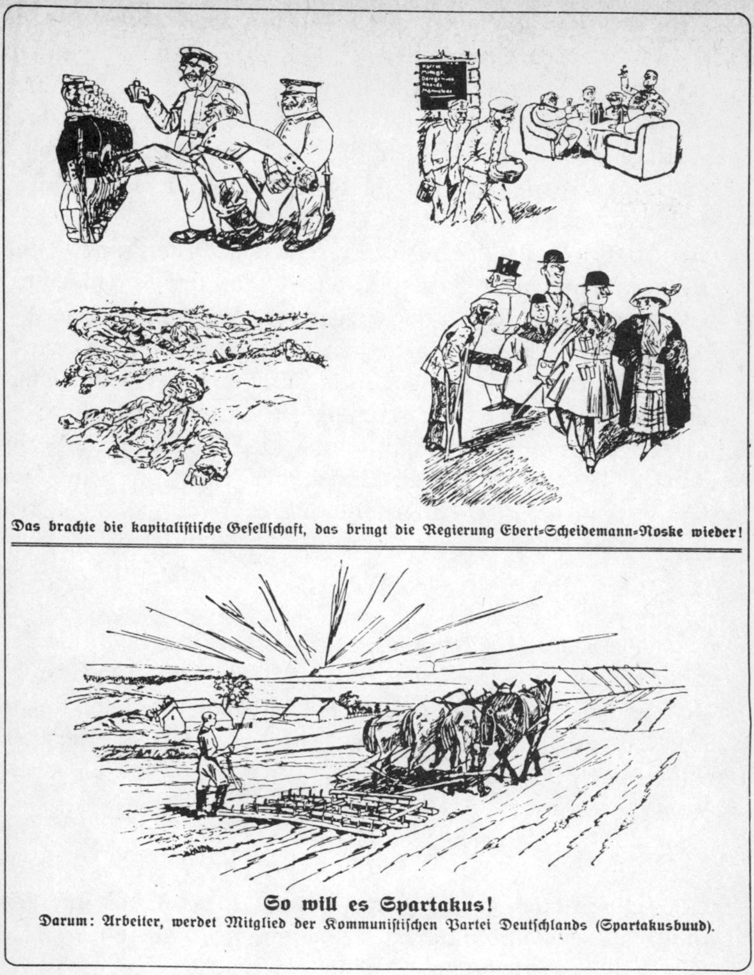

oberste Organ der gesetzgebenden und vollziehenden Gewalt zu wählen hat.

5. Zusammentritt des Zentralorgans vorläufig alle drei Monate – unter jeweiliger Neuwahl der Delegierten – zur ständigen Kontrolle über die Tätigkeit des Vollzugsrates und zur Herstellung einer lebendigen Fühlung zwischen der Masse der

Arbeiter- und Soldatenräte im Reich und ihrem obersten Regierungsorgan. Recht der lokalen Arbeiter- und Soldatenräte zur jederzeitigen Rückberufung und Ersetzung ihrer Vertreter im Zentralrat, falls diese nicht im Sinn ihrer Auftraggeber handeln. Recht des Vollzugsrates, die Volksbeauftragten, sowie die zentralen Reichsbehörden und Beamten zu ernennen und abzusetzen.

6. Abschaffung aller Standesunterschiede, Orden und Titel. Völlige rechtliche und soziale Gleichstellung der Geschlechter.
7. Einschneidende soziale Gesetzgebung, Verkürzung der Arbeitszeit zur Steuerung der Arbeitslosigkeit und unter Berücksichtigung der körperlichen Entkräftigung der Arbeiterschaft durch den Weltkrieg, sechsstündiger Höchstarbeitstag.
8. Sofortige gründliche Umgestaltung des Ernährungs-, Wohnungs-, Gesundheits- und Erziehungswesens im Sinn und Geist der proletarischen Revolution...

10.

Die tägliche Ration für Normalverbraucher besteht bei Ende des Krieges aus 250 Gramm Kriegsbrot, 10 Gramm Fett, 25 Gramm Fleisch und 1 Pfund Kartoffeln. Scheidemann sagt auf einer Kabinettssitzung, es sei ihm ein Rätsel, wovon die Berliner Bevölkerung sich ernähre.

11.

Anfang Dezember spricht Rosa, neben ihrer Arbeit an der Zeitung, auf sechs öffentlichen Versammlungen des Spartakusbundes, um dessen Programm bekannt zu machen.
Seit dem 21. November ist es immer wieder zu Demonstrationen von Spartakusanhängern für die Rätemacht und die Weiterführung der Revolution gekommen. Manche Mitläufer sind weit revolutionärer als ihre Führer und vor allem unbesonnener und undisziplinierter. So greifen Anfang Dezember junge Spartakisten im Anschluß an eine Massendemonstration öffentliche Gebäude an und stürmen die Berliner Kommandantur.

Auf manchen Versammlungen werden von Wirrköpfen haarsträubende, der revolutionären Sache ungemein schadende Forderungen wie die auf Freilassung aller Gefängnisinsassen und die sofortige Festnahme prominenter Persönlichkeiten des bürgerlichen Lagers erhoben.
Rosa erkennt das Problem der Chaoten durchaus. Es scheint ihr letztlich unvermeidlich, daß sich in revolutionären Zeiten der revolutionären Partei verantwortungslose Elemente anschließen, die zu blindwütigem Aktionismus drängen.
Am 6. Dezember werden die Berliner Zeugen eines gespenstischen Putschversuchs von rechts.
Um siebzehn Uhr marschieren unter Führung von Offizieren Teile des Garde-Grenadierregiments »Kaiser Franz« durch die Straßen der Stadt und besetzen das preußische Abgeordnetenhaus, in dem der Vollzugsrat des Arbeiter- und Soldatenrates eben eine Sitzung abhält. Ein Teil der Soldaten dringt in die Sitzung ein und erklärt den Vollzugsrat für verhaftet, angeblich auf Befehl der Regierung Ebert-Haase. Die Putschisten verkünden, sie wollten den Vollzugsrat abschaffen und Ebert als Präsident ausrufen.
Eine andere Abteilung dringt in die Redaktionsräume der »Roten Fahne« ein und durchsucht sie. Man fahndet nach Liebknecht und Rosa, beruft sich auf einen Befehl der Regierung Ebert-Haase.
Nur durch einen Zufall entgehen die Spartakusführer diesem Anschlag.
Zur selben Zeit wird auf unbewaffnete Soldaten, die nach einer vorher angemeldeten Versammlung in den Germaniasälen die Chausseestraßen hinunterziehen, mit Maschinengewehren geschossen. Es gibt vierzehn Tote und zahlreiche Verwundete.
Im Reichskanzlerpalais tritt Ebert auf den Balkon und wird unter den Hurrarufen der Putschisten zum Präsidenten ausgerufen. Auf die Frage, ob er dieses Amt annehme, antwortet er ausweichend, darüber müsse er sich erst mit seinen Freunden beraten. Die Putschisten ziehen wieder ab und verstreuen sich. Das einzige Ergebnis dieses Umsturzversuches von rechts sind vierzehn Tote.
Am 15. Dezember unterbreitet Rosa auf der Verbandsgeneralversammlung der USPD, der sie als Mitglied der Spartakusgruppe immer noch angehört, eine Resolution, in der sie den sofortigen

Austritt der Vertreter der USPD aus der Regierung Ebert-Scheidemann, die Ablehnung der Einberufung einer Nationalversammlung, die Übernahme aller Macht durch die Arbeiter- und Soldatenräte und die sofortige Einberufung eines Parteitages der USPD fordert. Ihre Resolution erhält 195 Stimmen. Der Gegenantrag des Parteimitgliedes Hilferding, der konzentrierte Wahlarbeit für die Nationalversammlung fordert, bekommt 485 Stimmen. Während der Block der Sozialdemokraten geschlossen hinter Ebert und Scheidemann steht, zerfällt die USPD seit ihrem Bestehen in drei Richtungen: in einen pazifistischen Flügel, vertreten durch Rudolf Breitscheid, Eduard Bernstein und andere, in einen gemäßigten radikalen Flügel, geführt von Ledebour, und in die Gruppe Spartakus, von der wiederum Kontakte zu den Revolutionären Obleuten bestehen. Langsam scheiden sich die Geister an der Frage: Nationalversammlung oder Rätesystem?

16. Dezember 1918. In Berlin beginnt der Rätekongreß. Der Berliner Vollzugsrat soll auf einer Versammlung der Arbeiter- und Soldatenräte aus dem ganzen Deutschen Reich abgelöst und dann ein Zentralrat gewählt werden. Die Zahl der Delegierten für den Rätekongreß ist nach der Volkszählung des Jahres 1910 festgelegt worden. Auf zweihunderttausend Einwohner entfällt ein Delegierter, beim Heer werden einhunderttausend Mann durch einen Delegierten vertreten. Die Alternative Nationalversammlung oder Rätesystem hat wochenlang im Mittelpunkt der innenpolitischen Diskussion gestanden. Jetzt wird sie entschieden werden. Durch die Räte selbst. Sie sollen erklären, ob sie ihre Machtbefugnisse behalten und ausbauen oder an eine Nationalversammlung abtreten wollen. Wie die Entscheidung fallen wird, ist eigentlich von vornherein klar. Alle Wahlen und Abstimmungen unter den Räten haben gezeigt, daß sich die große Mehrheit seit dem 9. November zur SPD und ihrem Programm bekennt. Von den insgesamt 488 Delegierten des Kongresses bezeichnen sich 289 als Mehrheitssozialisten, 90 als Unabhängige, unter ihnen sind 10 Spartakisten, 25 sind »Demokraten«, 27 »nur Soldaten«, 10 Anhänger einer linksradikalen Splittergruppe, die übrigen machen zu ihrer Einstellung keine Angaben.

Der Kongreß wird für den Vollzugsrat durch dessen Vorsitzenden Richard Müller von den Revolutionären Obleuten eröffnet. Anschließend begrüßt Ebert die Delegierten im Namen des Rates der Volksbeauftragten. Beide Ansprachen kennzeichnen sofort den Hauptkonfliktpunkt. Müller fordert die Delegierten auf, die Grundlagen für die deutsche sozialistische Republik als Räterepublik zu legen. Ebert ruft dazu auf, den neuen Rechtsstaat in Form einer parlamentarischen Demokratie zu errichten. Für die Sozialdemokraten ist das Rätesystem identisch mit Gesetzlosigkeit und Schreckensherrschaft. Die Spartakisten und der linke Flügel der USPD und die Revolutionären Obleute sehen in einer Nationalversammlung das Machtinstrument des Kapitalismus und der Gegenrevolution.
Zweimal wird auf dem Kongreß der Antrag gestellt, Rosa und Karl wenigstens mit beratender Stimme zuzulassen. Beide Anträge werden von der sozialdemokratischen Mehrheit niedergestimmt.
Über andere Delegierte beantragt Liebknecht als ersten Punkt der Tagesordnung eine Diskussion über die vom Rätekongreß sofort zu ergreifenden Maßnahmen wider die Konterrevolution.
Als feststeht, daß Liebknecht und Rosa mit der Begründung, sie seien keine Soldaten und Arbeiter, vom Kongreß ausgeschlossen sind, versammeln sich zweihundertfünfzigtausend Menschen vor dem Kongreßgebäude.
Eine von der Menge bestimmte Abordnung erzwingt den Zutritt zum Saal und übergibt dem Kongreß eine »Botschaft der revolutionären Kräfte«.
All das nützt nichts. Nachdem Max Cohen von der SPD für die Nationalversammlung und Ernst Däumig von den Revolutionären Obleuten für das Rätesystem plädiert haben, folgt am dritten Tag die Abstimmung. Der Antrag Cohens, die Wahl der Nationalversammlung zum frühestmöglichen Termin abzuhalten, nämlich am 19. Januar 1919, wird mit 400 gegen 50 Stimmen angenommen. Däumigs Gegenantrag, die Räte als die höchste gesetzgebende und vollziehende Gewalt einzusetzen und auf einem neuen Rätekongreß die Verfassung zu beschließen, wird mit 344 zu 98 Stimmen abgelehnt.

Eugen Leviné, ein Spartakist, der später in der Münchner Räterepublik eine wichtige Rolle spielen wird, verfaßt nach dem Kongreß einen Bericht über die »traurige Ängstlichkeit der USPD und ihre bodenlose Perfidie* im Umgang mit den Spartakusgenossen«. Er schreibt:

»Die USPD war sich in ihren Zielsetzungen keineswegs einig. Auf ihrem rechten Flügel standen der führende Wirtschaftstheoretiker Hilferding und der Pazifist Haase, während auf dem linken Flügel Däumig ein glühender Verfechter des reinen Rätesystems war. Er war sogar für die Diktatur des Proletariats, wenn auch für eine sehr zivilisierte Diktatur, die statt auf Kanonen und Panzerzügen auf geistiger Macht und Willen beruhen sollte. Ein weiterer angeblich entschiedener Verfechter des Rätesystems, Richard Müller, erklärte, er sei sich völlig darüber im klaren, daß die Räte die einzige konkrete Errungenschaft der Revolution seien: ›Wenn die Arbeiter- und Soldatenräte fallen, wird von der Revolution nichts mehr übrig bleiben. Das gesamte politische und wirtschaftliche Leben ist bisher unangetastet geblieben...‹

Die vorherrschende Stimmung des linken Flügels der USPD war Furcht vor dem rechten Flügel, der seinerseits noch nicht seine Bindungen an die Mutterpartei überwunden hatte und sich um Aussöhnung bemühte. Und die Mitte schwankte hilflos zwischen beiden hin und her. Einige Vorschläge der Spartakisten wurden aus Furcht vor einem Auseinanderbrechen des Kongresses zurückgewiesen, andere, weil sie die Entente** (Franzosen, Engländer und Amerikaner) hätten provozieren können. Diese, so hieß es, würden niemals ein Rätedeutschland dulden.«

Leviné beschuldigte die Partner von der USPD, sogar die Rednerlisten manipuliert zu haben:

»Wir waren gebunden an die Fraktion der Unabhängigen, die wie eine Bleikugel an unseren Füßen hing – eine sehr heimtückische Kugel, die es bewirkte, daß manchmal in der Rednerliste kleine Erdrutsche vorkamen. Die Folge war, daß man die Spartakusgruppe daran hinderte, Resolutionen selbständig einzubringen

---

* Treulosigkeit, Hinterlist

** Staatenbündnis

und auf diese Weise ihre Absichten auf den grundlegenden Unterschied zwischen den beiden Partnern deutlich zu machen. Das hätte zwar den Verlauf des Kongresses nicht geändert – Däumig bezeichnete ihn zutreffend als Selbstmörder-Kongreß, weil die Räte sich praktisch auf ihm selbst entmachteten –, doch hätte es zumindest den Spartakisten die äußerst demütigende Frage erspart: Wo bleibt die Spartakusgruppe?«
Die Erfahrungen auf dem Kongreß und die Weigerung der USPD, vor den Wahlen für die Nationalversammlung einen Parteitag einzuberufen, wirft für die Spartakisten die Frage auf, ob man nicht doch eine eigene Partei gründen solle. Schon im November hat Rosa in einem Telefongespräch mit Clara Zetkin gesagt: »Möglich, sogar wahrscheinlich, daß die Trennung unvermeidlich wird, aber dann sollten wir sie vollziehen unter den Umständen, die für unser Einwirken auf die Massen am günstigsten sind...« Lange hat sie sich gegen die Abspaltung gewehrt. Aber jetzt ist sie unvermeidlich geworden.

12.

Die Frage des Terrors. Immer wieder in diesen Tagen werden Gerüchte ausgestreut, Spartakus sei an Mordtaten verantwortlich, plane Mordtaten, befürworte den Terror als Waffe in der politischen Auseinandersetzung. Rosa schreibt in der »Roten Fahne«:

Die Reventlows, Friedberg, Erzberger, die ohne mit der Wimper zu zucken anderthalb Millionen deutsche Männer und Jünglinge zur Schlachtbank getrieben haben – um Longwy und Briey, um neuer Kolonien willen, die Scheidemann-Ebert, die vier Jahre lang für den größten Aderlaß, den die Menschheit erlebt hat, alle Mittel bewilligten – sie schreien jetzt im heiseren Chor über den »Terror«, über die angebliche »Schreckensherrschaft«, die von der Diktatur des Proletariats drohe. Die Herrschaften mögen in ihrer eigenen Geschichte nachblättern.

Am 20. Dezember kommt Radek als Abgesandter der Sowjets nach Berlin. Ausgerechnet Radek. Rosa mag diesen Mann nicht, der während der Revolution in Warschau Jogiches' enthusiastischer Schüler gewesen ist. Sie sagt: »Wir brauchen keinen Kommissar für Bolschewismus. Die Bolschewisten mögen mit ihrer Taktik zu Hause bleiben.« Nur auf Intervention von Paul Levi ist sie überhaupt bereit, mit Radek zu reden. Wenn man dessen Lebenslauf kennt, begreift man ihre Abneigung, die mehr noch der zwielichtigen Person selbst als Radeks jetzigem Auftraggeber gilt.

Karl Sobelsohn ist 1885 in Lemberg in Galizien geboren. Seine Muttersprache ist polnisch, seine Staatsbürgerschaft zunächst österreichisch. Der Vater ist Postbeamte und stirbt früh, die Mutter übersiedelt mit den Kindern nach Tarnow und verdient als Lehrerin ihren Lebensunterhalt. Nach seinem Jurastudium (1902/03) widmet sich der junge Mann ganz der Arbeit in der SDKPiL. Mit Jogiches kommt er 1904 in der Schweiz in Kontakt. 1905 kehrt er über Berlin nach Warschau zurück. Zu dieser Zeit betrachtet er Leo als seinen Mentor in der Partei. Er liest den Roman »Die Arbeiten des Sisyphus« von Stefan Zeromski, der vom Aufbegehren polnischer Schüler in einem russischen Gymnasium gegen die zwangsweise Russifizierung erzählt. Andrzej Radek ist in diesem Buch der Anführer der radikalen Schülerorganisation, der mit großer Redegewandheit die Verknüpfung von polnischem Nationalismus und proletarischer Revolution vertritt. Dieser Radek beeindruckt Sobelsohn derart, daß er sich von nun an selbst Radek nennt. In Deutschland taucht er zum erstenmal 1908 auf. Als man ihm in seinem Heimatland Polen die Veruntreuung von Parteigeldern zur Last legt, gerät er zum ersten Mal ins Zwielicht. Er läßt sich zunächst in Berlin nieder, wo sich zu dieser Zeit mit Leo, Rosa und Julian Marchlewski die Führungsgruppe der SDKPil aufhält.

Der polnische Parteivorstand gräbt schließlich Jahre zurück liegende Jugendsünden wieder aus, um sich von Radek, der bereits bei der Spaltung der polnischen Sozialdemokraten von 1911 zur Minderheit des sogenannten Warschauer Flügels gehörte, endgültig zu trennen.

Eigentlich müßte Rosa in Radek, der sich in der SPD zur Gruppe der Radikalen schlägt, einen Verbündeten sehen, aber sein stets zur Schau gestellter Zynismus stößt sie ab. Sie traut ihm auch

Opportunismus zu. 1912 schreibt sie einmal an Clara Zetkin: »Radek gehört zum Typus Dirne, wir können mit ihm noch manches erleben; es ist deshalb besser, ihn sich vom Leibe zu halten.«

Ende 1914, als Radek, der immer noch österreichischer Staatsbürger ist, die Einberufung in die k. u. k. Armee droht, siedelt er in die Schweiz über und schließt sich eng an Lenin an, der ihn wahrscheinlich für gewisse Aufgaben brauchbar gefunden hat, im übrigen aber gesagt haben soll, ihn überkomme nach jedem Gespräch mit Radek das Gefühl, sich von oben bis unten waschen zu müssen.

Im plombierten Eisenbahnwagen reist Radek mit Lenin durch Deutschland und übernimmt in Stockholm die Leitung der eben erst gegründeten bolschewistischen Außenstelle, die die Verbindung zwischen der Revolution in Rußland und den revolutionären Kräften im deutschen Proletariat herstellen und aufrechterhalten soll.

Gleich nach der Oktoberrevolution fährt Radek nach Rußland und wird Mitglied der Bolschewiki.

Zunächst ist er Leiter der Presseabteilung in Trotzkis Kommissariat für Auswärtige Angelegenheiten; später – nach dem Friedensschluß von Brest-Litowsk – wird er Chef der Mitteleuropaabteilung. Hauptaufgabe beider Behörden ist die Förderung der Revolution im Ausland.

An seine Frau schreibt Radek aus Berlin: »Mit Rosa und Leo haben wir von Anfang an den persönlichen Dreck begraben.«

Was Rosa angeht, so dürfte ihr starker innerer Vorbehalt gegenüber Radek fortbestanden haben. Paul Levis, wenngleich aus späterer Sicht getroffene, Feststellung mag stimmen: »Für Karl Radek hatte Rosa Luxemburg – ich würdige das heute mehr als damals – nur ein Gefühl: Ekel.«

Das rührt wohl auch daher, daß mit ihm so etwas wie ihr Gegentyp auftritt. Sie ist idealistisch, moralisch, opferbereit, Radek ist ein »brillanter Kopf«, aber charakterlos; »zu klug, um heroisch oder beständig zu sein«, wie Franz Borkenau schreibt.

Radek selbst hat erklärt: »Im Grund genommen ist eben jedes Prinzip nur halbrichtig... wir arbeiten daher eigentlich gar nicht nach einer ›Theorie‹, haben auch eigentlich keine ›Ideologie‹, sondern nur ein Ziel.«

Eines Abends, Ende Dezember, essen Rosa, Liebknecht, Jogiches, Levi und Radek im Hinterzimmer einer Arbeiterkneipe jeder eine große Schüssel Grütze mit Zimt. Man unterhält sich über Terror. Rosa bedauert, daß der polnische Revolutionär Dzierzynski jetzt Leiter der Tscheka* (Geheimpolizei) geworden ist.

»Man hat uns doch mit Terror auch nicht klein gekriegt. Wie kann man nur auf Terror setzen?« sagt sie.

»Aber mit Hilfe von Terror«, antwortet Radek, »haben sie uns fünf Jahre zurückgeworfen. Wir setzen auf die Weltrevolution und müssen einige Jahre Zeit gewinnen. Terror ist erfolglos gegenüber einer jungen Klasse, die die Zukunft der gesellschaftlichen Entwicklung vertritt und deshalb voller Begeisterung und Selbstverleugnung ist. Etwas anderes ist es mit der Klasse, die von der Geschichte zum Tode verurteilt worden ist, die das Verbrechen des Weltkriegs hinter sich hat.«

Liebknecht pflichtet Radek bei. Rosa sagt: »Vielleicht haben Sie recht. Aber wie kann Dzierzynski nur so grausam sein?«

Jogiches lacht und deckte diesen Ausblick auf eine ganz andere Rosa mit einer zynischen Bemerkung zu. »Wenn es nötig ist, kannst du es auch sein«, sagt er.

13.

Die Volksmarinedivision, die im Schloß einquartiert ist und von dort aus das Regierungsviertel strategisch beherrscht, hat nach dem konterrevolutionären Putsch vom 6. Dezember ihren Kommandanten, den Grafen Metternich, abgesetzt und einen Matrosen zu ihrem Führer gewählt. Bei einem Auseinanderbrechen der Regierung will sie die USPD unterstützen. Die Spartakusgruppe lehnt sie andererseits als zu radikal ab. Nach dem Sieg der SPD-Anhänger auf dem Rätekongreß, glaubt Ebert es sich leisten

---

* die TSCHEKA war von 1917–22 die politische Polizei der Sowjetunion. Kurzwort für Wserossiskaja Tschreswytschainaja Komissija po borbe s Kontrrewoljuzijei i sabotaschem = Allrussische Kommission zur Bekämpfung der Konterrevolution und der Sabotage

zu können, diese Gefahrenquelle auszuschalten. Über die Geheimleitung fordert er bei der Obersten Heeresleitung Hilfe an. Beim Sturm der Fronttruppen auf den von den Matrosen besetzten Marstall mischen sich in den Kampfpausen Arbeiter unter die Soldaten und versuchen diese zum Einstellen der Kampfhandlungen zu bewegen. Als Geisel bringen die Matrosen den Stadtkommandanten Wels an sich. Am Morgen des 24. Dezember wird das Schloß von Artillerie beschossen. Die Matrosen halten aus. Arbeiter und revolutionäre Sicherheitswehren kommen ihnen zu Hilfe. Die konterrevolutionären Truppen müssen abziehen. Die Matrosen erhalten ihren ausstehenden Sold. Wels muß das Amt des Stadtkommandanten niederlegen.

14.

Am 29. Dezember 1918 treten im Festsaal des Preußischen Abgeordetenhauses in Berlin die Delegierten aus vielen Orten des Landes zur Reichskonferenz des Spartakusbundes zusammen. In nichtöffentlicher Sitzung wird beschlossen, sich von der USPD zu trennen und eine eigene Partei zu gründen. Noch am Vorabend der entscheidenden Sitzung hat Rosa dafür plädiert, die Bezeichnung »Sozialistische Partei Deutschlands« zu wählen. Schließlich kommt es aber noch zu der Namensgebung »Kommunistische Partei Deutschlands (Spartakusbund)«. Leo Jogiches hat gegen die Trennung von der USPD gestimmt. Als Organisationsfachmann argumentiert er, daß Isolation leicht zur völligen Bedeutungslosigkeit führen könne, während man unter dem Dach der USPD vielleicht einige Kandidaten für die Nationalversammlung durchbringen werde. Rosa schreibt an Clara Zetkin, sie möge in der USPD bleiben. Es gebe dort »viele Mitglieder mit der rechten Gesinnung«. Sie zur KPD herüberzuziehen, sei eine wichtige Aufgabe.

Nach den Zwischenfällen mit der Volksmarinedivision haben Spartakusanhänger am 24. Dezember den »Vorwärts« besetzt und einige Tage einen »Roten Vorwärts« herausgegeben. Die USPD, verärgert über das Vorgehen der SPD gegen die mit der USPD sympathisierenden Matrosen, zieht ihre Minister aus dem

Kabinett zurück. In Berlin tauchen wieder Flugblätter auf, die zum Mord der Spartakusführer aufrufen. Gerüchte laufen um, Liebknecht sei schon ermordet. Er selbst sagt in einer Rede: »Falls die Mordkugel mich treffen sollte, schone man die Täter. Die Schuldigen werden andere sein.« Auf dem Gründungsparteitag der KPD hält Rosa eines der Hauptreferate zum Thema »Unser Programm und die politische Situation«. Fazit der Rede: Umwälzungen können nicht von oben, sondern müssen von unten kommen. An den unzähligen Punkten der unteren Ebene müssen Proletarier praktische Erfahrungen am Arbeitsplatz und in der Verwaltung sammeln. Der Klassenkampf müsse auch aufs Land getragen werden. Nie werde der Spartakusbund die Regierungsgewalt übernehmen, wenn er nicht die Zustimmung der Mehrheit des Volkes habe. In der Rede fällt noch einmal ein Bekenntnis zum Rätesystem:

Wir können sicher sagen ... in welchem Land auch nach Deutschland die proletarische Revolution zum Durchbruch kommt, ihre erste Geste wird die Bildung von Arbeiter- und Soldatenräten sein.

Eine Voraussage über den Endpunkt des revolutionären Prozesses glaubt Rosa nicht machen zu können. Mit dem Satz, »wenn nur unser Leben ausreicht, es dahin zu bringen«, schließt ihr Referat. Zu einer interessanten Kontroverse kommt es zwischen den Delegierten des Gründungsparteitages über die Frage, ob man sich an den Wahlen zur Nationalversammlung beteiligen solle oder nicht.

Wie entschieden Rosa bisher auch gegen die Nationalversammlung gekämpft hat, jetzt, da die Nationalversammlung kommen wird, tritt sie dafür ein, sich am Wahlkampf zu beteiligen. Sie, und mit ihr andere Mitglieder der Zentrale, sehen voraus, daß der größte Teil jener Männer und Frauen, die durch die Revolution überhaupt erst ihr Stimmrecht bekommen haben, einen Boykott der Wahlen nicht begreifen würden. Doch die Zentrale dringt mit ihren Vorstellungen nicht durch. Der Parteitag spricht sich mit 62 gegen 23 Stimmen gegen die Beteiligung an den Wahlen aus.

Rosa läßt es bei einer milden Zurechtweisung der Delegierten:

Wir verstehen alle und schätzen sehr hoch die Motive, aus denen heraus die Ansicht der Zentrale bekämpft wird. Die Freude, die ich soeben ausgesprochen habe, ist jedoch nicht ungemischt, Genossen. Ihr macht Euch Euren Radikalismus etwas sehr bequem.

Jogiches ist über die Niederlage tief verzweifelt. Sie geht ihm so nahe, daß er meint, es sei vielleicht sogar besser, die ganze Parteigründung rückgängig zu machen. Er will einen derartigen Antrag einbringen, und man muß lange auf ihn einreden, bis er bereit ist, davon Abstand zu nehmen. Es ist typisch, daß er, der die polnische Partei immer recht autoritär geführt hat, für diese Situation kein Verständnis aufbringt.
In einem Brief an Clara Zetkin schreibt Rosa über den Konflikt:

Unsere Niederlage war nur der Triumph eines etwas kindlichen, unausgegorenen Radikalismus ... vergiß nicht, daß die Spartakisten zu einem großen Teil eine frische Generation ist, frei von verblödeten Traditionen der altbewährten Partei – und das muß mit Licht- und Schattenseiten genommen werden.

15.

Mathilde Jacob wohnt jetzt bei Rosa. Abends holt sie sie vom Bahnhof ab. Sie kommt immer sehr müde und abgearbeitet heim, erholt sich aber rasch wieder, wenn sie etwas gegessen hat. Eine Tasse Schokolade oder eine Tasse Kaffee sind zu jener Zeit Kostbarkeiten, die ihr Mathilde dank Beziehungen zur russischen Botschaft bieten kann.
Einmal hat sie abends schon alles zurechtgestellt, als Paul Levi anruft, sie solle Rosa von der Redaktion abholen. Als sie zum Anhalter Bahnhof kommt, stehen Rosa und Paul Levi schon vor dem Eingang. Levi sagt, die Lage sei wieder einmal sehr unsicher, man könne Rosa aus der Wohnung verhaften, Mathilde solle sie irgendwo anders unterbringen.
Mathilde winkt eine Droschke heran. Rosa und sie fahren zu Mathildes Wohnung. Die Sekretärin hat ein Stück gebratene Pute mitgebracht. In der Droschke sagt Rosa: »Gib mir ein Stückchen Pute, ich habe solchen Hunger. Ich weiß zwar, daß Leo sagen

würde, man habe sich zu beherrschen. Aber gib mir nur ein Stückchen.«
Hin und wieder liebt es Rosa, unerkannt und unbeachtet durch die Straßen zu schlendern, um die Atmosphäre der Revolution zu wittern.

Wie kann man ständig die Massen im Munde führen, wenn man gar nicht weiß, wie sich die Masse aus einzelnen zusammensetzt. Bei einer Rede sehe ich tatsächlich nur eine Masse vor mir. Manchmal verliebe ich mich dann in ein unbekanntes Gesicht in der Menge und möchte die Geschichte dieses Menschen wissen.

Am Tag nach der Gründung der KPD schreibt die »Deutsche Allgemeine Zeitung«:
»Zur Niederwerfung dieser Partei werden Theorien nicht genügen. Es kommt darauf an, ihr Gewalt gegenüberzustellen.«
Und am 1. Januar 1919 schreibt ein gewisser Hauptmann Pabst, Generalstabsoffizier der Garde-Schützendivision an Friedrich Ebert: »Solange Spartakus sich der Förderung des Polizeipräsidenten Eichhorn und ähnlicher Leute erfreut, wird es unmöglich sein, Ruhe zu schaffen...«
Und am 2. Januar 1919 klagt das Reichsbankdirektorium: »Die Gefahr bolschewistischer Anarchie bedroht das gesamte Wirtschaftsleben.«
Planmäßig wird eine Pogromstimmung entfacht. Selbst die Vorfälle um die Volksmarinedivision schiebt man den Spartakisten in die Schuhe, und in den Augen der Leute sind Rosa und Karl der Spartakusbund.
»Es ist eine Einrichtung der modernen Zivilisation, daß die Volksmassen, wenn sie der Schuh aus diesem oder jenem Grund drückt, von Zeit zu Zeit Angehörige eines anderen Volkes oder anderer Rasse, Religion, Hautfarbe zum Sündenbock machen, an dem sie ihre schlechte Laune auslassen, um darauf erfrischt zum gesitteten Tagewerk zurückzukehren. Es versteht sich, daß sich zur Rolle des Sündenbocks nur schwache, historisch mißhandelte oder sozial zurückgesetzte Nationalitäten eignen, an denen sich, weil sie eben schwach oder von der Geschichte einmal mißhandelt worden sind, auch jede weitere Mißhandlung straflos vornehmen

läßt.« Diese Sätze stehen in der Einleitung zu Wladimir Korolenkos »Die Geschichte meiner Zeitgenossen«. Und in einem Brief an Walter Stöcker am 11. März 1914 hat Rosa geschrieben:

Lieber junger Freund, ich versichere Sie, daß ich auch dann nicht fliehen würde, wenn mir der Galgen drohte, und zwar aus dem einfachen Grunde, weil ich für durchaus notwendig halte, unsere Partei daran zu gewöhnen, daß Opfer zum Handwerk des Sozialisten gehören und eine Selbstverständlichkeit sind.

Nachdem die USPD aus der Regierung ausgetreten ist, erscheint es der SPD gefährlich, ein USPD-Mitglied als Polizeipräsident von Berlin zu dulden. Zwar ist man bisher mit der Amtsführung von Emil Eichhorn zufrieden gewesen. Jetzt aber beschuldigt man ihn, ein russischer Agent gewesen zu sein und versucht, ihm finanzielle Unregelmäßigkeiten nachzuweisen. Eichhorn weigert sich, sein Amt niederzulegen und bestreitet dem Preußischen Innenminister das Recht, ihn zu entlassen. Zuständig sei für eine solche Entscheidung der Vollzugsrat der Arbeiter- und Soldatenräte.

Am 4. Januar treffen sich die Vertreter von USPD, KPD und der Revolutionären Obleute. Man ist sich einig, daß der Schlag gegen Eichhorn abgewehrt werden müsse, aber wie weit man bei Protesten gehe könne, wird nicht genau festgelegt. Rosa fordert in der »Roten Fahne« energisch Maßnahmen zum Schutz der Revolution. Auf einer Sitzung der KP-Zentrale wird man sich klar, daß es sinnlos wäre, die Situation dazu auszunutzen, die Regierung zu übernehmen. Eine kommunistische Regierung würde sich höchstens vierzehn Tage halten können.

Die Demonstrationen, zu denen die Unabhängigen und auch die KPD für den 5. Januar 1919 aufgerufen haben, übertreffen alle Erwartungen. Hunderttausende sind auf den Straßen. Erst Jahre später wird der begründete Verdacht laut, daß es sich bei den Anführern mancher der demonstrierenden Gruppen um Provokateure der Rechten gehandelt haben könnte, die die revolutionären Arbeiter zu radikalen Handlungen verleiten sollten, damit dann für die Regierung Ebert eine Rechtfertigung bestünde, ein für allemal »Ruhe und Ordnung« herzustellen.

Mehr von den Ereignissen getrieben, denn sie lenkend, bildet sich ein Revolutionsausschuß aus dreiunddreißig Personen, dem unter anderem Liebknecht für die KPD, Ledebour für die Unabhängigen und Paul Scholz für die Revolutionären Obleute angehören.
Am 6. Januar befindet sich die Mehrheit der Berliner Arbeiterschaft in einem politischen Generalstreik. Die Reichsdruckerei, das Haupttelegrafenamt und einige andere öffentliche Gebäude werden besetzt.
Unter dem Eindruck von Berichten, die Berliner Garnison werde die Arbeiter unterstützen und starke militärische Verbände würden von Spandau und Frankfurt an der Oder zum Kampf gegen die Regierung Ebert anrücken, beschließt der Revolutionsausschuß, den Kampf um die Macht zu wagen und zum Sturz der Regierung aufzurufen.
Liebknecht und Pieck haben offenbar gegen die ausdrückliche Anweisung der Zentrale ihrer Partei für ein solches Vorgehen plädiert. Es kommt deswegen zwischen Liebknecht und Rosa zu einer heftigen Auseinandersetzung. Als er aus der Sitzung zurückkommt, empfängt sie ihn mit der vorwufsvollen Frage: »Karl, ist das unser Programm?«
Aber die Entscheidung ist nun einmal gefallen. Jetzt bleibt nur übrig, in der »Roten Fahne« den kämpfenden Arbeitern zu raten, was in den rasch wechselnden Situationen zu tun ist, also von Tag zu Tag Teilziele aufzustellen und den Revolutionsausschuß zu schnellem Handeln und eindeutigen Beschlüssen aufzufordern.
In der »Roten Fahne« vom 8. Januar heißt es schon recht kritisch: »...die allerelementarsten Regeln der revolutionären Aktion sind verletzt worden. Statt wirkliche Machtpositionen zu erobern, hat man nur ein paar Zeitungsredaktionen und Nachrichtenbüros besetzt. Das war die Schuld der Führung, nicht der Massen.«
Der Revolutionsausschuß berät endlos und nutzt jene Tage, da die Massen auf den Straßen sind und bereit wären, seinen Anweisungen zu folgen, nicht aus. Mit Rosa geht eine Veränderung vor sich. Sie ist immer voller Energie gewesen, hat Heiterkeit ausgestrahlt und allen in ihrer Umgebung Kraft und Zuversicht gegeben. Jetzt wird sie wortkarg, schließt sich von anderen ab. »Die Verschwendung aller Kräfte in den letzten zwei Monaten hatten das

Zerstörungswerk der Kriegsjahre vollendet. Schwere Ohnmachtsanfälle wiederholen sich täglich. Jede Mahnung zur Ruhe, zur ärztlichen Behandlung wären Rosa als Aufforderung zur Flucht erschienen. Merkte sie, daß jemand zu solchem Rat ansetzte, so genügte ein Blick von ihr, daß das Wort im Mund erstickte«, berichtet Paul Frölich, der in diesen Tagen häufig mit ihr zusammengetroffen ist.
Als die USPD und die Obleute während der Auseinandersetzungen Verhandlungen mit der Regierung anzuknüpfen versuchen, folgt die KP-Zentrale dem Rat Radeks zu einer radikalen Kursänderung. In einem Brief teilt die Partei den Obleuten und der USPD mit, sie ziehe ihre Vertreter aus dem Revolutionsausschuß zurück.
Der Brief kann schon nicht mehr übergeben werden, weil der Ausschuß praktisch schon vor seiner Auflösung steht. Er wird dann stattdessen in der »Roten Fahne« vom 13. Januar veröffentlicht.
Ab 6. Januar hat die Regierung Ebert gezielte Maßnahmen gegen den sogenannten Spartakus-Aufstand eingeleitet. Zunächst einmal ernennt sie Gustav Noske zum Oberbefehlshaber jener Truppen, die ihr die hohen Militärs nun nur zu gern zur Verfügung stellen.
Da sich die Oberste Heeresleitung durch Truppenkonzentrationen schon seit Wochen auf einen Endkampf gegen die radikale Linke vorbereitet hat, ist die Regierung nun nicht dazu gezwungen, eine politische Lösung zu suchen. Sie weist die Verhandlungsangebote der Obleute zurück. Noske begibt sich in den Vorort Dahlem und schlägt in einem ehemaligen Töchterpensionat sein Hauptquartier auf. Von dort aus bereitet er den Einmarsch der Freikorpsverbände nach Berlin vor. In einem Aufruf erklärt er: »Ihr kennt meine Vergangenheit in der Partei. Ich bürge dafür, daß kein unnütz Blut vergossen wird. Ich will säubern, nicht vernichten. Ich will euch mit dem jungen republikanischen Heer die Freiheit und den Frieden bringen.«
Am Mittag des 11. Januar ziehen Noske und Oberst Detjen an der Spitze von dreitausend Mann in Berlin ein. In der Nacht von Freitag auf Samstag wird das Gebäude des »Vorwärts« zurücker-

Aufmarsch bewaffneter Arbeiter im Januar 1919 in Berlin

obert, nachdem man das Haus zwei Stunden mit Artillerie »sturmreif« geschossen hat. Zwei Parlamentäre der Arbeiter, die über die Übergabe verhandeln sollten, werden ermordet. Die dreihundert gefangenen Arbeiter werden teilweise grausamst mißhandelt.

Die letzten Kämpfe finden am 12. Januar um das Polizeipräsidium statt. Der Kommandant des Präsidiums wird zusammen mit vier anderen Männern bei den Übergabeverhandlungen ergriffen und auf der Stelle erschossen. Mit Artillerie wird das Gebäude unter Beschuß genommen und dann durch Stoßtrupps, die durch die U-Bahnschächte sich ungesehen herangepirscht haben, erstürmt. Stadtteil um Stadtteil nehmen die Regierungstruppen ein. Am 14. Januar ist auch Moabit fest in ihrer Hand. Die Garde-Schützendivision, eines der Freikorpsverbände, führt ein Plakat mit, auf dem steht:

> BERLINER! DIESE DIVISION VERSPRICHT EUCH, NICHT EHER DIE HAUPTSTADT ZU VERLASSEN, ALS BIS DIE ORDNUNG ENDGÜLTIG WIEDER HERGESTELLT IST.

Im »Vorwärts« erscheint am 13. Januar das folgende Gedicht:

Vielhundert Tote in einer Reih –
Proletarier!
Karl, Rosa, Radek und Kumpanei –
Es ist keiner dabei, es ist keiner dabei!
Proletarier!

Später schreibt der Verfasser Arthur Ziegler:
»Heute bereue ich das Gedicht. Karl Liebknecht und Rosa Luxemburg waren erstens nicht feige, sondern erwiesen sich als sehr tapfer, zweitens hatten sie den wahnwitzigen Aufstand nicht angefangen, sondern zu bremsen versucht. Verantwortlich waren andere ... Jetzt natürlich beschuldigen mich die Herren von der ›Roten Fahne‹, die meine Abneigung gegen Prozesse kennen, ich hätte zum Mord an Liebknecht und Frau Luxemburg aufgehetzt ... das einem Sozialisten, der den beiden zu Füßen gesessen und in dieser Zeit selbst Schweres durchgemacht hat.«
Am 14. Januar schreibt Rosa in der »Roten Fahne«, das Stichwort der Freikorps aufgreifend:

Ordnung herrscht in Berlin. Ihr stumpfen Schergen. Eure Ordnung ist auf Sand gebaut. Die Revolution wird sich morgen schon rasselnd wieder in die Höhe richten und zu eurem Schrecken mit Posaunenklang verkünden: »Ich war, ich bin, ich werde sein.«

Am 15. Januar 1919 erscheint in der »Roten Fahne«, der letzten offiziellen Ausgabe bis zum Februar, ein Artikel von Karl Liebknecht, der mit dem Satz endet: »Und ob wir dann noch leben werden, wenn es (*das Ziel*) erreicht wird – leben wird unser Programm. Es wird die Welt der erlösten Menschheit beherrschen. Trotzalledem.«

Der Mord

Auf meiner Grabtafel dürfen nur zwei Silben stehen. Zwi-zwi. Das ist nämlich der Ruf der Kohlmeisen, die ich so gut nachmache, daß sie sofort herlaufen.

Rosa Luxemburg in einem Brief an Mathilde Jacob

Man muß stolz sein und nichts zeigen.

Rosa Luxemburg in einem Brief an Luise Kautsky

In der Nacht vom 8. auf den 9. Januar 1919 wird das Haus, in dem sich die Redaktion der »Roten Fahne« befindet, von den Regierungstruppen mit Maschinengewehrfeuer belegt. Einen Sturmangriff wagen sie nicht, weil sie annehmen, die Spartakisten hätten ihre Zentrale in eine Festung verwandelt. In Wirklichkeit hat es dort nie Waffen oder Wachen gegeben.

In der Nähe spielen sich schwere Kämpfe ab. Das Haus des »Vorwärts« ist nur drei Minuten entfernt. Zwei Minuten weit liegt der Belle-Alliance-Platz, ein Sammelpunkt der Regierungsverbände.

Am 9. Januar wird die Redaktion aufgegeben. Als Rosa und ihre Mitarbeiter das Haus verlassen, steht unten schon eine Patrouille der Regierungstruppen. Sie sagt zu einem Bekannten, die Soldaten musternd: »Nur der Hunger kann diese Menschen ins feindliche Lager geführt haben.«

Sie beginnt mit den Soldaten zu diskutieren. Mathilde Jacob drängt sich dazwischen und sagt zu ihr:

»Wir müssen jetzt gehen. Komm doch...«

Aber hundert Meter weiter versucht Rosa schon wieder auf eine

Das zerstörte Gebäude des »Vorwärts« in Berlin, Januar 1919

größere Menschenansammlung einzureden und die Lage zu klären. Diesmal muß Hugo Eberlein fast Gewalt anwenden, um sie herauszuschleusen.
Zunächst findet Rosa Unterkommen bei einem befreundeten Arzt in der Nähe des Halleschen Tores. Von dort aus geht sie zu Zusammenkünften mit Genossen der Leitung und zu den Führern der einzelnen Arbeitertrupps in Gegenden, in denen sich die Hauptkämpfe abspielen. Möglichst vielen Menschen Rede und Antwort zu stehen, ihnen die Lage zu analysieren, ist ihr vor allem wichtig.
Sie sorgt auch dafür, daß die »Rote Fahne« trotz Räumung der Redaktion weiter erscheinen kann.
Am Abend des 10. Januar 1919 befiehlt der Stadtkommandeur eine Razzia nach den kommunistischen Führern durchzuführen.
Georg Ledebour und Ernst Meyer, Mitglieder der USPD, werden in ihren Wohnungen verhaftet und dabei schwer mißhandelt.
Zur gleichen Zeit laufen »Friedensverhandlungen« zwischen der SPD und der USPD.
Am Morgen des 11. Januar wird das Büro der Kommunistischen Partei in der Friedrichsstraße besetzt und demoliert. Dort geraten Leo Jogiches und Hugo Eberlein in die Hände der Regierungstruppen.
Rosa schreibt an Clara Zetkin: »In diesem Augenblick dauern in Berlin die Schlachten an, viele unserer braven Jungen sind gefallen. Für heute muß ich Schluß machen...«
Auf der Friedrichsstraße wird eine Frau verhaftet, die Rosa ähnlich sieht. Im Gewahrsam der Regierungstruppen erlebt sie furchtbare Stunden, ehe ihr die Flucht gelingt. Über Bekannte läßt sie Rosa ausrichten, sie müsse darauf gefaßt sein, umgebracht zu werden, wenn es Soldaten gelingen sollte, sie zu fangen.
Am Abend des 11. Januar findet in der Wohnung am Halleschen Tor im größeren Kreis eine Beratung statt, zu der auch Karl Liebknecht kommt.
Das Regierungsviertel ist fast völlig in der Hand der Freikorps-Verbände. Die Gegend um das Hallesche Tor, nicht weit davon entfernt, ist damit auch unsicher geworden. Rosa und Karl beschließen, in eine Wohnung nach Neu-Kölln umzuziehen. Dort,

in einem Arbeiterviertel, scheint ihre Sicherheit noch am ehesten gewährleistet.
Es wird wieder darüber diskutiert, ob die beiden nicht überhaupt Berlin verlassen sollten. Bekannte führen das Beispiel Lenins an, der in einer kritischen Situation während der russischen Revolution im Juli 1917 nach Finnland flüchtete.
Beide lehnen die Flucht ab. Bei Liebknecht spielt bei seiner Weigerung die Überlegung eine Rolle, man könne nicht Arbeiter zuerst zur Aktion aufrufen, um sie dann, in der Stunde der Gefahr und des Scheiterns ihrem Schicksal zu überlassen. Rosa ist davon überzeugt, daß man gerade jetzt mit der »Roten Fahne« Aufklärungsarbeit leisten müsse.
»Diese Niederlage darf nicht dazu führen«, sagte sie zu einem Bekannten, »daß der Sozialismus für lange Zeit in diesem Land keine Chancen mehr hat.«
Und konsequent schreibt sie in ihrem letzten Artikel für die »Rote Fahne«:

Aus diesem Widerspruch zwischen der Zuspitzung der Aufgabe und den mangelnden Vorbedingungen zu ihrer Lösung ergibt sich, daß die Einzelkämpfe der Revolution formell mit einer Niederlage enden. Aber die Revolution ist die einzige Form des Krieges – auch dies ist ihr besonderes Lebensgesetz – wo der Endsieg nur durch eine Reihe von Niederlagen vorbereitet werden kann!

Das sind keine Phrasen, das ist nicht der Versuch, sich in hoffnungsloser Situation nicht der Verzweiflung auszuliefern. Eher erklären sich solche Sätze mit dem Glauben, der auch jetzt nicht aufgegeben wird: Am Ende wird der Sieg des Sozialismus stehen, oder es wird überhaupt keine Zukunft mehr geben.

1.

Am 13. Januar erhalten Rosa und Karl Liebknecht einen Wink, daß in den nächsten Stunden ein Überfall auf die Wohnung in Neu-Kölln geplant sei. Mathilde Jacob hört auf dem Weg zu dem Haus in Neu-Kölln Passanten über Rosa und Karl sagen: »Man sollte sie in Stücke schneiden und den Raubtieren zum Fraße vorwerfen.«

Diesmal tauchen die beiden in einem bürgerlichen Mietshaus in Wilmersdorf bei Frau Markussohn unter. Rosa wirkt erschöpft. Die Wangen sind eingefallen, die Augen haben dunkle Ringe. Fast ständig hat sie Kopfschmerzen.
Am 15. Januar gegen Abend kommt Wilhelm Pieck in die Wohnung in der Mannheimer Straße 43 und bringt gefälschte Ausweispapiere für Rosa und Karl.
Um 21.30 Uhr klingelt es noch einmal bei Frau Markussohn. Diesmal ist es ein Trupp Soldaten unter dem Kommando eines Leutnants Lindner und geführt vom Gastwirt Mehring, der dem antisozialistischen Wilmersdorfer Bürgerrat angehört. Sie haben Befehl, Rosa und Karl festzunehmen und in das Hauptquartier der Garde-Kavallerie-Schützen-Division zu bringen.
Rosa wird geweckt. Liebknechts Behauptung, er sei nicht der, für den man ihn halte, wird kein Glauben geschenkt. Die Soldaten verfügen über einen sehr genauen Steckbrief. Sie können nachweisen, daß es sich bei den Pässen, die Pieck kurz zuvor überbracht hat, um Fälschungen handelt. Zunächst wird Liebknecht mit dem Auto abtransportiert. Dann folgen Rosa und Pieck mit Bewachern in einem zweiten Wagen. Rosa hat ein Köfferchen gepackt, auch ein paar Bücher mitgenommen, darunter auch Goethes Faust, II. Teil.

2.

Der Aufspürung Rosas und Liebknechts ist eine umfangreiche Agenten- und Spitzeltätigkeit vorausgegangen. Beteiligt waren die Antibolschewistische Liga, eine Gründung russischer Adliger, mit Agenten über ganz Deutschland hin, und andere ähnliche Organisationen. In den Diensten der Liga und in denen des Stadtkommandanten von Berlin stand der Spitzel von Tyska, der schon Anfang Dezember einen Überfall auf die »Rote Fahne« ausgeführt hat. Tyska ist auch bei der Verhaftung von Ledebour und Meyer zugegen. Auch der Bürgerrat von Berlin hat in seinen Zweigstellen in den einzelnen Stadtbezirken Spitzel. In verschiedenen Prozessen taucht immer wieder die Aussage auf, ein »Helferdienst der sozialdemokratischen Partei« habe eine Kopfprämie von einhunderttausend Mark auf die Ergreifung von Liebknecht und Luxemburg ausgesetzt. In einem von Fritz Henck, dem Schwiegersohn Scheidemanns, unterzeichneten Flugblatt an die Berliner Bevölkerung, das am 14. Januar erscheint, wird versichert, die Häupter der kommunistischen Bewegung würden nicht ungeschoren davonkommen, schon in wenigen Tagen werde sich zeigen, daß man auch mit ihnen ernst zu machen gedenke.

3.

Die Fahrt der beiden Autos geht zum Eden-Hotel, Ecke Kurfürsten – Budapester Straße, nicht weit vom Zoo und von der Gedächtniskirche entfernt. Dort befindet sich das Stabsquartier der Garde-Kavallerie-Schützendivision, einem jener neu aufgestellten Freikorpsverbände. Beim Betreten des Hotels brüllen einige Offiziere die Luxemburg höhnisch an: »Röschen ... da kommt die alte Hure.«

Pieck, der neben Rosa steht, protestiert:

Ein Offizier: »Was will der Kerl. Ist wohl ihr Kavalier. Haut ihm in die Fresse.«

Während Pieck zunächst an einen Pfeiler gestellt wird, führt man Rosa in den ersten Stock. Offiziere kommen und bieten den Soldaten, die Pieck bewachen, Zigaretten an. Einer der Offiziere sagt:

»Die Bande darf nicht mehr lebend das Eden-Hotel verlassen.«

Unterdessen werden Rosa und Karl von Hauptmann Pabst verhört.

Zunächst nimmt er sich Karl Liebknecht allein vor. Rosa sitzt auf dem Flur, bewacht, ein Buch in der Hand. Sie kann keine Zweifel darüber gehabt haben, was ihr bevorsteht. Sie liest, um sich abzulenken.

Karl wird wieder herausgeführt, die Treppe hinunter. Der Mordplan ist inzwischen genau organisiert. Beim Verlassen des Hauses schlägt ihn der Jäger Otto Runge mit einem Kolbenhieb nieder.

Der Halbbewußtlose wird dann in ein Auto geschleift, in dem Kapitänleutnant Horst von Pflugk-Harttung, Hauptmann Heinz von Pflugk-Harttung, die Leutnants Liepmann, von Ritgen, Stiege, Schulz und der Jäger Friedrich mitfahren. Angeblich soll der Verhaftete in das Untersuchungsgefängnis nach Moabit überführt werden. Die Fahrt geht durch die Budapester- und Hitzigstraße, dann, links abbiegend, durch die Stülerstraße, die Lichtensteiner Allee kreuzend, zum Großen Weg im Tiergarten. Hier, am Neuen See, hält der Wagen plötzlich. Angeblich eine Panne. Die Reparatur, so sagen die Soldaten, könne etwas länger dauern. Die Offiziere erklären, man werde mit dem Gefangenen zu Fuß weiter gehen. Den blutverschmierten Mann, der immer noch nicht klar bei Bewußtsein ist, überkommt Angst. Horst von Pflugk-Harttung hält ihn am Arm gepackt. Scheinbar zufällig, weil er etwas wegen des Wagens gefragt wird, läßt er den Gefangenen los. Liebknecht macht ein paar unsichere Schritte. Da fällt ein Schuß. Er streift Liebknecht am Kopf. Liebknecht überlegt: Jetzt werden sie mich abschießen. Dieser Gedanke schießt durch die Benommenheit hoch. Er beginnt, geschwächt wie er ist, zu laufen. Darauf haben die Soldaten nur gewartet. Ohne den Gefangenen noch einmal anzurufen, feuern sie aus ihren Pistolen. Leutnant Liepmann gibt zwei Schüsse aus ungefähr fünf Meter Entfernung gegen den Rücken des Flüchtenden ab. Den zu Boden gestürzten Körper zerrt man ins Auto, das plötzlich wieder fahren kann und bringt die Leiche ins nächste Leichenschauhaus. Ins Hotel zurückgekehrt, meldet der Kapitänleutnant, »ein außergewöhnlich begabter, kluger Soldat«, wie ihm später vor Gericht bescheinigt werden wird, Hauptmann Pabst, der Befehl sei ausgeführt, Liebknecht auf der Flucht erschossen.

4.

Schon im Hotel ist Rosa grausig mißhandelt worden. Pieck, der unter Bewachung auf seine eigene Erschießung wartet, hört ein Zimmermädchen zu einer Kollegin sagen: »Nein, ich werde den Anblick nicht los, wie man die arme Frau niedergeschlagen und umhergeschleift hat.«

Vor dem Nebenausgang in der Kurfürstenstraße, zu dem man Rosa nach dem Verhör führt, wartet wieder der Jäger Runge, der ihr zwei Schläge mit dem Gewehrkolben versetzt. Rosa wird in ein Auto gezerrt, das anfährt. Nach etwa einhundert Metern zieht einer der Bewacher, der Mann*, der auf dem Trittbrett des Wagens steht, einen Revolver und legt auf die Gefangene an. Sie ist noch bei Bewußtsein. Leise sagt Rosa: »Nicht schießen.« Es sind ihre letzten eindeutig bekundeten Worte. Beim ersten Versuch versagt die Waffe, als der Mann sie an den Kopf der Gefangenen hält und abdrückt. Der zweite Schuß löst sich dann. Rosa ist tot. Die Offiziere und Soldaten fahren bis zur Lichtensteinbrücke. Oberleutnant Vogel sagt: »Wir wollen die Luxemburg hier herausnehmen.«

Sie tragen die Leiche durch die Parkanlagen und werden von einer Streife angerufen: »Halt oder wir schießen!«

Oberleutnant Vogel geht ein Stück voraus, bis zur Brücke. Er gibt sich der Streife zu erkennen. Dann kommt er zurück und befieht Weber und Poppe, die Leiche wieder aufzunehmen. Auch Vogel selbst faßt mit an und berührt dabei die schlaff herunterhängende Hand der Toten, was ihm, wie er später aussagt, »ein unangenehmes Gefühl verursacht«. Die Männer werfen die Tote in das schlammige Wasser des Landwehrkanals.

5.

Die Meldungen, die nach Angaben der Garde-Kavallerie-Schützendivision in die Presse gelangen, beruhen auf bewußt falsche Angaben, mit denen die Mörder ihren voraus geplanten und dann systematisch ausgeführten Doppelmord zu vertuschen suchen. Den Tenor dieser Meldungen faßt die Schlagzeile der »BZ am Mittag« vom 16. Januar zusammen: *Liebknecht auf der Flucht erschossen – Rosa Luxemburg von der Menge getötet.*

Noch in der Stellungnahme im Bulletin des Presse- und Informationsamtes der Bundesregierung vom 8. 2. 1962 über die Rolle des Hauptmann Pabst, ist vom Mord an Rosa Luxemburg und Karl Liebknecht als von einer standrechtlichen Erschießung die Rede.

---

* wahrscheinlich Oberleutnant Vogel oder Wilhelm Souchon

10 Pfennig.

B.Z. am Mittag

Nr. 7
Berliner Zeitung
43. Jahrgang

Verlag Ullstein & Co. Redaktion: Berlin SW 68, Kochstr. 22–26. Bezugspreis: Monatl. 2.50 M. (ohne Sonntags-Ausgabe), in Berlin frei bis Haus. Außerhalb bei der Post. Einzelnummer 10 Pfennig; unter Streifband 10 Pfennig, nach dem Ausland 15 Pfennig.

Anzeigen: Zeile 1 Mark und 40% Teuerungszuschlag. Reklamezeile 7,50 M. Keine Verbindlichkeit für Aufnahme in eine bestimmte Nummer. Annahmeschluß 6 Uhr abends vor Erscheinungstag. Fernspr.-Zentrale: Ullstein & Co., Mpl 11200 – 11250. Telegramm-Adresse Bezet Berlin.

1 Uhr
Donnerstag,
16. Januar 1919.

Liebknecht auf der Flucht erschossen
Rosa Luxemburg von der Menge getötet

Der Verlauf der Doppeltragödie.

Die beiden Führer der Spartakus-Bewegung in Deutschland Karl Liebknecht und Rosa Luxemburg haben heute Nacht ein furchtbares Ende gefunden. Liebknecht, der bei einem Verwandten in der Mannheimer Straße in Wilmersdorf verhaftet worden war, suchte bei der Ueberführung vom Edenhotel ins Gefängnis zu entfliehen und wurde auf der Flucht von der Begleitwache erschossen. Rosa Luxemburg wurde von einer wütenden Menschenmenge ihren Wachmannschaften entrissen und getötet.

Von der Garde-Kavallerie-Schützen-Division wird uns folgende Darstellung gegeben:

Die Verhaftung.

Gestern abend zwischen 9–10 Uhr wurde in der Mannheimer Straße 43 in der Wohnung des Mitgliedes des Wilmersdorfer Arbeiterrates Markusson Dr. Karl Liebknecht und Rosa Luxemburg festgenommen. Die Festnahme erfolgte durch Kriminalbeamte, die den Aufenthalt der beiden ermittelt hatten und sie der Schöneberger Bürgerwehr, die in der Cäcilienschule Wache hatte, zuführte. Von dort aus wurden sie getrennt nach dem Stabsquartier der Garde-Kavallerie-Schützen-Division im Hotel Eden gebracht.

Die Festnahme sollte nur eine vorläufige sein. Es war beabsichtigt, sie nach dem Untersuchungsgefängnis zu überführen, damit die Regierung entscheiden konnte, was mit den beiden geschehen soll. Sie wurden getrennt eingeliefert.

Im Eden-Hotel.

Liebknecht leugnete zuerst der Gesuchte zu sein. Er gab es aber schließlich zu, als man seine Kleider visitierte und Papiere auf seinen Namen bei ihm fand.

Als die erste Vernehmung und die Feststellung seiner Personalien beendet war, wurde Liebknecht durch einen Seitengang aus dem Hotel zu einem Automobil geführt. Der begleitende Offizier erklärte Liebknecht, daß er unbedingt von der Waffe Gebrauch machen würde, wenn Liebknecht irgendwelchen Fluchtversuch beabsichtige.

Die Ueberführung.

Liebknecht mußte aus einem Seitenausgang herausgelassen werden, weil sich vor dem Hotel eine große Menschenmenge angesammelt hatte, der bekannt war, daß Liebknecht verhaftet war. Auch in die Halle waren die Menschen schon eingedrungen. Das Auto konnte sich nur mit Mühe ahn machen, um vorzufahren.

Als Liebknecht in das Auto einstieg und auf dem Vordersitz Platz nahm — es war ein offenes Dienstauto — erhielt er von hinten aus der Menschenmenge einen schweren Schlag auf den Kopf, der eine stark blutende Wunde verursachte.

Der Führer des Transports versuchte nun, aus der Menge her auszukommen und wollte auf einem Umweg durch den Tiergarten nach dem Untersuchungsgefängnis in Moabit fahren. Unterwegs erlitt der Wagen eine Panne. In der Gegend des Neuen Sees blieb das Auto stehen und der Chauffeur erklärte, daß es einiger Zeit bedürfte, um den Wagen wieder flott zu bekommen.

Der verhängnisvolle Fluchtversuch.

Der Führer des Transportes fragte Liebknecht nun, ob er sich kräftig genug fühle, um bis nach der Charlottenburger Chaussee zu gehen, wo man ein Droschkenauto anhalten wollte, um Liebknecht weiterzubringen. Liebknecht erklärte sich bereit dazu.

Als der Transport etwa 50 Meter vom Auto entfernt war, fing Liebknecht auf einmal an, davonzulaufen. Es wurde ihm sofort „Halt“ und „Stillstehen“ nachgerufen, aber Liebknecht versuchte, in das Unterholz zu entkommen. Daraufhin wurden mehrere Schüsse auf ihn abgegeben. Einer davon traf ihn zwischen den Schultern am Halse. Er fiel um und war sofort tot.

Man brachte ihn nach der Unfallstation am Zoologischen Garten, wo er als unbekannter Mann eingeliefert wurde. Nur der Tod konnte hier festgestellt werden. Seine Leiche wurde ins Schauhaus gebracht.

Der Tod Rosa Luxemburgs.

Während Liebknecht abtransportiert wurde, wurde Rosa Luxemburg vernommen. Nach dieser Vernehmung sollte sie gleichfalls nach dem Untersuchungsgefängnis gebracht werden. Unterdeß war die Menge zu Hunderten angewachsen. Es wurde versucht, die Leute durch eine List vom Eingang fortzubringen. Ein Herr erschien am Seiteneingang des Hotels und erklärte, Rosa Luxemburg sei bereits durch einen anderen Ausgang fortgebracht worden. Daraufhin verlief sich die Menge.

Der Offizier bestieg zur Sicherheit das Auto und fuhr nach der Kaiser-Wilhelm-Kirche zu, kam jedoch durch andere Straßen zurück und fuhr am Haupteingang am Kurfürstendamm vor. Dort war die Straße menschenleer. Er ging nun nach oben, um Rosa Luxemburg abzuholen.

Als er mit der Verhafteten herunterkam, hatte sich inzwischen schon wieder eine Menschenmenge angesammelt, die auch die Halle füllte.

Der Führer ging mit ausgebreiteten Armen vor Frau Luxemburg, um ihr den Platz frei zu machen. Aber die Menge stürzte sich auf die kleine Person und schlug sie nieder. Bewußtlos wurde Frau Luxemburg in das Auto getragen. Als der Wagen anfuhr, um die Bewußtlose fortzubringen, sprang ein Mann auf das Trittbrett und gab dabei einen Schuß auf die Bewußtlose ab.

Der Wagen wurde nun, um Weiterungen zu verhüten, in schnelle Gangart gebracht und kam so an die Brücke zwischen Kurfürstendamm und Hitzigstraße. Dort wurde der Wagen durch Rufe angehalten. Man glaubte, es handele sich um die Wache und ließ den Wagen stillstehen.

Im gleichen Augenblick stürzte sich die Menge auf das Auto, riß den Körper der Frau Luxemburg aus dem Auto heraus und verschwand in der Dunkelheit. Es ist nicht möglich gewesen, bisher die Leiche aufzufinden. Wahrscheinlich ist sie in den Landwehrkanal geworfen worden. Alles Suchen war bis zur Stunde vergeblich.

•

Auf der Rettungsstelle 7

des Magistrats Berlin, Zoologischer Garten, wurde gestern abend kurz nach halb elf Uhr ein unbekannter Toter mit einer Schußwunde im Rücken eingeliefert. Der Mann war verhaftet worden und hatte aus dem Auto, in dem er fortgeschafft werden sollte, einen Fluchtversuch gemacht. Auf der Flucht erhielt er den tödlichen Schuß. Da er keinerlei Legitimationspapiere bei sich hatte, konnte seine Persönlichkeit nicht mit Sicherheit festgestellt werden. Die Leiche wurde dann nach dem Schauhause gebracht.

Mannheimer Straße 43.

Das Haus Mannheimer Straße 43, in dem Liebknecht verhaftet worden ist, liegt draußen an der Grenze Wilmersdorf, überall umgeben von freiem Feld und Laubenkolonien. Dort wohnt im ersten Stock ein Verwandter Liebknechts, der Kaufmann Siegfried Marcussohn, Kunstbeirat der Freien Volksbühne, Mitglied der U. S. P. und des A.- und S.-Rats in Wilmersdorf. Ein bewaffneter Posten führte mich herauf. Auf der Treppe und vor der Wohnungstür stehen überall Wachen. Im Speisezimmer, das einfach bürgerlich eingerichtet ist, sitzt ein ständiger Offizier als Aufsicht. Auf dem Buffet liegen Handgranaten. Die beiden Eheleute befinden sich in einem Nebenzimmer. Da der wachthabende Leutnant keine Auskunft über die Verhaftung Liebknechts geben darf, schwirren die mysteriösesten Gerüchte in der Umgegend herum.

Ueber die Einzelheiten bei der Verhaftung erfahren wir noch: Heute nacht wurde der Portier des Hauses in die Wohnung des Kaufmanns Marcussohn heraufgeholt. Dort wurde ihm ein Mann vorgestellt, der sich als M. ausgegeben hatte und mit dessen Papieren betroffen war. Der Portier, der vier Jahre lang im Felde war, kannte seine Mieter nicht. Er bat daher, daß man seine Frau heraufrufe, da diese über alle Bewohner des Hauses orientiert sei. Nach kurzer Zeit nahm ein Matrose die Portierfrau zur Polizei nach Wilmersdorf in der Nikolsburger Straße mit. Dort wurde sie gefragt, ob sie den Kaufmann Marcussohn kenne. Sie wurde dann in ein Zimmer geführt, in dem sich mehrere Herren aufhielten.

„Wo ist hier der Kaufmann Marcussohn?“ fragte ein Soldat. Sie sagte nichts. Darauf wurde sie besonders auf einen Herrn aufmerksam gemacht, der in der Ecke saß. „Ist das denn nicht der Kaufmann Marcussohn?“ fragte man noch einmal. Sie sagte: „Eher lasse ich mir den Kopf abschlagen, als das der Kaufmann M. ist!“ Daraufhin wurde sie entlassen.

Es wird hier bekannt, daß man auf Liebknechts Spur durch einen Brief in seiner Wohnung gekommen ist, aus dem hervorging, daß der Kaufmann Marcussohn einer seiner Verwandten war. Posten hatten Liebknecht und den sechzehnjährigen Sohn des Kaufmanns Marcussohn gestern abend vom Bahnhof Wilmersdorf heimlich verfolgt und bemerkt, wie die beiden in das Haus Mannheimer Straße 43 hineingingen.

Karl Liebknecht †.

Das Ende eines Volkstribunen! Ein Ende, das durchaus dem Stil seiner revolutionären Geste, seiner revolutionären Phrase entspricht und das noch die heftigsten Erörterungen zeitigen wird. Sein Schicksal zeigt die Konsequenz aller geschichtlichen Diktatorenschicksale: er hat Drachenzähne gesät! Der Sohn des großen deutschen Sozialistenführers fällt durch die sozialistische Revolution. Die Parodoxie lag schon in seiner maßlosen, unmenschlichen, überheblichen Persönlichkeit begründet.

Karl Liebknecht war am 13. August 1871 in Leipzig geboren. Er studierte in Leipzig und Berlin, war Referendar in Süddeutschland, Hamm und Paderborn. Der Knabe und Jüngling schon wird als sehr begabt, aber auch als eitelkeitsverwirrt geschildert. Er war davon durchdrungen, daß er als Erbe der sozialistischen Dynastie zu den größten Dingen berufen sei. Dazu stand im Gegensatz sein Mangel an geistiger Fruchtbarkeit. Seine politische Karriere war die übliche. 1899 Rechtsanwalt in Berlin, 1902 Stadtverordneter, 1907 (mit Adolf Hoffmann) unter den ersten Sozialisten im preußischen Abgeordnetenhaus (Wahlkreis Wedding-Berlin), 1912 Reichstagsabgeordneter. Zur Theorie des Sozialismus hat er aus eigenem nie etwas beigesteuert, deshalb suchte er seine Rolle stets durch Opposition zu spielen. Niemals stand bei ihm der sachliche Gesichtspunkt in erster Linie, immer war er noch mehr auf die Wirkung seiner Persönlichkeit bedacht. Das erwies sich z. B. bei seinen Krupp-Enthüllungen im Reichstag: da sandte er vorher auf die Pressetribüne und ließ die Journalisten verständigen, daß an diesem Tage er die große Rolle im Haus spielen werde, und er bäte um ausführliche Behandlung in den Zeitungen!

Mit all dem gelang es ihm in friedlichen Zeiten niemals, eine wirkliche Führerrolle in der deutschen Sozialdemokratie zu spielen. Er war in der Partei so unbeliebt, wie es jeder unpositive, aber vordringliche Mann werden muß. Er stand natürlich immer bei den Radikalsten, bei Rosa Luxemburg und ihren sozialrevolutionären Tendenzen, es ist aber nur die Wahrheit zu sagen, daß ihm Rosa Luxemburg an geistiger, dialektischer Schärfe weit überlegen war.

Erst der Krieg mit seinen tiefen Wirkungen auf alle Nerven trieb Liebknechts Eitelkeit und Erfolggier bis ins Pathologische. Zwar am 4. August 1914 bewilligte auch er die Kriegskredite, aus Gegnerschaft gegen den Blutzaren. Aber schon im November suchte er sich wieder eine Stellungnahme für sich allein. Seine Opposition verschaffte ihm Anerkennungsartikel in der feindlichen Presse, und nun hielt er sich schon für eine europäische Persönlichkeit, für den anerkannten Führer der Kriegsfeindschaft (ohne natürlich zur Theorie des Pazifismus auch nur ein schöpferisches Wort beizusteuern). Und da er starrköpfig, ja sogar charaktervoll war, blieb er nun umso konsequenter bei seiner Kriegsgegnerschaft, je mehr er befehdet wurde. So kam es zu der „Aufruhr“-Szene am Potsdamer Platz, derentwegen er am 23. August 1916 zu 4 Jahren Zuchthaus verurteilt wurde.

Im Gefängnis hat er bis Oktober 1918 viel

Tote Spartakisten, Berlin, Januar 1919

6.

Über seine Erlebnisse am 15. 1. im Eden Hotel sagt der damals dreiundvierzig Jahre alte Reichstagsabgeordnete und politische Leiter der KPD Berlin Brandenburg Wilhelm Pieck unter Eid aus: »Man hatte bei Markussohn in meiner Tasche Manuskripte für die ›Rote Fahne‹ gefunden. Ich erklärte Pabst, ich hätte diese Manuskripte von einem Journalisten in einem Café erhalten, und es hätte mich interessiert. Da sagte Pabst: ›Dann müssen wir nähere Feststellungen machen, Sie werden festgenommen und abgeführt!‹ Ich erklärte: ›Ich werde das Zimmer nicht verlassen ohne ausreichende Garantien für mein Leben‹, denn ich hatte aus den Vorgängen entnommen, daß man Liebknecht und Rosa Luxemburg niedergeschlagen hatte. Pabst redete erst hin und her, aber er beorderte dann zwei Leutnants, mich abzuführen und für meinen Schutz Sorge zu tragen. Ich bin dann an das Auto geführt worden. Da sagte der Chauffeur, daß er einen solchen Kerl wie mich nicht fahre. Darauf wollten die Leutnants weggehen. Ich hielt den einen fest und erinnerte ihn an seine Auftrag ... ich wurde dann in ein Depot der G.K.S-Division eingeliefert, wo ich festgehalten wurde. Ich wurde dann später nach der Waldschänke im Zoo gebracht, wo ich in einem unterirdischen Gelaß festgehalten wurde. Dann wurde ich auf mein Verlangen zum Polizeipräsidium geschafft, wo es mir gelang, zu entfliehen. Aus alledem hatte ich die feste Überzeugung gewonnen, daß gegen mich ein Mordplan bestand, den Runge ausführen sollte und den ich nur dadurch verhindern konnte, daß ich auf Runge zugelaufen war. Als ich entlassen war, habe ich sofort meinen Freunden von der ›Roten Fahne‹ Mitteilung gemacht, und diese Mitteilungen sind nach Wiedererscheinen der ›Roten Fahne‹ verwertet worden. Als der Prozeß stattfand, war ich umso mehr erstaunt, daß angeblich kein Beweismaterial für den Mord vorlag...«

Nachspiele

»Eine Welt muß umgestürzt werden, aber jede Träne, die geflossen ist, obwohl sie abgewischt werden konnte, ist eine Anklage...«

Rosa Luxemburg in der »Roten Fahne« vom 18. 11. 1918

Jogiches ist am 14. Januar verhaftet worden, aber er bringt es fertig zu entkommen, ohne daß sich seine Wächter über seine Identität klar geworden sind. Als Radek ihn am Abend des 16. in einem Schlupfwinkel trifft, kommt Jogiches ihm um zehn Jahre gealtert vor. Sie kommen auf alte Auseinandersetzungen zu sprechen, die sie in der Parteiarbeit miteinander gehabt haben. Sonderbar schleppend beginnt Jogiches das Gespräch mit den Worten: »Rosa ist tot, wir müssen alle näher aneinanderrücken...«

Als in den nächsten Tagen eine öffentliche Hetzkampagne gegen Radek beginnt, versucht Jogiches ihn zu überreden, sich in eine stille Provinzstadt zurückzuziehen.

»Und Sie, Leo?« fragt Radek, »...es liegt doch auf der Hand, daß die Waffen, mit denen sie Rosa und Karl umgebracht haben, sich jetzt gegen Sie richten werden.«

»Ich hoffe auf die alte Kunst der Konspiration«, antwortet Jogiches und dann fügt er spöttisch lächelnd hinzu, »Sie haben mir mal versprochen, meinen Nekrolog zu schreiben. Ich möchte nicht den Ihren schreiben müssen.«

Dieses Gespräch findet in der Nacht vom 11. auf den 12. Februar statt.

Mit Clara Zetkin, die nach Berlin gekommen ist, geht Jogiches jene Papiere durch, die nach der Durchsuchung von Rosas Wohnung in Südende noch erhalten geblieben sind. Sie finden unter anderem Aufzeichnungen, in denen Rosa Kritik an der Agrar- und Nationalitätenpolitik in der Sowjetunion übt. Leo

reicht Clara die Blätter mit der Bemerkung: »Verbrennen Sie das. Es ist zu fragmentarisch und Rosa hat über diese und andere Fragen der bolschewistischen Taktik ausführlich geschrieben. Aber das soll nicht veröffentlicht werden.«
Mit einem Artikel in der »Roten Fahne« am 12. Februar, in dem eine ziemlich genaue Darstellung der tatsächlichen Vorgänge in der Mordnacht gegeben wird – nachdem der mit allen Vollmachten ausgestattete Untersuchungsrichter »gar nichts« hat in Erfahrung bringen können –, eröffnet Leo Jogiches seine nun beginnende Kampagne, die Wahrheit über die Morde publik zu machen und so die Voraussetzungen dafür zu schaffen, daß die Mörder nicht frei ausgehen. Am 15. Februar macht die »Rote Fahne« weitere aufsehenerregende Enthüllungen.
Drei Mitglieder einer vom Vollzugsrat zur Untersuchung des Falles eingesetzten Kommission sind zurückgetreten. Sie werfen der Regierung vor, das Verfahren bei den Militärbehörden belassen zu haben. Außerdem habe der Untersuchungsführer, Kriegsgerichtsrat Jorns, Verdächtige, bei denen Verdunklungsgefahr bestehe, nicht in Untersuchungshaft genommen.
Die Artikel der »Roten Fahne« bleiben nicht ohne Wirkung, wenngleich die Regierung den Mord weiter als eine Bagatellesache hinzustellen versucht, aus der die KPD jetzt politisches Kapital zu schlagen versuche. Oberleutnant Vogel muß zugeben, daß er die Leiche Rosas in den Kanal geworfen hat. Jetzt endlich ergeht gegen ihn Haftbefehl wegen Mordes. Am 27. Februar werden auch die übrigen an dem Transport von Rosa und Karl Liebknecht beteiligten Offiziere und Mannschaften endlich festgesetzt.
Am 26. Februar erscheint unter der Überschrift *Der verschwundene Runge* in der »Roten Fahne« eine Glosse, deren Stil unschwer ihren Verfasser erraten läßt:
»Herr Jorns! Bei ihrer eifrigen Aufklärungstätigkeit in Sachen Liebknecht-Luxemburg ist Ihnen zufällig der Mörder Runge aus den Augen gekommen. Falls es Ihnen noch nicht bekannt ist, teilen wir Ihnen mit, daß es nicht unwahrscheinlich ist, daß Sie ihn im Husarenregiment Nr. 8, 3. Eskadron finden werden (...) falls Sie gelegentlich Zeit finden, ihn zu suchen. Für das dem Mörder

freundlich geneigte Publikum die Mitteilung, daß Geldsendungen an den Mörder nicht mehr nötig sind: Mit 120000 Mark reicht einer ganz hübsch lang.«

Es wird Mitte April, bis die Justizbehörden Runge gefunden haben und ihn in Untersuchungshaft nehmen lassen.

Am 10. März 1919 wird Leo Jogiches von einem militärischen Aufgebot unter Führung des Kriminalbeamten Grahn in Neu-Kölln, Schwarzstraße 9, verhaftet.

Er wird zunächst zur Exekutivabteilung des Freikorps »Brigade Reinhard« gebracht, wo der Kriminalbeamte Tamschick beauftragt wird, mit Grahn den Gefangenen zum Untersuchungsgefängnis Moabit zu begleiten. Dort angekommen führen die beiden Leo Jogiches auf dem Innenweg über schmale, menschenleere Korridore und Treppen durch das Gerichtsgebäude. Auf einer dieser Treppen tötet Tamschick den Verhafteten von hinten durch einen Kopfschuß bei einem angeblichen Fluchtversuch. In einem Aktenstück des Untersuchungsausschusses der preußischen Landesversammlung heißt es:

»Jogiches wurde am 10. 3. 1919 auf Grund eines Verhaftungsbefehls der Brigade Reinhard, Abt. Exekutive oder PI (Unterschrift beschädigt und unleserlich) vom 8. 3. 1919 verhaftet. Als Grund der Verhaftung wird in einer Meldung des Leutnant Grollmann angegeben, daß ein Agentenbericht den Jogiches als politisch durchaus gefährlichen Mann schildere.

Dieser Agentenbericht vom 19. 2. 1919 findet sich in Blatt 2 d A. Am Kopf ist oben links ein rechteckiger Streifen – wahrscheinlich den Namen des Agenten enthaltend – in auffälliger Weise fortgeschnitten. Neben dieser Stelle befindet sich mit Rotstift gezeichnet das charakteristische Handzeichen des Staatsanwaltes Zumbroich. Der Bericht schildert Jogiches als geistigen Leiter des hiesigen Bolschewismus. Strafbare Handlungen werden ihm nicht zur Last gelegt. Ein rechtlicher Grund der Verhaftung ist aus den Akten nicht ersichtlich...«

Ohne Grahn vernommen zu haben, ohne sich nach der Existenz weiterer Zeugen auch nur erkundigt zu haben, ohne die Verletzungen der Leiche zu kennen und ohne Besichtigung des Tatortes, erklärt Staatsanwalt Zumbroich auf Grund der bloßen Meldung

Tamschicks, daß Jogiches habe fliehen wollen: »Hier ist nichts weiter zu veranlassen.«
Derselbe Tamschick erschießt auf den Korridoren des Untersuchungsgefängnisses Moabit am 17. Mai den früheren Führer der Volksmarinedivision, Heinrich Dorrenbach, durch Kopfschuß von hinten. Tamschick wird später zum Offizier der Schutzpolizei befördert. Der sozialdemokratische Polizeipräsident von Königsberg, Lübbening, erhebt Anklage gegen die kommunistische »Rote Fahne des Ostens«, weil in ihren Spalten Tamschick als Mörder bezeichnet worden ist.

2.

Das Feldkriegsgericht, das unter Vorsitz von Kriegsgerichtsrat Ehrhardt und mit den Beisitzern Kriegsgerichtsrat Meyer, Kapitänleutnant Canaris, dem Offiziersstellvertreter Ernst und dem Kürassier Chimlewski zwischen dem 8. und 14. Mai 1919 getagt hat, verkündet im großen Schwurgerichtssaal zu Berlin folgendes Urteil:
Es werden verurteilt:
1. der Angeklagte Husar Runge wegen Wachvergehen im Felde, wegen versuchten Totschlages in Tateinheit mit gefährlicher Körperverletzung unter Mißbrauch der Waffe, begangen in zwei Fällen, in einem Fall auch in Tateinheit mit erschwertem Wachverbrechen im Feld, sowie wegen Gebrauchmachens von falschen Urkunden zwecks besserem Fortkommen zu einer Gesamtstrafe von 2 Jahren Gefängnis 2 Wochen Haft 4 Jahren Ehrverlust und Entfernung aus dem Heere. Die Haftstrafe wird durch die erlittene Untersuchungshaft für verbüßt erachtet.
2. der Angeklagte Leutnant der Reserve Liepmann wegen Anmaßung einer Befehlsbefugnis in Tateinheit mit Begünstigung zu 6 Wochen geschärften Stubenarrests;
3. Der Angeklagte Oberleutnant a.D. Vogel wegen erschwerten Wachverbrechens im Feld in Tateinheit begangen mit Begünstigung während Ausübung des Dienstes, Mißbrauch der Dienstgewalt nach § 115 M.St.G.B. und Beiseiteschaffung einer Leiche, sowie in einem weiteren Fall wegen vorsätzlicher unrichtiger

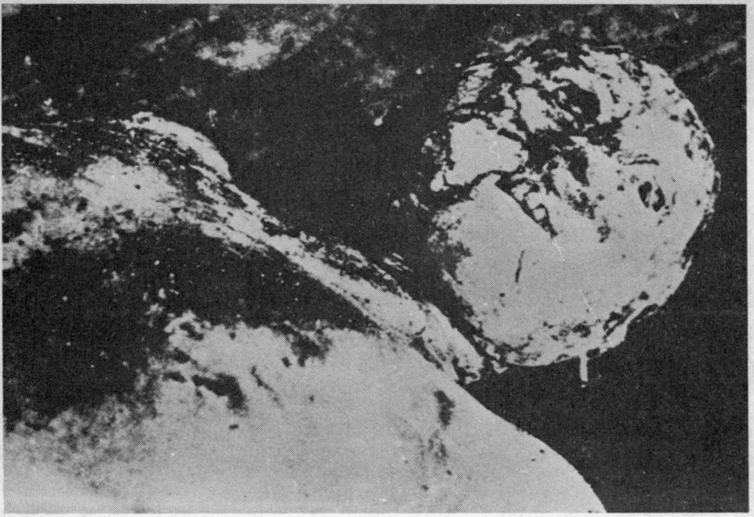

Die Leiche

Abstattung einer dienstlichen Meldung zu einer Gesamtstrafe von 2 Jahren 4 Monaten Gefängnis und Dienstentlassung...«
Die Angeklagten Kapitänleutnant von Pflugk-Harttung, Oberleutnant zur See v. Ritgen, Leutnant zur See Stiege, Leutnant zur See Schulze, Hauptmann v. Pflugk-Harttung und Hauptmann der Landwehr Weller werden freigesprochen.
In der Nacht zum 1. Juni 1919 wird in Berlin an der Freiarchenbrücke am Landwehrkanal eine weibliche Leiche geborgen. Der Körper wird auf Anordnung des Polizeipräsidenten in das Leichenschauhaus in der Hannoverschen Straße überführt. Von dort bringt ihn ein Leutnant Keller, der einen Befehl des Reichswehrministers Noske vorweisen kann, in das Lazarett des Truppenübungsplatzes Zossen. Noske erklärt, er habe durch diese Anordnung politischen Demonstrationen vorbeugen wollen. Die Leiche weist keine Verletzungen an der Schädeldecke, wohl aber eine Schußverletzung an der linken Stirn auf. Mathilde Jacob identifiziert an Hand der an der Leiche haftenden Kleiderreste, der Handschuhe und eines Medaillons die Tote als Rosa Luxem-

burg. Darauf wird die Tote zur Beerdigung freigegeben und am 13. Juni 1919 neben dem Grab von Karl Liebknecht in Friedrichsfelde beigesetzt.

3.

Schon am letzten Tag der Kriegsgerichtsverhandlung teilt ein Abgeordneter mit, daß für die Angeklagten Pässe mit falschem Namen bereitlägen, um ihnen die Flucht ins Ausland zu erleichtern, so für den Oberleutnant Vogel ein Paß auf den Namen Kurt Velsen.

Tatsächlich flieht Vogel am 17. Mai 1919 nach Holland, und die Division teilt der Öffentlichkeit die Flucht mit. Das Urteil selbst wird von Gustav Noske bestätigt. Doch schon am 23. Dezember 1920 wird Oberleutnant Vogel amnestiert.

Vogel, der zur Zeit der Machtübernahme Hitlers in Holland in mißlichen Verhältnissen lebt, wird vom Reichsarbeitsminister als »treudeutsch gesinntem Mann« zur Herstellung seiner Gesundheit eine Kur im Inland gewährt.

Der ehemalige Husar Otto Runge erhält nach einem Beschluß des Ministerrats vom 13. 6. 1934 »eine einmalige Entschädigung von 6000 RM aus Staatsmitteln«. Runge hat geltend gemacht, daß er an jenem Abend im Eden Hotel nur auf Anordnung der Offiziere gehandelt habe und nach Verbüßung seiner Strafe lange Zeit Verfolgungen von kommunistischer Seite ausgesetzt gewesen sei.

Schreiben des Wilhelm Radolf (Runge) vom 19. 7. 1934 an den Preußischen Justizminister (im Original handschriftlich):

> Sehr geehrter Herr Minister
> Ihr Schreiben vom 16. 7. 1934 zwecks Entschädigung ist bei mir eingegangen. Ich spreche Ihnen sowie dem Staatsrat meinen besten Nationalsozialistischen Dank aus. Einen Teil des Geldes werde ich gebrauchen, meinen Gläubigern gerecht zu werden, um jede Mahnung aus dem Weg zu gehen. Einen anderen Teil werde ich Gebrauch machen die Winterhilfe zu Stiften sowie den Luftschutz. Da ich auch noch meine

Stellung habe, denn da mier diese Summe nicht reizen kann, lebe ich einfach und schlicht.

Heil Hitler
Wilhelm Radolf

Ich hätte auch gern meinen Nahmen Otto Emil Runge wieder gehabt, wenn es nicht soviel Umstände macht.

4.

Als Josef Goebbels am 10. Mai 1933 überall in Deutschland »spontan« Tausende von Büchern verbrennen läßt, gehören dazu auch die Schriften Rosa Luxemburgs.
1941 wird das auf dem Friedhof in Berlin-Friedrichsfelde 1924 nach einem Entwurf des Architekten Mies van der Rohe errichtete Denkmal von den Nazis abgebrochen. Die Gräber von Rosa Luxemburg und Karl Liebknecht werden eingeebnet. Im Friedhofsregister wird mit roter Tinte eine Verfügung eingetragen, daß eine Umbettung nicht in Frage kommt.

Das Begräbnis

5.

In den frühen Jahren der Russischen Revolution, als Lenin und Trotzki die Bolschewistische Partei und die Dritte Internationale beherrschen, steht Rosa Luxemburg im kommunistischen Lager in hohem Ansehen. Sie wird als eine echte Revolutionärin betrachtet – eine, der Irrtümer unterliefen, aber nichtsdestoweniger eine revolutionäre Frau, eine Kämpferin, deren Irrtümer nie dazu führten, daß sie das revolutionäre Lager verließ. Bezeichnend ist Lenins Äußerung vom 16. April 1924 in der »Prawda«: »Ein Adler kann wohl manchmal auch tiefer hinabsteigen als ein Huhn, aber nie kann ein Huhn in solche Höhen steigen wie ein Adler. Rosa L. irrte in der Frage der Unabhängigkeit Polens; sie irrte 1903 in der Theorie der Akkumulation des Kapitals; sie irrte, als sie im Juli 1914 neben Plechanow, Vandervelde, Kautsky u. a. für die Vereinigung der Bolschewiki mit den Menschewiki eintrat; sie irrte in ihren Gefängnisschriften von 1918 (wobei sie selbst beim Verlassen des Gefängnisses Ende 1918 und Anfang 1919 ihre Fehler zum großen Teil korrigierte). Aber trotz aller dieser Fehler war sie und bleibt sie ein Adler.«
Die wichtigsten Streitpunkte und die Unterschiede in der Betrachtungsweise zwischen Lenin und Rosa Luxemburg lassen sich grob auf folgende Formel bringen: zentralistisch geführte, also von oben bestimmte Partei oder möglichst weitgehendes Teilhaben der Massen am Prozeß der politischen Entwicklung und Entscheidung.
Als Stalin in der Sowjetunion an die Macht kommt, gerät Rosa Luxemburg wie viele andere echte Revolutionäre der ersten Stunde unter Beschuß.
1923 beschuldigen Ruth Fischer und Arkadi Maslow in der KPD Rosa der »Rechtsabweichung«. Ihr Einfluß wird als »Syphilis Bazillus« innerhalb der deutschen kommunistischen Bewegung bezeichnet. Ihre Irrtümer werden untersucht und Ähnlichkeiten mit denen Trotzkis festgestellt.
Nach dem Kongreß der III. Internationale 1923 tritt in den kommunistischen Parteien ein Rechtsruck ein. Jetzt werden Ruth Fischer und Maslow ausgestoßen. Wiederum wird Rosa angegrif-

fen, diesmal nicht wegen »Rechtsabweichung«, sondern als Ultralinke.
In der Zeit zwischen 1928 und 1935 wird ihr vorgeworfen, sie unterscheide sich nur formal von den »sozial-faschistischen Theoretikern«. (Sozialfaschisten werden damals in der Kommunistischen Partei die Sozialdemokraten genannt.)
1931 greift Stalin persönlich in die Debatte um Rosa Luxemburg ein, und zwar mit einem Artikel mit der Überschrift »Fragen die Geschichte des Bolschewismus betreffend«. Entgegen allem, was historische Tatsache ist, wird hier Rosa für die größte aller Sünden verantwortlich gemacht. Auf sie, nicht auf Trotzki, soll die Theorie der permanenten Revolution zurückgehen. Stalin verfügt auch, entgegen aller vorhandenen Zeugnisse, Rosa habe Kautsky und das Zentrum der SPD 1910 erst auf Anraten Lenins angegriffen, der angeblich die Degenerationserscheinungen in der SPD weit klarer gesehen habe als sie.
Trotzki verteidigt Rosa in einem Aufsatz mit dem Titel »Hände weg von Rosa Luxemburg«, den er 1932 in Prinkipo in der Türkei schreibt und der in der Zeitschrift »The Militant« erscheint.
Stalins Artikel legt für mehrere Jahrzehnte die Ansichten der sowjetrussischen Kommunisten gegenüber Rosa fest. Sie wird zwar nie zur Unperson erklärt und aus der Geschichtsschreibung gestrichen, wie so viele ihrer Zeitgenossen, aber letztlich gilt »Luxemburgismus«, d.h. ihre Vorstellungen von Spontaneität und Bewußtsein und die damit zusammenhängenden Aussagen über Klasse und Partei als gefährliche Irrlehre.
In der DDR, wo 1971 ein Grundsatzpositionen festlegendes Buch mit dem Titel »Rosa Luxemburg, ihr Wirken in der deutschen Arbeiterbewegung« von Laschitza und Radczun und bis 1974 die schon von Lenin geforderte Gesamtausgabe von Rosas Schriften in fünf Bänden erscheinen, polemisiert man gegen die Veröffentlichung des Manuskriptes über die russische Revolution durch Paul Levi 1922 und dessen seither immer wieder versuchte Benutzung als Munition gegen die Sowjetunion.
Die Autoren versuchen nachzuweisen, daß Rosa sich später insbesondere in ihren Gedanken über Demokratie und die Diktatur des Proletariats den Auffassungen Lenins angenähert

habe. Kritisiert wird bei ihr ein subjektiver Mangel an theoretischem Erkennen grundlegender Gesetzmäßigkeiten der Ablösung der alten kapitalistischen durch die neue sozialistische Gesellschaft.

Dies zielt auf eine Bestätigung der leninschen Kritik und soll unterbinden, daß unter Umständen aus ihren Schriften die Begründung eines besonderen Typs von Sozialismus, des sogenannten demokratischen Sozialismus abgeleitet werde.

In der Frage des Rätegedankens und der Demokratiekritik wird erklärt, sie habe nicht erkannt, daß sich auch die demokratischen Formen verändern müssen, wenn sich ihr sozialer Inhalt verändert.

In der internationalen Diskussion über Rosa scheint vor allem ein von Iring Fetscher gegebener Hinweis auf die Arbeit von Pedrag Vranicki aus Jugoslawien interessant:

»Vranicki ... geht ... kritisch auf jene stalinistische Entgegensetzung von spontaneistischem Luxemburgismus und Leninismus ein. Dabei sucht Vranicki Lenin vor dem Vorwurf des ›Ultrazentralismus‹ zu bewahren: ›Lenins Standpunkt, der entschlossen das Bedürfnis einer gut organisierten Partei nach den Prinzipien des demokratischen Zentralismus vertrat, verwandelt man (gemeint sind Stalin und seine Anhänger, IF) im Laufe des Stalinismus in einen groben Zentralismus, während die ›Luxemburgisten‹ (womit wahrscheinlich Paul Levi gemeint ist, IF) in das andere Extrem verfielen und in übertriebenem Maße die Spontaneität, die revolutionäre Aktivität der Masse betonen und das organisatorische Moment als das primäre vernachlässigen.« Soviel zur Diskussion über die Theorie.

6.

Und das Schicksal der Menschen? Franz Mehring erkrankte Ende Januar 1919 an einer Lungenentzündung. Betroffen vom Schicksal Rosas und Karl Liebknechts stirbt er am 28. Januar 1919.

Clara Zetkin wird Reichstagsabgeordnete der KPD und 1932 Alterspräsidentin des Reichstages. Sie gehört bis 1929 dem Zentralkomitee der KPD an. An einem Herzleiden erkrankt,

kommt sie in das Sanatorium des Zentralkomitees der KPdSU in Archangelskoje und stirbt am 20. Juni 1933 in Moskau.
Konstantin Zetkin lebt noch heute als Arzt in Philadelphia, USA.
Eugen Leviné geht von Berlin aus nach München, ist dort an der Gründung der Räterepublik beteiligt und wird nach deren Zusammenbruch im Juni 1919 erschossen.
Karl Kautsky bekämpft bald nach Bekanntwerden der ersten Nachrichten über die Herrschaft der Bolschewiki Lenin und seine Partei in zahlreichen Arbeiten, was ihm von Lenin den Titel »Renegat« einträgt. 1920 hält er sich als Gast der menschewistischen Regierung in der selbständigen Arbeiterrepublik Georgien auf. Erfreut begrüßt er 1922 die Wiedervereinigung von USPD und SPD, übersiedelt aber auf Einladung der Sozialdemokraten Österreichs 1924 nach Wien, wo er 1934 den Dollfußschen Staatsstreich erlebt und kritisch analysiert. Vor dem Einmarsch der deutschen Truppen entkommt er mit seiner Frau nach Holland, wo er am 17. 10. 1938 stirbt.
Julian Marchlewski, der zunächst 1918 aus deutscher Haft entlassen nach Rußland zurückgekehrt ist, erhält in Moskau ein von Rosa und Leo Jogiches unterzeichnetes Telegramm, das ihn auffordert, an dem Gründungskongreß der KPD teilzunehmen. Zwei Tage nach der Ermordung Rosas trifft er in Berlin ein. Im Auftrag des Zentralkomitees fährt er weiter ins Ruhrgebiet, wo die revolutionären Kämpfe noch anhalten. Als Wirtschaftsspezialist soll er den Ruhrkumpels bei der Sozialisierung des Bergbaus behilflich sein. Als konterrevolutionäre Truppen ins Ruhrgebiet einrücken, wird ein Preis auf seinen Kopf ausgesetzt. Mit einem Sammeltransport polnischer Landarbeiter wird er am 19. März aus Essen herausgeschleust. Im Osten ist ein polnischer Pufferstaat entstanden, an dessen Spitze eine bürgerliche Regierung steht. Zwischen ihr und den Sowjets droht ein bewaffneter Konflikt. Marchlewski vermittelt einen Waffenstillstand. Seine letzten Lebensjahre führen ihn als Sonderbotschafter Lenins nach Finnland, China und Japan. 1922 kehrt er nach Moskau zurück und wird zum Rektor der Kommunistischen Universität der Westvölker ernannt. Bereits schwer erkrankt, reist er 1923 zu Vorträgen in den Ural und nach Sibirien. Im Dezember 1924 hat

sich sein Gesundheitszustand derart verschlechtert, daß er die Erlaubnis erhält, nach Italien zu fahren. Nach einem längeren Zwischenaufenthalt in Deutschland, wo er seine in Worpswede mit dem Maler Heinrich Vogeler verheiratete Tochter Zofia besucht, kommt er Ende Januar 1925 dort an. Am 22. März dieses Jahres stirbt er in Bogliasco bei Nervi. Die Leiche wird nach Deutschland überführt und in Berlin beigesetzt. 1950 wird die Urne mit seiner Asche nach Polen gebracht.

7.

Karl Radek wird am 12. Februar 1919 verhaftet. Man wirft ihm »Beihilfe zum Spartakusputsch, Aufreizung und Geheimbündelei« vor. Angeblich hat Radek bei seiner Festnahme winselnd um sein Leben gebettelt und soll in seiner Zelle vor jedem Besuch gezittert haben. Das Personal im Zellengefängnis Lehrter Straße in Berlin-Moabit besteht zu einem großen Teil aus Angehörigen des Regiments Reinhard, die auch Radek dort eingeliefert haben. Die Behandlung, die er erfährt, und was er auf den Gängen beobachtet und aus Nebenräumen hört, vor allem aber die frische Erinnerung an die Ermordung Rosas, Liebknechts und anderer Spartakisten, lassen seine Ängste verständlich werden. Noch im Juni 1919 werden während eines Spaziergangs auf dem Gefängnishof von der benachbarten Kaserne aus Schüsse auf ihn abgefeuert, die ihn aber nicht treffen.
Am 5. März 1919 ernennen ihn die Bolschewiki, um zur Verbesserung seiner Lage beizutragen, zum Botschafter der Ukraine. Am 26. Juni 1919 beschließt das Reichskabinett Radek im Austausch gegen Geiseln an Sowjetrußland auszuliefern. Doch erst müssen die Modalitäten von Radeks Rückführung ausgehandelt werden. Radek bleibt weiterhin im Gefängnis, aber in der ehemaligen Wohnung eines Gefängniswärters darf er fast unbeschränkt Besucher der verschiedensten politischen Richtungen empfangen. Max Barthel, ein Arbeiterschriftsteller, berichtet über diese Zeit:
»Ich ging als angeblicher Gehilfe des Zahnarztes zu dem Gefangenen. Im Besuchszimmer warteten einige Leute. Und

schon fegte er herein, der Herr Botschafter der Ukraine. Er trug eine Art militärische Uniform aus grauem Tuch und sah wie ein gutmütiger Menschenaffe aus. Bemerkenswert war sein Bart, eine Schifferfräse, die das Gesicht umgab. Hinter großen schwarzgerahmten Brillengläsern blitzten dunkle Augen. Aber das war kein Gefangener, der bei uns stand, vielmehr ein Mann, der Audienz gab und sich dessen bewußt war... Da wartete ein bekannter Professor, der sich für die russische Agrarfrage interessierte. Maximilian Harden war da, der gefürchtete Leitartikler der ›Zukunft‹, dann ein englischer Journalist, klug und skeptisch, dort einige Herren mit kommerziellen Plänen und im Hintergrund hochgewachsen, das Gesicht beherrscht, ein Mann, der den hohen Offizier nicht verleugnen konnte. Weiter ein Verbindungsmann zur KPD-Zentrale und zuletzt eine elegante Dame in einem Wölkchen Parfürm.« Der wohl prominenteste Besucher in Radeks Salon ist Walther Rathenau. »Ein Bein über das andere geschlagen«, so berichtet Radek, »bat er um die Erlaubnis, seine Auffassung über die Weltlage darzulegen. Er sprach über eine Stunde und lauschte dem Klang seiner Stimme.
›Lesen Sie meine Bücher‹, rief Rathenau unter anderem, ›Marx schuf nur die Theorie der Zerstörung. In meinen Büchern finden Sie die Theorie des konstruktiven Sozialismus. Es ist der erste wissenschaftliche Schritt, der nach Marx getan wurde.‹ «
Rathenaus Besuch ist als der erste tastende Versuch deutscher Wirtschaftsführer zu werten, mit der Sowjetunion ins Geschäft zu kommen.
Als Karl Radek Ende Januar 1920 nach Moskau zurückkehrt, hat er sich die nötigen Kenntnisse über Personen, Verhältnisse und Strömungen in Deutschland angeeignet, um den Sowjets als Deutschlandsachverständiger dienen zu können. Schon im Dezember 1920 ist er wieder in Deutschland, um an dem Parteitag der KPD teilzunehmen, auf dem der linke Flügel der USPD unter Ernst Däumig sich den Kommunisten anschließt, die nun mit ca. 350000 Mitgliedern die erste Massenpartei des Kommunismus außerhalb Rußlands sind. Radek fungiert als Offizieller Vertreter der Exekutive der Komintern (Abkürzung für die III. Internationale). Später spielt er bei der Ausschaltung von Paul Levi

aus der Führung der KPD und aus der Partei eine entscheidende Rolle.
Wieder in der Sowjetunion verliert Radek als Anhänger Trotzkis 1924* seine Mitgliedschaft im Zentralkomitee. 1927 wird er aus der Partei ausgeschlossen und in den Ural verbannt, jedoch nach Unterwerfung unter die Linie Stalins 1931 wieder aufgenommen. Es ist zwischen 1931 und 1937 außenpolitischer Redakteur der »Iswestija« und arbeitet die Verfassung von 1936 aus. Im Rahmen der »Großen Säuberung« wird er erneut verhaftet und wegen Sabotage und Kontakten zu Trotzki angeklagt. Das Urteil wird am 30. Januar 1937 verkündet, während es für die meisten seiner Mitangeklagten ein Todesurteil ist, kommt er mit zehn Jahren

---

* Das Schicksal Radeks, aber auch die Beurteilung der Schriften Rosas durch Stalin, können nur verständlich werden, wenn man wenigstens in groben Zügen über die politische Entwicklung in der Sowjetunion unterrichtet ist.
1920 machen sich bei Lenin Anzeichen für eine Gehirnverkalkung bemerkbar. Er klagt zunehmend über Kopfschmerzen. Im März 1922 erleidet er einen Schlaganfall, der ihn für längere Zeit lähmt. 1923 trifft ihn ein zweiter Schlaganfall. Von da an, bis zu seinem Tod am 21. Januar 1924, ist er von der aktiven Teilnahme am politischen Geschehen mehr oder minder ausgeschlossen.
Vom 25. Dezember 1922 stammt das sogenannte Testament, in dem er Trotzki trotz seiner Fehler als den fähigsten Mann im gegenwärtigen Zentralkomitee bezeichnet. Über Stalin hingegen heißt es, er habe »eine enorme Macht in seiner Hand konzentriert, und ich bin nicht sicher, daß er diese Macht immer mit genügender Vorsicht zu gebrauchen versteht.« In einem Nachsatz (4. Januar 1923) fordert Lenin dazu auf, Stalin von der Position des Generalsekretärs der Partei zu entfernen und einen anderen Mann zu ernennen. Man kann annehmen, daß Lenin dieser Vorstellung Geltung verschafft hätte, wäre er nicht Anfang März 1923 abermals von einem Schlaganfall betroffen worden. In dem nach Lenins Tod einsetzenden Machtkampf erweist sich Trotzki seinen von Stalin geführten Gegnern nicht gewachsen. Trotzki ist zum Zeitpunkt von Lenins Tod selbst krank und befindet sich zur Erholung im Kaukasus, was Stalin die Möglichkeit gibt, die Weichen in seinem Sinn zu stellen. Im Januar 1925 schon gelingt es Stalin, Trotzkis Absetzung als Kriegskommissar durchzusetzen. Trotzki ist damals noch keineswegs isoliert. Seine Freunde erwarten, er werde die Rote Armee, in deren Reihen er große Sympathien genießt, gegen seine Feinde mobilisieren. Er unterläßt das aus Loyalität gegenüber der Partei. 1927 wird Trotzki aus der Partei ausgeschlossen, 1928 nach Alma-Ata verbannt. 1929 gibt das Politbüro sein Einverständnis, ihn aus der Sowjetunion ausweisen zu lassen. Trotzkismus gilt von nun an in der Sowjetunion und innerhalb der unter ihrem Einfluß stehenden Bruderparteien als Todsünde. Sich auch nur dem Verdacht auszusetzen, hat mit Sicherheit die Liquidierung zur Folge. Trotzki selbst, der von Zufluchtsort zu Zufluchtsort wandert, wird endlich 1940 in einem schwer bewachten Haus in Mexiko von einem von Stalin gedungenen Mörder, der sich in sein Vertrauen geschlichen hat, mit einem Eispickel erstochen. In der Sowjetunion haben unterdessen zwischen 1936–1938 auf Stalins Befehl jene »Säuberungen« stattgefunden, denen schätzungsweise achthunderttausend Menschen, darunter allein dreizehn Mitglieder des Politbüros, achtundneunzig der einhundertachtunddreißig Mitglieder des Zentralkomitees und drei von fünf Marschällen der Roten Armee neben Tausenden von Unbekannten, zum Opfer fielen.

Gefängnis davon. Ein Anzeichen dafür, daß er während des Prozesses unter Umständen mit Stalins Ankläger zusammengearbeitet hat. Er wird in die Arktis geschickt und 1939 in einem Arbeitslager angeblich von einem kriminellen Sträfling ermordet.

8.

Paul Levi führt die KPD nach dem Tod von Rosa und Karl Liebknecht. Er widersetzt sich, darin durchaus im Geiste Rosas handelnd, einer Entwicklung, bei der die deutsche Partei immer mehr zum bloßen Befehlsempfänger der von den Sowjets gelenkten Komintern zu werden droht.
Im Februar 1921 tritt er, übrigens zusammen mit Däumig und Clara Zetkin, als Mitglied der Zentrale zurück, bleibt aber in der Partei.
Im März 1921 beschließt die neue Parteizentrale, von den Komintern-Beauftragten Béla Kun, Pogany und Guralsky zur revolutionären Offensive gedrängt, eine Krisensituation auszunutzen und ausgehend vom Mansfelder Kohlenrevier eine Aufstand zu versuchen. Ziel ist der Sturz der damaligen Regierung Fehrenbach-Simons, nicht unbedingt die Übernahme der Macht im Staat.
Man will den Generalstreik ausrufen und rechnet damit, daß sich etwa zwei bis drei Millionen Arbeiter, außer den Mitgliedern der Partei, der Aktion anschließen werden.
Durch vorbeugende Maßnahmen der Sicherheitspolizei sehen sich die Kommunisten zum vorzeitigen Losschlagen genötigt. Die erwartete Resonanz der Massen bleibt aus. Der Aufruf zum Generalstreik wird nur hier und da befolgt. Zu ernsteren Kämpfen kommt es nur im Gebiet um Halle. Polizei und Reichswehr sind bald Herren der Lage.
Das Unternehmen endet für die Kommunisten mit einem Fiasko: etwa dreihundert Menschen kommen dabei ums Leben, Hunderte werden verhaftet, Tausende verlieren ihren Arbeitsplatz. Die Quittung: innerhalb von drei Monaten schrumpft die Zahl der Parteimitglieder von 450000 auf nur 180000 zusammen.
In einer am 12. April 1921 publizierten Broschüre mit dem Titel

»Unser Weg – Wider den Putschismus« kritisiert Levi die Politik des Aktionismus um jeden Preis, aber auch »das System der geheimen Feme«. Damit sind die Abgesandten der Komintern gemeint, die seiner Meinung nach einer über die Grenzen Rußlands ausgedehnten Tscheka arbeiten. Wegen »groben Vertrauensbruchs und schwerer Parteischädigung« wird Levi daraufhin am 15. April aus der VKPD (Vereinigte Kommunistische Partei Deutschlands) ausgeschlossen. Levi kontert mit der Veröffentlichung von Rosas Kritik an den Anfängen der Russischen Revolution. Er hat gehört, daß auf dem Dritten Weltkongreß der Komintern, an dem Clara Zetkin teilgenommen hat, der Plan erörtert worden ist, eine Gesamtausgabe der Schriften Rosas herauszugeben, in die der Text über die Russische Revolution nicht aufgenommen werden soll.
Vorübergehend bildet Levi mit Gesinnungsgenossen die »Kommunistische Arbeitsgemeinschaft«. An Mathilde Jacob schreibt er: »Bei uns ist heute der bessere Teil dessen, mit dem man kommunistische Politik machen kann...« Im April 1922 tritt er in die USPD ein und kommt nach deren Vereinigung mit der SPD im September 1922 im Mai 1924 als Vertreter des Bezirks Zwickau-Plauen wieder in den Reichstag, dem er zuvor schon als kommunistischer Abgeordneter angehört hat.
Im November 1923, als Hitlers Putsch in München mißlingt, warnt Levi vor der Gefahr des Nationalsozialismus und meint, daß es Hitler, dank seiner raffinierten Verbindung von nationaler und sozialer Demagogie* doch eines Tages gelingen könnte, Massen, auch Teile der Arbeitschaft, einzufangen.
Über seine Tätigkeit als Anwalt erzählt eine Mitarbeiterin: »Er ging nur ein-, zweimal die Woche aufs Gericht. Aber, wenn sein Rechtsgefühl verletzt war, ging er wegen der geringfügigsten Sache, und wenn es sich um 50 Mark handelte.«
Kurz ehe die zehnjährige Verjährungsfrist in den Mordfällen Rosa Luxemburg und Karl Liebknecht abläuft, erscheint in der Zeitschrift »Das Tagebuch« ein Aufsatz, in dem der damalige Untersuchungsrichter Jorns beschuldigt wird, statt zu ermitteln,

* Volksverführung, -aufwiegelung

die wahren Vorgänge vertuscht zu haben. Der Artikel schließt mit dem Satz: »Wie eine solche Erscheinung am obersten deutschen Gericht als Reichsanwalt fungieren kann, ist unverständlich.«
Gegen den verantwortlichen Redakteur, Josef Bornstein, stellt der Oberreichsanwalt Strafantrag. Jorns selbst tritt als Nebenkläger auf. Levi übernimmt Bornsteins Verteidigung. Dabei hat er die Möglichkeit, die Akten des Mordprozesses (es sind elf Bände mit insgesamt viertausend Seiten) noch einmal einzusehen. In dreiwöchiger angestrengter Arbeit fügt er daraus sein Plädoyer, das den Beweis für die Beschuldigung gegen Paul Jorns erbringen soll.
Das Urteil in diesem Prozeß ist eine Sensation. Der Redakteur des »Tagebuches« wird freigesprochen. Es wird festgestellt, daß Jorns die Mörder begünstigt hat.
Jorns legt Revision beim Landesgericht ein. Nach dreiwöchigem Prozeß wird Bornstein zu einhundert Mark Geldstrafe wegen »formaler Beleidigung« verurteilt. Jorns legt abermals Revision ein. Diesmal beim Reichsgericht.
Das verweist den Fall an das Landgericht zurück. Jetzt wird Bornstein zu einer Geldstrafe von fünfhundert Mark und Übernahme der Gerichtskosten des Verfahrens in vier Instanzen verurteilt. Die schweren Anschuldigungen gegen Jorns sind damit nicht widerlegt, aber er kann im Amt bleiben. Nach 1933 wird er Reichsanwalt am Volksgerichtshof Freislers, 1937 scheidet er im Pensionsalter mit einem persönlichen Dankesschreiben Hitlers aus dem Justizdienst aus.
Levi erlebt nicht mehr das Ende dieser Tragödie von Rechtsbeugung und Rechtsverdrehung.
Am dritten Verhandlungstag des zweiten Prozesses erkrankt er an einer schweren Grippe. Eine Lungenentzündung kommt hinzu. Das Fieber steigt über einundvierzig Grad. Bruchstücke der Szenen, die er im Gerichtssaal hat schildern müssen, verfolgen ihn. Gewehrkolben, zerschmetterte Schädel, Sätze wie: »Über die Brücke haben wir sie rüber befördert, die schwimmt schon.« Aus den Fieberträumen aufwachend, klagt er: »Der Zug der Toten läßt mich nicht los. Noch eine solche Nacht könnte ich nicht ertragen.«

In der sechsten Fiebernacht erwacht er gegen vier. Er bittet die bei ihm wachende Schwester um frischen Tee. Sie geht einen langen Gang durch einen Bretterverschlag zur Küche. Als sie mit dem Tee wiederkommt, ist das Bett leer, das Fenster steht offen. Sie schreit. Die Haushälterin wacht auf, rast die Treppe hinunter. Paul Levi liegt auf dem Pflaster des Hofes, tot mit gebrochenem Rückgrat, hinten an dem langen Schädel eine Wunde – einige hundert Meter von der Stelle entfernt, wo elf Jahre zuvor in einer Januarnacht Rosa Luxemburg in den Kanal geworfen worden ist.
In einem Nachruf auf Paul Levi schreibt Carl von Ossietzky in der »Weltbühne«: »Die Kommunisten taten Unrecht, ihn einen Abtrünnigen, die Sozialdemokraten, ihn einen Bekehrten zu nennen. Er war ein internationaler revolutionärer Sozialist aus Rosa Luxemburgs Schule, hat es nie verleugnet.«

9.

Mathilde Jacob ist am 13. Januar 1919 von Freikorpssoldaten vor der Redaktion der »Roten Fahne« verhaftet worden. Sie wird in das Untersuchungsgefängnis Moabit gebraucht. Dort antwortet man ihr, auf die Frage, was draußen los sei: »Nichts Neues, Rosa Luxemburg und Karl Liebknecht sind ermordet. Nun ist wieder Ruhe.«
Nach ihrer Entlassung hält sie Kontakt zu Rosas Freunden. Sie besucht oft Clara Zetkin in Stuttgart. Paul Levi steht 1920/21 in der Zeit seines Bruchs mit der KPD und der Komintern im Briefwechsel mit ihr. Dann kommt Hitlers Machtübernahme. 1939 fürchtet sie, daß die von ihr aufbewahrten Briefe und Manuskripte Rosas den Nazis in die Hände fallen könnten. Durch Vermittlung der russisch-italienischen Sozialistin Angelika Balabanow übergibt sie alles Material Professor Ralph H. Lutz, von der Hoover War Library, der sich damals in Deutschland aufhält. 1940 steht Mathilde Jacobs kleines Schreibbüro immer noch unter der alten Adresse im Berliner Telefonbuch verzeichnet. Am 27. Juli 1942 wird die fast 70jährige ins Lager Theresienstadt deportiert. Dort verliert sich die Spur ihres Lebens. Es gilt als

sicher, daß Rosas guter Geist in einem von Hitlers KZs umgekommen ist.

10.

Waldemar Pabst, ehemals Hauptmann bei der Garde-Kavallerie-Schützendivision, gibt 1959 gegenüber dem späteren Vizepräsidenten des Amtes für Verfassungsschutz, Dr. Günther Nollau, eine Erklärung ab, die dieser als Aktennotiz festhält. Pabst erklärt, er habe die Verhaftung von Rosa und Karl Liebknecht veranlaßt. »Er habe Karl Liebknecht und Rosa Luxemburg damals in Berlin selbst sprechen hören. Er habe sich nämlich in Zivil unter das Volk gemischt. Seine Beobachtungen hätten ihn zu der Auffassung gebracht, daß die beiden außerordentlich gefährlich seien und man ihnen nichts Gleichwertiges entgegensetzen könne. Deswegen habe er sich entschlossen, diese Personen unschädlich zu machen.«

Zeittafel

1871: *5. März Rosalia Luxemburg in Zamost geboren*
Zeitweilige proletarische Regierung (Commune) in Paris
Bismarck ruft Wilhelm I. zum Deutschen Kaiser aus

1880: *Rosa tritt in das Zweite Warschauer Mädchengymnasium ein*
Gründung der sozialistischen Partei Frankreichs
Kölner Dom vollendet
Wildwestschau Buffalo Bills in Europa

1887: *14. Juni Abiturzeugnis vom Gymnasium für Rosa*
Krupp-Werke in Deutschland haben 21 000 Beschäftigte

1889: *Flucht Rosas aus Polen*
Adolf Hitler geboren
Gründung der sozialdemokratischen Zweiten Internationalen in Paris
Weltausstellung in Paris mit 28 Millionen Besuchern

1890: *Rosa beginnt ihr Studium in Zürich*
Wilhelm II. entläßt Bismarck. Ende der Sozialistengesetze (seit 1878) in Deutschland

1893: *Rosas Mandat wird auf dem Internationalen Sozialistischen Arbeiterkongreß in Zürich abgelehnt*

1894: Erster (illegaler) Parteitag der Sozialdemokratie des Königreiches Polen in Warschau
Der jüdisch-franz. Offizier Dreyfus wird wegen angeblichen Landesverrats verurteilt und deportiert

1897: *1. Mai Rosa promoviert magna cum laude als Doctor juris publici et rerum cameralium. Tod ihrer Mutter*

1898: *Scheinehe mit Gustav Lübeck in Basel*
Bismarck stirbt
Zola veröffentlicht seinen offenen Brief zugunsten von Dreyfus
Gründung der Sozialdemokratischen Partei in Rußland
Rosa geht nach Berlin (Mai) Chefredakteurin der »Sächsischen Arbeiter-Zeitung« in Dresden

1899: (Ende Dezember) *Rosa auf Agitationsreise in Oberschlesien*
Eduard Bernsteins Schrift »Voraussetzung des Sozialismus und die Aufgaben der Sozialdemokratie« erscheint
Krieg Großbritanniens gegen die Buren in Südafrika

1900: *Rosa auf dem Internationalen Sozialistenkongreß in Paris, Tod ihres Vaters*
Wilhelm Liebknecht, Vater von Karl Liebknecht, stirbt

1903: *Rosas Scheinehe mit Lübeck wird geschieden*
Agitationsreise in die östliche Provinz des Deutschen Reiches
Parteitag der SPD in Dresden verurteilt Revisionismus
Spaltung der russischen Sozialdemokratie auf dem zweiten Parteitag in Brüssel und London in Bolschewiki (Mehrheit) und Menschewiki (Minderheit)

1904: *Rosa verbüßt Gefängnisstrafe in Zwickau wegen Majestätsbeleidigung*
Lenin veröffentlich »Ein Schritt vorwärts, zwei Schritte zurück«
Tagung der II. Internationalen in Amsterdam

1905: *29. Dezember Reise nach Warschau*
Revolution in Rußland hat nur Teilerfolg
Lenin: »Zwei Taktiken in der demokratischen Revolution« (Begründung der bolschewistischen Taktik)

1906: *Rosa in Warschau in Haft*
August: Reise nach Finnland
September: Teilnahme am SPD-Parteitag in Mannheim
Bruch mit Leo Jogiches
Der Schuhmacher Wilhelm Voigt gibt sich als Hauptmann von Köpenick aus
Das Deutsche Reich erwirbt Kolonien in Afrika und in der Südsee (Neuguinea und Samoa)

1907: *1. Okt. Rosa beginnt mit ihrer Tätigkeit als Dozentin an der Parteischule der SPD*
Soziale Unruhen in Frankreich, Lenin flieht aus Rußland ins Ausland

1914: *20. Februar, Rosa wird in Frankfurt am Main zu einem Jahr Gefängnis verurteilt*
Juli: Teilnahme an der Sitzung des Internationalen Sozialistischen Büros in Brüssel
Ausbruch des I. Weltkrieges
Dezember: *Rosa im Auguste-Victoria Krankenhaus in Berlin*

1915: *18. Februar, Rosa wird zwecks Strafantritt verhaftet*
Deutsche Luftschiffe greifen London an
Winterschlacht in den Masuren, Russische Armee vernichtet, Westrußland von den Deutschen erobert

1916: *Rosa von Februar bis Juli in Freiheit, dann Sicherheitshaft, erst auf dem Berliner Polizeipräsidium, dann Frauengefängnis Barnimstraße*
Ab Oktober *Festung Wronke, Provinz Posen*
Somme Schlacht in Frankreich – Seeschlacht von Skagerak mit schweren Verlusten auf britischer und deutscher Seite
Die Spartakusbriefe erscheinen

1917: Februarrevolution in Rußland, Konstitutionelle Demokraten (Liberale) tragen die ersten Provisorische Regierung
März: Abdankung des Zaren
September: Trotzki wird Präsident des Petrograder Sowjets
25. Oktober: Bolschewistische Revolution
27. Oktober: Bildung einer prov. Arbeiter- und Bauernregierung in Rußland (Rat der Volkskommissare)
Präsident: Lenin, Außenminister: Trotzki
Dr. Hans Diefenbach fällt in Frankreich
Gründung der USPD in Deutschland
Rosa im Gefängnis in Breslau, Verschlimmerung des nervösen Magenleidens

1918: Januar: Errichtung der Russischen sozialistischen Föderativen Sowjetrepublik
März: Vertrag von Brest-Litowsk zwischen Rußland einerseits und Deutschland und seinen Verbündeten andererseits

Mai: Bürgerkrieg in Rußland
Juli: Ermordung der Zarenfamilie in Jekaterinenburg
Novemberrevolution in Deutschland
Abdankung des Kaisers
9. November: Haftentlassung Rosas
Reise Rosas nach Berlin
November/Dezember: Arbeit Rosas auf der Redaktion der »Roten Fahne«
14. Dezember: Programm des Spartakusbundes
15. Dezember: Generalversammlung der USPD
29.–31. Dezember: Teilnahme Rosas am Gründungsparteitag der KPD

1919: Anfang Januar: Demonstrationen der Berliner Arbeiterschaft nach Absetzung des Polizeipräsidenten Eichhorn
15. Januar abends, Verhaftung Rosas in Berlin-Wilmersdorf, Mißhandlung im Eden-Hotel – Ermordung
31. Mai: *Die Leiche Rosas wird angeschwemmt*
13. Juni: *Beerdigung in Berlin-Friedrichsfelde*

Bibliografie

Die folgenden Biografien über Rosa Luxemburg habe ich für die Erstellung meines Textes immer wieder herangezogen:

Paul Frölich: Rosa Luxemburg – Gedanke und Tat. Mit einem Nachwort von Iring Fetscher, Frankfurt/Main 1967

Helmut Hirsch: Rosa Luxemburg, rororo bildmonographien, Nr. 158, Hamburg 1969

Annelies Laschitza/ Günter Radczun: Rosa Luxemburg, Ihr Wirken in der deutschen Arbeiterbewegung, Frankfurt/Main 1971

Peter Nettl: Rosa Luxemburg, 2 Bände, Oxford University Press, 1966

Ders.: Rosa Luxemburg, vom Autor gekürzte Volksausgabe, Köln 1969

Harry Wilde: Rosa Luxemburg, Ich war, ich bin, ich werde sein, Wien-München-Zürich 1970

Dazu Rosas Schriften:

Rosa Luxemburg, Gesammelte Werke, Band 1–4, Berlin 1972–74

Die Briefeditionen:

Roza Luksemburg, Listy do Leona Jogichesa-Tyszki, 3 Bände, Herausgegeben von Feliks Tych, Warschau 1971

Rosa Luxemburg, Briefe an Leon Jogiches, aus dem Polnischen von Mechthild Fricke-Hochfeld und Barbara Hoffmann, Frankfurt/Main 1971. (Es handelt sich um eine Auswahl der pol. Ausgabe)

Briefe aus dem Gefängnis, Berlin 1920 (an Sophie Liebknecht)

Briefe an Karl und Luise Kautsky (1896–1918), Berlin 1923

Briefe an Freunde, herausgegeben von Benedikt Kautsky, Hamburg 1950 (Briefe an Kaenisch, Stadthagen, Wurm, Camille Huysmans, Hans Diefenbach, Marta Rosenbaum, Adolf Geck, Gertrud Zlottko)

Rosa Luxemburg im Gefängnis, Briefe und Dokumente aus den

Jahren 1915–1918, herausgegeben und eingeleitet von Charlotte Beradt (Es handelt sich hier um Briefe an und Aufzeichnungen von Mathilde Jacob)

Zur Dokumentation der Revolution in Rußland in den Jahren 1905/06 wurden folgende Bücher benutzt:

Gordon Craig: Europa since 1815, New York 1961

Valentin Gitermann: Geschichte Rußlands, 3 Bände. Hamburg 1949

Stanislaw Kalabinski/ Feliks Tych: La Révolution des années 1905–1907 dans le Royaume de Pologne, Estratto dagli Annali dell' Instituto Giangiacomo Feltrinelli Anno Quinto, Milano 1962

Angaben über den Schulstreik nach: A. Kiepurska, Warszawa Rewolutzij 1905–07, Warschau 1974.

Zur Beteiligung der Bauern: Stanislaw Kalabinski, Der Beginn des Großen Aufbruchs, Perspektywy Nr. 5/75 vom 31. Januar 1975

Über Leo Jogiches FLucht aus der Warschauer Zitadelle: Karl Radek, Rosa Luxemburg, Karl Liebknecht, Leo Jogiches, Hamburg 1921

Angaben über das Ende der Beziehungen zu Leo Jogiches: Mitteilung von Prof. F. Tych gegenüber dem Autor, Warschau Frühjahr 1975

Zu den einzelnen Kapiteln:

Erfahrungen mit einer Briefmarke

Korrespondenz mit Herrn Klaus Spreen im Archiv des Autors, Zitate aus Zeitungen und Rundfunksendungen im Archiv des Autors. Unterlagen wurden freundlicherweise vom Bundesministerium für Post und Fernmeldewesen zur Verfügung gestellt

Anfänge einer Revolutionärin

Angaben über Kindheit und Schulzeit von Rosa durch Zofia Marchlewski gegenüber dem Autor im Frühjahr 1975 in Warschau. Schulzeit und Jugend von Julian Marchlewski nach Horst Schumacher-Feliks Tych, Julian Marchlewski-Karski, eine Biografie, Berlin 1966

In Deutschland

Wie das Deutsche Reich aussah: In: Proletarische Lebensläufe, herausgegeben von Wolfgang Emmerich, Band 1, Anfänge bis 1914, S. 161

Wohnungen: Der Volksstaat Nr. 63, 25. Juli 1873

Was Arbeiter essen: H. Mehner, Der Haushalt und die Lebenshaltung einer Leipziger Arbeiterfamilie, Jahrbuch für Gesetzgebung, Verwaltung und Volkswirtschaft im Deutschen Reich, hg. von Gustav Schmoller, 11. Jahrgang, 1887, 1. Heft, S. 304ff.

Wie lebte denn...: Proletarische Lebensläufe, Band 1, a.a.O., S. 305ff.

Wie sieht die Partei aus...: Als Materialien dienten: Proletarische Lebensläufe, a.a.O.; Franz Osterroth/Dieter Schuster, Chronik der deutschen Sozialdemokratie, Band I bis zum Ende des Ersten Weltkriegs, Bonn-Bad Godesberg, 1975; H. Hirsch, Bebel, rm 196, Hamburg 1973

Ein Arbeitermädchen liest...: Adelheid Popp, Jugendgeschichte einer Arbeiterin, München, 1909

Eine Freundin: Unter Verwendung von : Luise Dornemann, Clara Zetkin, Leben und Wirken, Berlin 1972

Frauenarbeit: Luise Dornemann, Clara Zetkin, a.a. O., S. 86ff.

Ein Mädchen versucht...: Adelheid Popp, Jugendgeschichte, a.a.O.

Was ein Unternehmer...: Alfred Krupps Briefe 1826–1887, im Auftrag der Familie und der Firma herausgegeben von Wilhelm Berdow, Berlin 1928, S. 343

Preußens Gloria: Hans Marchwitza, Meine Jugend, Berlin 1947, S. 48f.

Der Abgeordnete Fischer: Original eingesehen unter den Papieren und Briefen von Luise und Karl Kautsky im Internationalen Institut für Sozialgeschichte in Amsterdam

Wie die Hunnen: nach Klassenbuch 2, ein Lesebuch der Klassenkämpfe in Deutschland 1850–1919, S. 158.

Rosas Theorie

Die Zusammenfassung der drei Bände von Marx, Das Kapital, steht in Franz Mehring, Karl Marx, Geschichte seines Lebens, Berlin 1967, S. 375–385.

Das Kapitel fußt auf Tony Cliffs Studie über Rosa Luxemburg, Frankfurt/Main 1969 und Iring Fetschers Aufsatz, Proletarisches Klassenbewußtsein nach Marx und Rosa Luxemburg, in: Rosa Luxemburg oder die Bestimmung des Sozialismus, herausgegeben von Claudio Pozzoli, Frankfurt/Main 1974

Die Definition des heutigen Proletariats und die daran anknüpfenden Überlegungen finden sich in: Die Revolution ist anders. Ernst Fischer stellt sich zehn Fragen kritischer Schüler, rororo aktuell A 1458, Hamburg S. 20f. und S. 23f.

Die erste Revolution

S. o.

Versuch, einen Krieg zu verhindern

Zum Prozeß am 20. 2. 1914 und zum Prozeß am 22. Mai 1914 siehe: Rosa Luxemburg im Kampf gegen den deutschen Militarismus, Berlin 1960

Zum Verlauf der Sitzung des Büros der Internationale in Brüssel 1914: Georges Haupt, Der Kongreß fand nicht statt, Die Sozialistische Internationale 1914, Wien-Frankfurt-Zürich, 1967

Durch die Gefängnisse

Rausch: Eine sinngemäße Übertragung des Anfangs der Junius Broschüre (Krise der Sozialdemokratie), Gesammelte Werke, Band 4, S. 51

Die Kriegsereignisse ...: Aus: Karl Retzlaw, Aufstieg und Niedergang, Erinnerungen eines Parteiarbeiters, Frankfurt/M 1971, S. 28f.

Lebenslauf Karl Liebknechts: Nach »Der Mord an Rosa Luxemburg und Karl Liebknecht«, Dokumentation eines politischen Verbrechens, hg. von E. Hannover-Drück und H. Hannover, Frankfurt/Main, 1967, S. 13ff.

Zu Korolenko: R. L., Gesammelte Werke, Bd. 4, a.a.O., S. 302 ff.
Text des Begleitbriefes zur »Russischen Revolution« an Paul Levi, siehe dazu: Charlotte Beradt, Paul Levi, ein demokratischer Sozialist in der Weimarer Republik, Frankfurt 1969, S. 65. Nettl zitiert den Satz falsch.
Gefängniskalender: In: Rosa Luxemburg im Gefängnis, a.a.O., S. 115 ff.

Eine deutsche Revolution

Verlauf der Revolution: Die Deutschen, Ihre Klassenkämpfe, Aufstände, Staatstreiche und Revolutionen, eine Chronik von Artur Müller, München 1972
Die deutsche Revolution 1918–1919, herausgegeben von Gerhard A. Ritter und Susanne Miller, Frankfurt/Main 1968
Karl und Rosa, Erinnerungen, Zum 100. Geburtstag von Karl Liebknecht und Rosa Luxemburg, Berlin 1971
Rosa Meyer Leviné, Leviné, Leben und Tod eines Revolutionärs. (Hier vor allem die Darstellung über den Rätekongreß am 16. Dezember 1918 im 13. Kapitel)
Marie-Luise Goldbach: Karl Radek und die deutsch-sowjetischen Beziehungen 1918–1923, Bonn-Bad Godesberg, 1973

Der Mord

Zum Verlauf der Verhaftung und Ermordung und den Prozessen gegen die Mörder: Der Mord an Rosa Luxemburg und Karl Liebknecht, Dokumentation eines politischen Verbrechens, herausgegeben von E. Hannover-Drück und Heinrich Hannover, Frankfurt/Main 1967

Nachspiele

Zum Tod von Leo Jogiches: Karl Radek, Rosa Luxemburg, Karl Liebknecht, Leo Jogiches, a.a.O
Illustrierte Geschichte der deutschen Revolution, Berlin 1929
Rote Fahne, 1919
Der Mord an Rosa Luxemburg und Karl Liebknecht, a.a.O.
Luxemburg-Rezeption und Kritik: Iring Fetscher, Nachwort zur Neuauflage von Paul Frölich, Rosa Luxemburg, Gedanke und Tag, 1973

W. I. Lenin, Notizen eines Publizisten, in der »Prawda« vom 16. April 1924

Leo Trotzki, Hände weg von Rosa Luxemburg, in The Militant, 6. und 13. August 1932

Mary-Alice Waters: In: Rosa Luxemburg speaks, New York 1970;
Rosa Luxemburg oder die Bestimmung des Sozialismus, herausgegeben von Claudio Pozzoli, Frankfurt/Main 1974

Die Schicksale von Clara Zetkin, Karl Kautsky, Julian Marchlewski, Karl Radek, Paul Levi, Mathilde Jacob, Hauptmann Pabst: Clara Zetkin, Ausgewählte Reden und Schriften, 3. Bd. Berlin 1957f.

Louise Dornemann, Clara Zetkin, a.a.O.

Iring Fetscher, Der Marxismus, Seine Geschichte in Dokumenten, Philosophie, Ideologie, Soziologie, Ökonomie, Politik, München 1967

Schumacher-Tych, Julian Marchlewski, a.a.O.

Nachwort zu Julian Marchlewskis, Sezession und Jugendstil, Kritiken um 1900 von Zofia Marchlewski, Dresden 1974

Marie-Luise Goldbach, Karl Radek und die deutsch-sowjetischen Beziehungen 1918–1923, Bonn-Bad Godesberg, 1973

Robert Conquest, Am Anfang starb Genosse Kirow, Düsseldorf 1970

Charlotte Beradt, Paul Levi, ein demokratischer Sozialist in der Weimarer Republik, Frankfurt/Main 1969

Charlotte Beradt, Vorwort zu: Rosa Luxemburg im Gefängnis, a.a.O.

Der Mord an Rosa Luxemburg und Karl Liebknecht, a.a.O.

Namenregister

(Einige Vornamen konnten leider nicht ermittelt werden)

Fotonachweis:

Umschlagfotos, Seite 20, 21, 31, 69, 131, 146, 170, 178, 180, 215, 222, 228, 243, 260, 263, 271, 277, 279: Internationales Institut voor Sociale Geschiedenis, Amsterdam.
Seite 39, 52, 56, 64, 67, 72, 89, 94, 102, 122, 164, 192, 208, 211: Ullstein Bilderdienst, Berlin.
Seite 153: W. Osica.

Der Autor dankt allen, die ihn bei seinen Nachforschungen und Quellenstudien unterstützt haben: vor allem Prof. Tych, Warschau, und Zofia Marchlewska, Theo Pinkus, Zürich, den Sachbearbeitern am Internationalen Institut voor Sociale Geschiedenis, Amsterdam, den Bibliothekarinnen und Bibliothekaren der Hessischen Landesbücherei, Wiesbaden, dem Direktor der Städtischen Büchereien, Wiesbaden, Herrn Proeve für die Überlassung seltener Bücher, einem polnischen Patrioten für die kundige Führung durch den Pavillon X der Warschauer Zitadelle, Frau Erna Reifer für die Übersetzung der Schriften in polnischer, Elinor Kirsch für die Übersetzungen der Schriften in französischer Sprache. Er dankt schließlich seinem Lektor Hans-Joachim Gelberg, auf dessen Anregung der Plan zu einem solchen Buch über Rosa L. zurückgeht, und Brigitte Mikula für die aufmerksame Redaktion des Manuskriptes.

Nomborn im Westerwald/Wiesbaden 1974–1976

Frederik Hetmann erzählt Lebensgeschichten

Drei Frauen zum Beispiel

Die Lebensgeschichte der Simone Weil, der Isabel Burton und der Karoline von Günderrode. 11.-14. Tsd. 168 Seiten, Broschur (80626)

Hetmann schildert das Schicksal von drei Frauen, die sich auflehnten und den Zwängen der Gesellschaft zu entfliehen versuchten. An ihrem Leben und ihrem Scheitern wird deutlich, daß solche Konflikte bis heute ungelöst geblieben sind: Simone Weil (für das Proletariat engagierte französische Jüdin) flüchtet sich, isoliert und verzweifelt, in die Mystik. Isabel Burton (mustergültige Ehefrau im viktorianischen England) teilt alle Abenteuer ihres Mannes, vernichtet nach seinem Tod sein Lebenswerk. Karoline von Günderrode (Stiftsfräulein im Frankfurt der Frühromantik) verliebt sich in einen verheirateten Mann, begeht Selbstmord.

Bettina und Achim

Die Geschichte einer Liebe. 200 Seiten. Pappband (80813)

Bettina und Achim – das ist die Geschichte von zwei jungen Leuten, unterschiedlich in Temperament und Herkunft, unkonventionell und mit Sinn für die Notwendigkeit weiblicher und männlicher Emanzipation, an vielerlei mehr interessiert als nur aneinander. Nach neun Jahren heiraten sie. Sie haben sich nicht nur verliebt, sondern auch gelernt, einander zu lieben und miteinander zu leben. – Nach Briefen, Tagebüchern und den Aussagen von Zeitgenossen hat Frederik Hetmann die Geschichte einer schwierigen Liebe geschrieben.

BELTZ & Gelberg

86023-26.3.-85

1886 100 Jahre S. Fischer 1986

Das Klassische Programm

Anthologien

Spiele ohne Ende
Erzählungen aus 100 Jahren
S. Fischer Verlag
Herausgegeben von
Hans Bender
880 Seiten. Leinen

Über, o über dem Dorn
Gedichte aus 100 Jahren
S. Fischer Verlag
Herausgegeben von
Reiner Kunze
179 Seiten. Leinen

Gedanke und Gewissen
Essays aus 100 Jahren
S. Fischer Verlag
Herausgegeben von
Günther Busch und
J. Hellmut Freund
664 Seiten. Leinen

Kassetten

Franz Kafka
Werke
Kassette mit 7 Bänden
2304 Seiten. Geb.

Thomas Mann
Die Romane
Kassette mit 7 Bänden
5703 Seiten. Geb.

Luise Rinser
Kassette mit 4 Bänden
1506 Seiten. Geb.

Virginia Woolf
Romane
Kassette mit 5 Bänden
1284 Seiten. Geb.

Einzelbände

Ilse Aichinger
Die größere Hoffnung
Roman
Meine Sprache und ich
Erzählungen
verschenkter Rat
Gedichte
564 Seiten. Leinen

Raymond Aron
Frieden und Krieg
Eine Theorie der Staatenwelt
942 Seiten. Leinen

Paul Celan
Sprachgitter
Die Niemandsrose
Gedichte
158 Seiten. Leinen

Paul Celan
Übertragungen aus dem Russischen. Alexander Blok. Ossip Mandelstam. Sergej Jessenin
158 Seiten. Leinen

René Char
Draußen die Nacht wird regiert
Poesien
Ausgewählt von
Christoph Schwerin
215 Seiten. Leinen

Joseph Conrad
Lord Jim.
Eine Geschichte
463 Seiten. Leinen

Tibor Déry
Der unvollendete Satz
Roman. 951 Seiten. Leinen

Sigmund Freud
Kulturtheoretische Schriften
657 Seiten. Leinen

fi 490/2a

Die Frau in der Gesellschaft

Texte und Lebensgeschichten

Herausgegeben von Gisela Brinker-Gabler

Band 2053

Band 3738

Band 3741

Lebensgeschichten

Ruth Ellen Boetcher Joeres
Die Anfänge der deutschen Frauenbewegung: Louise Otto-Peters
Band 3729

Eine stumme Generation berichtet
Frauen der 30er und 40er Jahre
Herausgegeben von Gisela Dischner
Band 3727

Germaine Goetzinger
Für die Selbstverwirklichung der Frau: Louise Aston
Band 3743

Diana Orendi Hinze
Rahel Sanzara
Eine Biographie
Band 2258

Texte

Frauenarbeit und Beruf
Herausgegeben von Gisela Brinker-Gabler
Band 2046

Frauen gegen den Krieg
Herausgegeben von Gisela Brinker-Gabler
Band 2048

Zur Psychologie der Frau
Herausgegeben von Gisela Brinker-Gabler
Band 2045

Frau und Gewerkschaft
Herausgegeben von Gisela Losseff-Tillmanns
Band 2260

Frauenemanzipation und Sozialdemokratie
Mit zahlreichen Abbildungen
Herausgegeben von Heinz Niggemann
Band 2261

Frau und Musik
Mit vielen Bildern und Faksimiles
Herausgegeben von Eva Rieger
Band 2257

fi 16/4

Fischer Taschenbuch Verlag

Die Frau in der Gesellschaft

Band 3754

Band 3726

Band 3705

Elisabeth Beck-Gernsheim
Das halbierte Leben
Männerwelt Beruf – Frauenwelt Familie
Band 3713
Vom Geburtenrückgang zur Neuen Mütterlichkeit?
Band 3754

Susan Brownmiller
Gegen unseren Willen
Vergewaltigung und Männerherrschaft
Band 3712

Richard Fester/ Marie E. P. König/ Doris F. Jonas/ A. David Jonas
Weib und Macht
Fünf Millionen Jahre Urgeschichte der Frau
Band 3716

Shulamith Firestone
Frauenbefreiung und sexuelle Revolution
Band 1488

Frauengruppe Faschismusforschung:
Mutterkreuz und Arbeitsbuch
Zur Geschichte der Frauen in der Weimarer Republik und im Nationalsozialismus
Band 3718

Signe Hammer
Töchter und Mütter
Über die Schwierigkeiten einer Beziehung
Band 3705

Gerhard Kraiker
§ 218 – Zwei Schritte vorwärts, einen Schritt zurück
Band 3835

Jean Baker Miller
Die Stärke weiblicher Schwäche
Band 3709

Erin Pizzey
Schrei leise
Mißhandlung in der Familie
Band 3404

Penelope Shuttle/ Peter Redgrove
Die weise Wunde Menstruation
Band 3728

Eva Weissweiler
Komponistinnen aus 500 Jahren
Eine Kultur- und Wirkungsgeschichte mit Biographien und Werkbeispielen
Band 3714

fi 14/6

Fischer Taschenbuch Verlag

Rosa Luxemburg

Ein Leben für die Freiheit

Reden · Schriften · Briefe

Ein Lesebuch

Herausgegeben von Frederik Hetmann

Fischer

fi 89/1

Band 3711

Fischer Taschenbücher

fi 312/3b